Edwin Diener

rowohlts
monographien

HERAUSGEGEBEN

VON

KURT KUSENBERG

—

GEORG TRAKL

IN
SELBSTZEUGNISSEN
UND
BILDDOKUMENTEN

—

DARGESTELLT
VON
OTTO BASIL

ROWOHLT

Dieser Band wurde eigens für «rowohlts monographien» geschrieben
Den Anhang besorgte der Autor
Umschlagentwurf Werner Rebhuhn
Vorderseite: Trakl in Innsbruck, Mai 1914 (Otto Müller Verlag, Salzburg)
Rückseite: Ansicht von Salzburg (Residenz-Verlag, Salzburg)

1.–15. Tausend   Juli 1965
16.–20. Tausend   Juli 1966
21.–25. Tausend   Mai 1968
26.–28. Tausend August 1970

Veröffentlicht im Rowohlt Taschenbuch Verlag GmbH,
Reinbek bei Hamburg, Juli 1965
© Rowohlt Taschenbuch Verlag GmbH, Reinbek bei Hamburg, 1965
Alle Rechte dieser Ausgabe, auch die des auszugsweisen Nachdrucks
und der fotomechanischen Wiedergabe, vorbehalten
Gesetzt aus der Linotype-Aldus-Buchschrift
und der Palatino (D. Stempel AG)
Gesamtherstellung Clausen & Bosse, Leck/Schleswig
Printed in Germany
ISBN 3 499 50106 6

INHALT

TRAKL UND DIE TRAKL-DEUTUNG

In unserer Epoche, die eine alexandrinische ist, eine Zeit der vielen Spiegel und Spiegelungen, der erörternden Imagination und sekundärliterarischen Abundanz, hat auch die Georg Trakl betreffende Untersuchung überhandgenommen. Sein Werk, aus reinster Lyrik bestehend, auffällig schmal im Umfang und eigentümlich monoton in der zumeist pessimistischen Aussage, ist von mythischer, magischer Schönheit. Es ist eine «jenseitige» Schönheit, die den Leser in abyssische Tiefen führt, und das allein könnte die Wirkung von Trakls Dichten erklären.

Am 3. November 1964 war ein Halbjahrhundert seit seinem frühen Tod vergangen (er wäre – schier unfaßbar – erst siebenundsiebzig gewesen), doch über seinem Grab erhebt sich heute eine Pyramide von kommentierender Literatur. Zu Beginn der zwanziger Jahre hatte der Ruhm des unter ungeklärten Umständen Dahingeschiedenen erstmals sein Haupt erhoben. Dieser Ruhm strahlte sogleich über die Grenzen der deutschen Sprachheimat. Als fremdländischer Vorläufer war 1917 ein ins Tschechische übertragener Gedichtband Trakls erschienen; 1924 folgte, ebenfalls tschechisch, das auch deutsch erst postum veröffentlichte Werk *Sebastian im Traum*; zwei Jahre später gab Ludwig von Ficker, Trakls Förderer und väterlicher Freund, das erste Buch der Erinnerung an ihn heraus; französische, englische, rumänische Übersetzungen seiner Gedichte in Anthologien und Zeitschriften erregten Aufsehen – Aufsehen zu dieser wahrhaft singulären poetischen Erscheinung. Eine erste, zunächst nur bis 1926 reichende bibliographische Übersicht gab Ernst Bayerthal im Rahmen seiner Dissertation über Georg Trakls Lyrik. Heinrich Ellermann und Werner Meyknecht waren die nächsten Bibliographen.

Die Frage erscheint müßig, zu welchen Gipfeln der Sprachkunst Trakl noch emporgestiegen wäre, hätte er nicht siebenundzwanzigjährig geendet. Ebenso müßig, zu fragen, zu was für Endergebnissen das Dichten und Philosophieren des ihm wesensverwandten Hölderlin gekommen wäre, wenn dessen Geist nicht so bald der Wahnsinn umfangen hätte. Wäre ein Über-*Helian* entstanden, ein Über-*Patmos*? In seinem Nachruf auf Trakl sprach Albert Ehrenstein es aus: Trakls letztes Gedicht *Grodek* ist von den andern kaum verschieden, «er war in hohem Sinn unverbesserlich». Nur die düster-prophetischen Prosavisionen der Spätschicht könnten, nach Ehrenstein, eine gewaltige dichterische Zukunft ahnen lassen.

Trakls kurzes Erdendasein ist an äußeren Ereignissen arm, dafür um so reicher an innerlichen Erlebnissen. Mit der Pubertät beginnen große geistige Spannungen in diesem Leben Platz zu greifen. Ihre Dramatik läßt sich nur nachzeichnen, wenn der Biograph sich auf die Bühne des Seelischen begibt, denn hauptsächlich dort spielte sich das ab, was über den Dichter zu berichten ist. Man könnte das Leben des

reifenden Trakl ein «Psychodrama» nennen, um einen Ausdruck der psychiatrischen Heilbehandlung zu verwenden.

Das vorherrschende seelische Element in Trakls Leben und Dichten, die hier beide als unverwechselbare Einheit, als streng in sich geschlossenes System auftreten, mag der Grund dafür sein, daß die Trakl-Deutung einen analogen Hermetismus aufweist. Über kaum einen zweiten Dichter dieses Jahrhunderts ist so viel und von so verschiedenen Standorten aus herumgerätselt worden. Die wesentlichsten Beiträge zur Erforschung der Trakl-Welt stammen von Theologen, Psychiatern und Schriftstellern, wobei die theologische Deutung sich dieses Werkes mit einem eifernden Bemühen angenommen hat, als gälte es, noch die Seele des Toten vor der ewigen Verdammnis zu retten.

Gewissermaßen aus Tradition geriet die Trakl-Deutung in die Hände von Personen, die eine Art Glaubensgemeinschaft bilden, eine Trakl-Kirche – dieses Wort ohne Ironie gebraucht. Die Trakl-Kirche mit ihrer Hierarchie von Deutern und Kommentatoren beanspruchte nicht nur den Primat in der Trakl-Forschung, sondern auch Unfehlbarkeit des Urteils und den Nimbus der Orthodoxie. Kurz, der Dichter fiel einer grundsätzlich metaphysischen Denkmalpflege anheim, die seine grobstoffliche irdische Existenz, auch die Pathogenese seines

Die Salzburger Stadtbrücke
um die Jahrhundertwende

Werkes, geflissentlich sublimierte oder pietätvoll einzunebeln versuchte. Das Trakl-Bild wurde von diesen Gläubigen in ihrer Kirche aufgestellt, und nun blickt es, wie eine Ikone silbern und in den andern Trakl-Farben schimmernd, weihrauchumwölkt auf uns hernieder.

Innerhalb einer solchen Gemeinschaft dogmatischer Geister gibt es natürlich verschiedene Richtungen oder Sekten – Sekten, wie wir sie auch in der Freud- und Karl Kraus-Literatur antreffen. So rücken die einen den Protestanten Trakl, von dem Else Lasker-Schüler sagte: «Er war wohl Martin Luther», in eine kirchlich-katholische Sicht; andere wieder, die das Archaisch-Mönchische seines Seins und Dichtens betonen, tauchen sein Bildnis ins mystische Flackerlicht des Katakombenchristentums. Diese wie jene vereinen sich in dem Bestreben, Trakl als homo religiosus – der er fraglos gewesen ist – oder speziell als «Christenmenschen» darzustellen.

Demgegenüber äußerte Martin Heidegger, dessen Philosophie eine geistige Verwandtschaft mit dem lyrischen Werk des Österreichers nachgesagt wurde, in seiner Rede auf der Bühlerhöhe («Georg Trakl, eine Erörterung seines Gedichtes») die folgenden Zweifel: «Ob Trakls Dichtung, inwieweit sie und in welchem Sinne sie christlich spricht, auf welche Art der Dichter ‹Christ› war, was hier und überhaupt ‹christlich›, ‹Christenheit›, ‹Christentum›, ‹Christlichkeit› meint» – dies alles schließe wesentliche Fragen ein. Überdies, so fährt Heidegger fort, verlange ihre Erörterung ein Nachdenken, «für das weder die Begriffe der metaphysischen noch diejenigen der kirchlichen Theologie zureichen». Und in seinem Versuch, die letzten Gesichte Georg Trakls sprachgestaltlich und existentiell aufzuschließen oder aufzuschlüsseln, forscht der Philosoph weiter: «Ein Urteil über die Christlichkeit des Traklschen Gedichtes müßte vor allem seine beiden letzten Dichtungen *Klage* und *Grodek* bedenken. Es müßte fragen: Warum ruft der Dichter hier, in der äußersten Not seines letzten Sagens, nicht Gott an und Christus, wenn er ein so entschiedener Christ ist?» Ja, warum – so fragen auch wir – erscheint ihm (und uns) just die Imago der Schwester (Gretl) statt Christus? *Schwester stürmi-*

scher Schwermut / Sieh ein ängstlicher Kahn versinkt / Unter Sternen / Dem schweigenden Antlitz der Nacht. – Es schwankt der Schwester Schatten durch den schweigenden Hain / Zu grüßen die Geister der Helden, die blutenden Häupter ... Wir zitieren wieder Heidegger: «Warum heißt die Ewigkeit hier die eisige Woge? Ist das christlich gedacht? Es ist nicht einmal christliche Verzweiflung.» Nein, fügen wir hinzu, es ist schlechthin nihilistische Verzweiflung, es ist ein mark- und beinerschütternder Schrei aus dem Vakuum und der Versuch, sich vor dem Versinken ins Nichts – oder in den Wahnsinn – in das heile Sein der Schwester zu retten. Des Menschen goldnes Bildnis / Verschlänge die eisige Woge / Der Ewigkeit. An schaurigen Riffen / Zerschellt der purpurne Leib. – Alle Straßen münden in schwarze Verwesung ... Die heiße Flamme des Geistes nährt heute ein gewaltiger Schmerz / Die ungebornen Enkel.[1] Die Gegenüberstellung zeigt, daß der Streit um ein allgemein gültiges Trakl-Bild, diese stürmische Ikonomachie, noch lange nicht entschieden ist.

Die Besonderheit des metaphysischen Trakl-Kults rührt teilweise daher, daß der Dichter in seinen letzten zwei Lebensjahren dank der Hilfsbereitschaft eines lauteren Mannes in den Bannkreis der Innsbrucker Halbmonatsschrift «Der Brenner» (1910–1954) kam. «Der Brenner» war zur Zeit, als dessen Begründer und Herausgeber, eben jener hochherzige Ludwig von Ficker, Trakls bedeutendste Gedichte erstveröffentlichte, eine kleine kämpferische Zeitschrift der expressionistischen Literaturavantgarde vom Schlage des «Sturm» und der «Aktion». Mit dem Unterschied, daß der «Brenner» aus dem Abseits der erzreaktionären österreichisch-katholischen Provinz heraus in die europäische Weite zielte, was seiner Stimme eine eigenartige Kraft verlieh (dies auch deshalb, weil hier, unter dem Einfluß von Karl Kraus [2], die Absage an die entseelte und entseelende technoide Zivilisation schärfer und entschiedener formuliert wurde als in den Zeitschriften der Großstädte), und in der Person des Dichterphilosophen

---

1 In der Reihung der Zitate folgen wir hier wie überall in der Monographie dem Anordnungsprinzip von Karl Röck, einem der Vertrauten Trakls aus der Innsbrucker Zeit, der auch die erste, fünf Jahre nach des Dichters Tod erschienene Gesamtausgabe der Gedichte (Die Dichtungen, Leipzig 1919) betreute. Dieses Prinzip ist in allen späteren Gesamtausgaben, Zwickau 1928 und Salzburg ab 1938, beibehalten worden. Wie man aber heute weiß, hat Röcks Anordnung und Einteilung nach betitelten Gruppen mit Trakl kaum etwas zu tun. Die noch zu erwartende, vom Seminar für deutsche Philologie an der Universität Göttingen vorbereitete historisch-kritische Edition wird neben der genauen Textgeschichte der einzelnen Gedichte auch deren endgültige chronologische Ordnung zeigen.

2 Der gefürchtete Publizist, dessen Wort weit über die Grenzen der Monarchie hinaus galt, hatte in seiner «Fackel» den folgenden Satz über den «Brenner» veröffentlicht: «Daß die einzige ehrliche Revue Österreichs in Innsbruck erscheint, sollte man, wenn schon nicht in Österreich, so doch in Deutschland wissen, dessen einzige ehrliche Revue gleichfalls in Innsbruck erscheint.»

Schloß Mirabell

und Tao-Übersetzers Carl Dallago (1869–1949) einen Mitarbeiter besaß, der ein leidenschaftlicher Verfechter eines ethisch revolutionär gesinnten Christentums und ein ebensolcher Gegner des konventionellen, verweltlichten Kirchenchristentums, vor allem der Römischen Kirche, war. Dallago soll es auch gewesen sein, der Trakl mit Kierkegaards Schriften vertraut gemacht hat.

Nach dem Ersten Weltkrieg (1919), als Trakl schon einige Jahre tot war, verwandelten sich die auf Kriegsdauer freiwillig eingestellten «Brenner»-Hefte – der neue Geist und Inhalt hatten sich im «Brenner»-Jahrbuch 1915 deutlich angekündigt – in eine Bekenntnis- und Streitschrift, die sich ausschließlich der Aufhellung religionsphilosophischer und (lange vor Erfindung des Modeworts «Existentialismus») existentieller Probleme widmete; die Literatur, auch sie streng gesichtet und auf die neuen Ziele hin visiert, blieb am Rande. Die geistigen Grundpfeiler, auf denen der «Brenner» nunmehr ruhte, waren Kierkegaard, Kardinal Newman und Bergson, die Hauptmitarbeiter Carl Dallago, Theodor Haecker, Ferdinand Ebner, Paula Schlier, Anton Santer und Josef Leitgeb. Behandelt wurde die Existenzfrage des heutigen Menschen einzig im Lichte des Christentums. Die Zeitschrift hatte also einen Weg eingeschlagen, der für die künftige Trakl-Interpretation entscheidend sein sollte. Eine notwendige Konsequenz. War doch des Dichters Bedeutung in ihrer ganzen Existenzbezogenheit – sein extremes Ausgesetztsein – zunächst nur im «Brenner»-Kreis erkannt worden, dem füglich die ersten Trakl-Interpreten entstammten; in seinem Schoß entwickelte sich die erste wirkliche Trakl-Pflege, wobei Ludwig von Ficker jene Schlüsselstellung gebührt, die Max Brod in der Kafka-Entdeckung und -Deutung innehat.

Trakls spätestes Werk, in der Röckschen Anordnung ungefähr vom Prosagedicht *Verwandlung des Bösen* an gerechnet, das am Eingang des Abschnitts *Siebengesang des Todes* steht, zeigt uns einen Endzustand von geheimnisvoller Inbrunst und Latenz; tatsächlich ist es in statu termini empfangen. Sinnbild und Bildsinn bezeichnen – beschwören – hier nur noch das Eine: das Erlebnis des «Tremendum», des Grauens vor dem Tode. Alles, was vorher war, wird, von den Gipfeln der Spätdichtung her angeblickt, zum bloßen Vorspiel, zu einem Präludium der Melancholie. Jetzt aber betritt der Dichter, da das Letzte und Höchste gesagt werden muß, eine eisige Hochebene, aus der vereinzelt wilde Schroffen sich hochrecken. Der angstvolle Flüsterton der früheren Jahre verwandelt sich in eine gewaltige stoische Denkmelodie, die aus Orgelhöhen herab- oder aus Krypten herauftönt. Gleichzeitig tritt ein Stil-, weil Strukturwandel ein – er hatte sich im *Psalm*, im *Helian*, in den *Elis*-Gedichten bereits angekündigt: Barockes wird zu Gotischem; genauer: wird in Gotisches einverwandelt.

Kein Zweifel, Trakl war ein religiöser Träumer und Phantast. Aber er war auch ein rauschgiftsüchtiger Psychopath und dem Alkohol verfallen. Philosophen oder Theologen mögen kaum oder gar nicht nach dem Kranksein des Dichters fragen, obwohl dieses bestimmt «die Krankheit zum Tode» gewesen ist. Den Darsteller seines Lebens hingegen reizt es, den großen leibseelischen Katachresen (aus denen die Katastrophen hervorgehen), den Verirrungen, Lastern und Dämonien nachzuspüren; das interessiert ihn mehr als der metaphysische Überbau, der sich ohnehin zu unbeweisbaren Spekulationen verflüchtigt. Was die religiösen Erlebnisse anlangt, so werden wir Trakl selbst befragen, indem wir ihn beim Wort nehmen; aus den Hypothesen oder Prophezeiungen anderer zu diesem Thema erfahren wir wenig.

In seiner «Tragischen Literaturgeschichte» spricht Walter Muschg von der «ausweglosen Verdammnis, in der Trakl hauste» und folgert: «... verloren er selbst unter dem Fluch des Bösen. Der Alkohol, die Rauschgifte, die Geißel des Geschlechts, der Wahnsinn verwüsten ihn. Auch die Liebe ist für diesen Gezeichneten eine Form der Verwesung, die ihn seit der Blutschande mit der Schwester als Bewußtsein einer unentrinnbaren Schuld verfolgt. Aus diesem Abgrund der Verworfenheit und der Sehnsucht nach dem Reinen steigt die monotone Musik seiner Lyrik.» Und an einer andern Stelle schreibt Muschg: «Für ihn [Kafka] ist wie für Trakl das Geschlecht schwarze Magie, schmutzige Gemeinheit des Fleisches, der Fallstrick, der am unfehlbarsten die Erlösung verhindert.» Auch der Zürcher Germanist Emil Staiger bemühte sich in einem Vortrag, die kranken Wurzeln der Traklschen Dichtung bloßzulegen, wobei er unmißverständlich der realistisch-objektiven Auslegung der Trakl-Welt gegenüber einer metaphysisch-obskurantistischen den Vorzug gab. Staiger wandte sich gegen die von den Repräsentanten der Trakl-Kirche vertretene Meinung, wonach erst hinter der Grenze, bis zu der wir in die Trakl-Welt einzudringen vermögen, das eigentliche Geheimnis liege. Diese Grenze, sagte Staiger, verlaufe dort, wo die nicht mehr mitteilbare Einsamkeit beginnt; nichtmitteilbare Einsamkeit aber sei Wahnsinn, und dorthin zu folgen, stehe uns nicht zu.

Am Beginn dieser Lebensbeschreibung erhebt sich also die Frage: Ist das Werk Georg Trakls ein poetisches Mysterium, das sich nur dem theologisch geschulten Blick enthüllt, beziehungsweise diesem eher als – radikal gesprochen – dem klinischen? Ist die Schönheit seines in Sprachbilder gebannten Todesernstes enträtselbar, und wer besitzt den Schlüssel dazu?

Trakls Phantasien, in der Geschlossenheit ihres Symbolgehaltes Märchen oder Mythen vergleichbar, wobei sie aber die inneren Schicksale einer einzigen Individualität verkörpern und daher die Zusammenhänge einer ganzen Persönlichkeitsentwicklung erkennen lassen, bieten nahezu das Idealbild eines neurotischen Systems; dieses ist hier hauptsächlich durch zwei Gegebenheiten strukturiert: durch Genialität und eine sexuelle Jugendsünde.

Die Ätiologie der Genialität reiht sich an die des egozentrischen Wesens folgerichtig an. Nach Otto Weininger (der im Nachkriegs-

«Brenner» einige Male christlich tiefsinnig kommentiert worden ist) befindet sich der geniale Mensch in einer höheren Bewußtheit, besitzt also ein gesteigertes Ichbewußtsein; er lebt in bewußtem Zusammenhang mit dem Weltganzen oder bildet sich das ein. Damit ist sein außergewöhnliches (überwertiges) Verhältnis oder Verhalten zur Umwelt halbwegs umschrieben.

Trakl hatte aber nicht nur zum Leben, zur Umwelt, zur Gesellschaft das Verhältnis einer höheren Bewußtheit, er hatte es auch zum Tode, um dessen Majestät sein Denken und Schreiben in den späteren Jahren wie um eine schwarze Zentralsonne – Ananke – kreisten. Trakls durch die Angstneurose gezeichnetes, jedoch in der großen Stoa seines Geistes geläutertes Verhalten zum Tod ließe sich aus einer schon im Kindesalter gestörten Beziehung zur Umwelt erklären, ebenso die merkwürdige Zerbrochenheit, das Kaleidoskopische seiner Texte (auf das Bergsons Wort vom «mécanisme cinématographique de la pensée» passen könnte), ihre gebetartige Monotonie, auch der krankhaft überirdische Glanz. Trakl dürfte sich des Überwertigkeitsverhältnisses, das sein Ich mit der Außenwelt verband, nicht bewußt gewesen sein; und das besagt, daß sozialer Hochmut ihm fremd war, ja daß er der niedrigeren Umwelt, wie spätere Weggenossen bezeugen, Verstehen und Freundlichkeit entgegenbrachte. Dostojevskij, den Trakl nach Aussage des Jugendfreundes Erhard Buschbeck «sehr früh mit vollem Einsatz zu lesen begann und bald ganz kannte», hatte eine ähnliche Haltung gegenüber der Umwelt eingenommen und auch manche seiner Romanfiguren mit verwandten Zügen ausgestattet, zum Beispiel den Fürsten Myschkin. Es scheint überhaupt, als habe Trakl einige von Dostojevskijs Gestalten halb oder ganz durchlaufen, Raskolnikov etwa, dann Ivan Karamasov, besonders Schatov, aber sogar Stavrogin und Kirilov. Von Aljoscha, dem jüngsten der Brüder Karamasov, sprach er, wie Hans Limbach berichtet, «mit tiefer Ergriffenheit». Es sind fast durchwegs neurotische, in ein besonderes Angst- oder Abhängigkeitsverhältnis (das man auch als «Gottesfurcht» definieren kann) gepreßte Personen, sie sind durch schwere Psychosen gefährdet und haben samt und sonders eine «intime» Beziehung zum Tod, den sie – auch Kirilov – viel intensiver fürchten als sogenannte Normale. Ihre echte Tragik ist offenkundig und schreit zum Himmel. Wir haben da tragische Menschen im antiken Sinn vor uns, und einer von ihnen ist Trakl mit Leib und Seele. Lebensangst und Todesfurcht drücken sich bei ihm nicht nur in einer alle wesentlichen Lebensbezirke umfassenden und tief verschatteten Melancholie (Pessimismus, Selbstvorwürfe, Verzweiflung, Hemmungen des Handelns) aus, auch in Nebensächlichkeiten, realistischen, seltsam «praktischen» Reaktionen wird diese Angst fühlbar; so wenn er in einem an Adolf Loos gerichteten Brief «aus Besorgnis, er könne einmal als Scheintoter begraben werden, den Wunsch aussprach, es möge gegebenen Falls an seiner Leiche der Herzstich vorgenommen werden» (Ficker).

Der manisch depressive Geniale erlebt die Todesgewißheit in ungleich schrecklicherem Ausmaß als der gewöhnliche Neurotiker, dem sie sich meist nur anfallsweise, in hypochondrischen Schüben, als Besorgnis, Bedrohung und Verhängnis zu erkennen gibt. Ob bei Georg Trakl Todsüchtigkeit bestanden hat – die mit ihm beschäftigte psychologische und philosophische Deutung (Walther Riese, Eva Völcker, Theophil und Theodor Spoerri, Heinrich Goldmann u. a.) schließt dies nicht aus –, kann keineswegs so ohne weiteres bejaht werden; sicher hat es in seinem Leben nicht an «halb ernstgemeinten Selbstmordversuchen» gefehlt, als Pharmazeuten war Trakl bekannt, in welchen Mengen er Morphium, Veronal, Chloroform, Opium, Kokain (und Meskalin?) zu sich nehmen mußte, um sich abwechselnd in die Abgründe tiefster Betäubung und in die Höhenräusche der Euphorie zu begeben oder, wie Theodor Spoerri schreibt, auf der Schneide zwischen Tod und Leben zu balancieren, «keines von beiden eindeutig wollend, aber für beide die Möglichkeit schaffend». Auch Muschg äußert sich ähnlich: «Trakl jedenfalls gebrauchte die Gifte in unheimlich vieldeutiger Absicht: zur Veränderung seiner Bewußtseinslage, zum Vergessen seiner qualvollen Gesichte und zur bewußten Selbstzerstörung.»

Überlagert sehen wir bei Trakl die aus genial-kreatürlicher Todesfurcht zur Prophetie des Untergangs für eine ganze Epoche gesteigerte, übersteigerte Düsternis des Gemüts durch ein erschütterndes Schuldgefühl und unbefriedigtes Kasteiungsbedürfnis. Und wenn dieses auch nicht, wie das Kafkas, zu einem phantastischen System der Selbstbestrafung, zu einem Labyrinth ausgeklügelter Strafhalluzinationen entwickelt wird, so ist es doch so, daß Trakls Leben nach der Pubertät von ihm geprägt wurde. Schuld und Sühnebedürfnis entstammen hier geschlechtlichen Abertiefen.

Trakl e r l i t t eine inzestuöse Bindung, und die davon Betroffene war seine jüngste Schwester Margarethe, Gretl genannt, die ihm innerlich und äußerlich, sogar physiognomisch ähnelte. *Wollust, da er im grünenden Sommergarten dem schweigenden Kind Gewalt tat, in dem strahlenden sein umnachtetes Antlitz erkannte.* Im Rahmen einer Biographie darf diese Beziehung weder dramatisiert noch zum alleinigen Angelpunkt gemacht werden, um den die Trakl-Welt sich dreht. Man darf sie aber auch nicht metaphysisch vernebeln, beziehungsweise wegzuretuschieren versuchen, also etwa mit Dr. Eduard Lachmann sagen, der Spoerris Trakl-Studie («Georg Trakl, Strukturen in Persönlichkeit und Werk») wie folgt rezensierte: «Für die Dichtung Trakls ist ein etwaiger Inzest belanglos. Das Schuldgefühl Trakls beruht auf mehr als einer individuellen Schuld, das Verhältnis der Geschlechter zueinander wird als Abfall von Gott empfunden, es ist die Urschuld des Menschengeschlechts, die im Paradies begangen wurde, die Hoffnung auf Rückkehr in den Stand der Unschuld wird mit der Hoffnung auf e i n Geschlecht verbunden, also auf Aufhebung der Zweigeschlechtigkeit . . .» Was da über Trakl und das peccatum protoparentum vorgebracht wird, könnte einem Handbuch der katholischen Dogmatik entnommen sein. Daß in Trakls Bilderwelt sich überall biblische Vorstellungen finden, hängt mit der religiösen Erziehung des Knaben, der Atmosphäre im Vaterhaus und der Sprachgewalt der Lutherbibel zusammen. Die von Lachmann betonte Hoffnung des Dichters auf e i n Geschlecht: *Ein strahlender Jüngling / Erscheint die Schwester ... Aber strahlend heben die silbernen Lider die Liebenden: E i n Geschlecht ...* wurde zum Beispiel schon früh (Bayerthal, 1926) als Hermaphrodismus gedeutet, was gleichfalls abwegig anmutet. Jedenfalls: Trakls Verfehlung hat mit der «Erbsünde» nichts, nicht einmal metaphorisch etwas zu tun.

Man betritt den privatesten Bezirk der Trakl-Seele mit gebotener Scheu. Abscheu ist hier ganz und gar nicht am Platz, denn für das Genie gelten andere Gesetzlichkeiten als die ohnehin längst durchlöcherten Sexualtabus der Bürgerwelt. Und eine moralische Reaktion wäre schon angesichts des schicksäligen Zwanges dieser Leidenschaft unstatthaft. Andererseits kann bei dem Bemühen von Wissenschaftlern, gerade diese Wurzel des Traklschen Pathos freizulegen, von einer «Aufgipfelung der Indiskretion», einer «Ausweidung des schöpferischen Menschen» (Ignaz Zangerle) nicht die Rede sein. Trakl hat zwar die Schwester während der Wiener Zeit der beiden zum Rauschgift verführt, hat sie also schwer geschädigt, doch war sie von Natur aus eine Haltlose, Getriebene, Demidämonische, Halbgeniale, Antibürgerliche und in sexueller Beziehung wahrscheinlich die Aktivere. Im Raume der Traklschen Dichtung tritt uns nun dieses Wesen als Opferbild, als Idol, als heile, heilige, wenn auch abgründige Gestalt entgegen, von der Rettung kommen könnte. Die Wirklichkeit ist nach alldem, was wir wissen, anders: sie zeigt uns die Schwester als ein Zerrbild Georgs, und Erwin Mahrholdt, dem wir eine der ersten großen Trakl-Monographien (1924) verdanken, sagt mit Recht: «Trakl sah in ihr sein Abbild, nur ganz ins haltlos Weibliche verschoben: darum schrickt er zusammen, wenn sie im Spiegel auftaucht, oder ist hingerissen, wenn sie, ein flammender Dämon, in seinem Herbst erscheint.»

Es könnte vermutet werden, daß Trakls Beziehungen zu Grete bis in eine ferne Frühzeit hinabreichen ... *Manchmal erinnerte er sich seiner Kindheit ... verschwiegener Spiele im Sternengarten ... Aus blauem Spiegel trat die schmale Gestalt der Schwester und er stürzte wie tot ins Dunkel ...* also nicht, wie von Psychiatern angenommen wurde, erst ab der Pubertät oder spät postpubertär datieren. Daraus ließe sich dieser ganze pseudo-infantile Komplex von Ekel (wegen der vorzeitigen oder gewaltsamen Vereinigung), Scham, Angst vor dem Entdecktwerden, Furcht vor Ächtung und Strafe erklären, der Trakls Dichtung noch in der Reifezeit, dann aber ins Gesamte, Allgemeine, auch Prophetische gewendet, vom Geschlechtlichen (sexus) auf das Geschlecht (genus oder generatio) verschoben, unterschwellig bestimmt. Wozu eben das Schuldgefühl kommt, etwas Verbotenes, «Widernatürliches» getan zu haben und weiter tun zu müssen. Trakls eigentümliche Begriffswelt sehen wir angefüllt mit ekelerregenden Dingen oder Bildern, die häufig wiederkehren: ... *im Krö-*

*tentümpel... die Ratten... ein gräulicher Dunsthauch... Fäulnis
...blutbefleckte Linnen... Aussätzige... ein Kanal speit plötzlich
feistes Blut... voll Schmutz und Räude... Würmer tropfen...
starrend von Unrat... das schmutzstarrende Haar... im Spülicht
treibt Verfallnes... wie starrt von Kot und Würmern ihr Haar...
Unrat, drin die Ratte wühlt... die kotbefleckten Gewänder... Aussatz wuchs silbern... verwesende Menschen... benagt die fette Ratte* usf., doch hat hier das Benennen schmutziger, widerlicher Dinge, das
an gewisse Barockdichter oder an die Koprolalien Rimbauds gemahnt,
gar nichts Lustbetontes, wie es im Kindesalter der Fall ist, auch nichts
Lüsternes, wie es im Infantilismus und bei Debilen vorkommt; im Gegenteil: es hat etwas von «heiliger Scheu», es bezeichnet die Ver-
derbnis der Materie, und während die Anhäufung des Unreinen in
Trakls frühen Gedichten oft nur dekadente Stimmungsmalerei, ein
Kokettieren mit der Verwesung ist, trifft uns in der reifen und Spätdichtung gerade dadurch der Anhauch des furchtbar Wahren.

DAS VERFLUCHTE GESCHLECHT

Die Biographen stimmen darin überein, daß Trakls Kindheit äußerlich wohlbehütet war. Sein jüngerer Bruder Fritz hat dies in einem
Interview auch bestätigt: «Es ging uns sehr gut; wir hatten eine
große Wohnung und lebten in jener behaglichen und selbstverständ-
lichen Aisance, die sich heute niemand mehr vorstellen kann.»

Für Trakl selbst bedeutete Kindheit Geborgensein im Fraulichen
und Mütterlichen: *... ruhig wohnte die Kindheit / In blauer Höhle.*
Höhle, die Wohnhöhle, ist der mütterliche Leib, der Schoß der Familie. (Frau und Höhle wurden vom Menschen schon immer unbewußt
assoziiert, weshalb Muttergottheiten oft in Höhlen oder Grotten ver-
ehrt werden.) Über die Mutter der Trakl-Kinder äußerte sich ihr
jüngster Sohn Fritz wie folgt: «Wir hingen sehr an der französischen
Gouvernante und an unserem Vater. Die Mutter kümmerte sich mehr
um ihre Antiquitätensammlungen als um uns. Sie war eine kühle,
reservierte Frau; sie sorgte wohl für uns, aber es fehlte die Wärme.
Sie fühlte sich unverstanden, von ihrem Mann, von ihren Kindern,
von der ganzen Welt. Ganz glücklich war sie nur, wenn sie allein mit
ihren Sammlungen blieb – sie schloß sich dann tagelang in ihre Zimmer ein.»

Trotz der «Aisance» in den Lebensumständen der Familie scheint
das Gefährdete oder Fragwürdige der Wohlstandsexistenz schon sehr
zeitig dem feinnervigen, hellwachen Kinde Georg aufgegangen zu
sein, zumindest leuchtet dies aus manch späterem Erinnerungsbild
auf. In der von Buschbeck 1939 veranstalteten Sammlung der Jugenddichtungen gibt es zwar noch ein *Kindheitserinnerung* betiteltes
Gedicht voll freundlich versonnener Impressionen, und auch in der
Lyrik der reifen Jahre wird die Kindheit da und dort als *sanfter Ge-*

17

Der Vater

sang, *dunkle Stille, goldenes Auge des Anbeginns*, als *kristallen* oder als *heilige Bläue* empfunden. Daneben häufen sich aber die düsteren, bedrängenden Kindheitseindrücke, wobei die angegriffene Daseinslage des aus späterer Sicht Zurückblickenden diese fernsten Dinge dunkler getönt haben mag: *O, der Abend, der in die finsteren Dörfer der Kindheit geht*, heißt es in den *Rosenkranzliedern*, und selbst in einem so tief in sich ruhenden, von sanften Stimmen durchwehten Gedicht wie *Kindheit* erheben sich plötzlich wieder die *finsteren Weiler*, auch wenn die Seele *dunkelgoldene Frühlingstage* denkt. In einer andern Dichtung (*Abendland*) spricht Trakl von der Süße *unserer traurigen Kindheit*; in der großen Prosavision *Traum und Umnachtung* entsinnt er sich *seiner Kindheit, erfüllt von Krankheit, Schrekken und Finsternis*; in dem Gedicht *Vorhölle* stehen sogar die Zeilen: *... mit knöchernen Händen / Tastet im Blau nach Märchen / Unheilige Kindheit*; und in dem Dramenfragment von 1914 läßt der Dichter die Gestalt Johanna (Gretl) sagen: *Was spielt ihr veraasten Träume der Kindheit in meinen zerbrochenen Augen.*

Über alldem aber tönt dunkel die Klage des Knaben: *Niemand liebte ihn.*

Die Mutter

Georg Trakl kam am 3. Februar 1887 in Salzburg als viertes Kind der Eheleute Tobias und Maria Trakl zur Welt. Die vorangegangenen Kinder waren Gustav, Maria und Minna (Mia).

Die Entbindung fand im Wohnhaus der Familie am Waagplatz Nr. 2 statt, das «das Schaffnerhaus» hieß. Fünf Tage später wurde der Knabe in der evangelischen Kirche am Salzach-Quai, der heutigen «Evangelischen Christuskirche», getauft. Nach dem Mann seiner Patin, dem Salzburger k. k. Hofjuwelier Georg Beck – möglicherweise aber auch nach seinem Großvater väterlicherseits – erhielt der Täufling den einzigen Vornamen Georg.

Der Vater, Tobias Trakl, war Protestant Augsburger Konfession, die Mutter, eine geborene Halik (richtiger: Halick), Katholikin. Nach Aussage des zur Zeit einzigen noch lebenden Familienmitgliedes, Georgs ältester Schwester Maria Geipel, blieb die Mutter «wahrscheinlich» bis an ihr Lebensende römisch-katholisch; sie wurde auch im Oktober 1925 nach katholischem Ritus in Salzburg begraben. Demgegenüber behauptete Major d. R. Friedrich Trakl in dem erwähnten Interview: «... und meine Mutter, die aus einer katholischen Prager Familie stammte, trat nach der Heirat zum Protestantismus über.» Dieser Übertritt müßte in aller Heimlichkeit geschehen sein, meint dazu Frau Maria Geipel. In einer aus dem Jahre 1897 stammenden Zweitausfertigung von Georgs Taufschein, die von seinem Religionslehrer, dem Pfarrer Heinrich G. Aumüller, unterfertigt ist, erscheint die Mutter noch als römisch-katholisch eingetragen; es fehlt der Vermerk, daß sie inzwischen ihr Glaubensbekenntnis gewechselt habe. Für die Stellung von Frau Trakl-Halick in der Familie ist es bezeichnend, daß zwei ihrer Kinder unsichere, voneinander abweichende Angaben über die Religionszugehörigkeit der Mutter machen.

Tobias Trakl, wie in Georgs Taufurkunde zu lesen steht: «Kaufmann von Oedenburg», war aus Sopron (oder Ödenburg), dem Hauptort des gleichnamigen westungarischen Komitats, zunächst nach Wiener-Neustadt, später nach Salzburg umgezogen. Auch der Geburtsort ist Ödenburg, er kam dort am 11. Juni 1837 zur Welt. Die Vorfahren waren Donauschwaben aus der Ulmer Gegend und dürften mit dem großen Schwabenzug, den Maria Theresia zwecks Kolonisierung der königlichen Kameralgüter ins Land gerufen hatte, nach Ungarn, und zwar zuerst in den Banat gekommen sein. Trakl ist kein typisch schwäbischer Name; der 1795 geborene Vater Tobias Trakls schrieb sich noch Georg Trackel, und die ältere Namensversion «Trackl» verwendete der Dichter im Titel seines Don Juan-Dramas. Die spätere Schreibung «Trakl» (oder war es eine Verschreibung?), vermutlich von Tobias stammend und zweifellos legalisiert, stellt eine phonetische Vereinfachung, vielleicht auch Austriakisierung dar.

Nach dem Vorbild seines Vaters war Tobias Trakl Kaufmann geworden. Er heiratete noch in Sopron, wechselte aber bald seinen Wohnsitz. Über die erste Frau ist nichts weiter bekannt, als daß sie ihm 1868 in Wiener-Neustadt (Kronland Niederösterreich) einen Sohn gebar, Wilhelm mit Namen. Tobias Trakl wurde frühzeitig Witwer und brachte diesen Sohn, der später für Georg und die Familie von einiger Bedeutung werden sollte, in die zu Wiener-Neustadt geschlossene zweite Ehe mit. Die neue Frau, eben jene Maria Halick, war tschechischer Herkunft und am 17. Mai 1852 in Wiener-Neustadt zur Welt gekommen. Ihr Vater, von Beruf Fabriksbeamter, stammte aus Prag. Die Ehe zwischen Tobias Trakl und Maria Halick wurde gegen Ende der siebziger Jahre geschlossen.

Das Paar wanderte nach Salzburg aus. Was Vater Trakl bewogen hatte, dem heiteren Westungarn den Rücken zu kehren, zuerst ins Niederösterreichische und später ins Salzburgische zu ziehen, ist nicht überliefert, doch werden für diese Entschlüsse wohl berufliche Gründe ausschlaggebend gewesen sein. In Salzburg, wo er sich in der Geschäftswelt bald einen geachteten Namen erwarb, brachte er es zu jenem Wohlstand, den wir kennen.

Die beiden Eheleute wohnten zuerst in der Schwarzstraße, nahe dem Mozarteum, und dort wurde Gustav (1880–1944) geboren. Ein

Hof im Geburtshaus

Jahr später bezog man in einem alten Eckhaus am Platzl, vis-à-vis der Stadtbrücke, eine größere Wohnung, wo 1882 Maria auf die Welt kam. Im Herbst des Jahres 1883 übersiedelte die Familie in das erwähnte «Schaffnerhaus» am Waagplatz Nr. 2, das die Geburtsstätte Minnas (1884–1950) und Georgs werden sollte.

Gegenüber dem «Schaffnerhaus», am Waagplatz Nr. 3, machte Tobias Trakl 1893 eine große Eisenhandlung auf, nachdem er das Haus käuflich erworben hatte. Die in den folgenden Jahren gutgehende Firma, deren Bonität allgemein gerühmt wurde, bestand dort bis 1913. Das Geschäft hatte seine Hauptfront am Mozartplatz; es sind jene Lokalitäten, in denen heute das Café Glockenspiel untergebracht sind. Um die Ecke, an der Schmalfront Waagplatz mit dem Hauseingang, lagen die Magazine.

In das neue, komfortable Heim zog die Familie nun ein. Man bewohnte das weitläufige erste Stockwerk, eine Flucht von mehr als zehn Zimmern samt Nebenräumen; die Fenster gingen auf die schönsten Plätze der Stadt, den Mozartplatz, Residenzplatz und Waagplatz hinaus. Georg schlief zwar mit seinem Bruder Fritz zusammen, hatte aber später, als Gymnasiast, ein eigenes (einfenstriges) Kabinett, in dem er sich von den andern absondern konnte. In diesem Haus verlebte Georg Trakl mit den sechs Geschwistern – nach ihm waren noch Fritz (1889–1957) und Gretl (1892–1917) gekommen, auch

Das Wohnhaus. Im Vorbau (heute Café Glockenspiel) befand sich die Eisenhandlung des Tobias Trakl, darüber die Wohnung der Familie

der Stiefbruder Wilhelm wohnte da – seine Kindheit und Jugend.

Allgemein wird Tobias Trakl als unproblematische, bedächtig lebensfrohe und ausgeglichene Natur geschildert. «Er war die Güte selbst» hörten wir von einem, der ihn noch gut gekannt hat, und Theodor Spoerri urteilt auf Grund fleißig gepflogener Erkundigung mit Recht, daß Vater Trakl vom Leben «neben dem beruflichen Erfolg nicht mehr als etwa ein Tarockspiel im Café oder ein Glas Wein des Abends verlangte». Tobias Trakl war ein Kleinbürger, der sich durch Fleiß, Tüchtigkeit und unter Glücksumständen in die großbürgerliche Sphäre hinaufgearbeitet hatte. Während er selber mit genügsamer Freude das Leben des Kleinbürgers weiterführe-

Der Zweijährige

te, zeigt die Lebenshaltung seiner Angehörigen durchaus großbürgerlichen Zuschnitt. Ein Geschäftsmann und Hausbesitzer, der sich Ammen, Dienstpersonal und Gouvernanten für die Kinder halten und für diese später auch kostspielige Pensionsaufenthalte im Ausland leisten konnte, dessen Frau zwar dem Haushalt vorstand, sich aber mehr ihren wertvollen Sammlungen widmete, war, nach den österreichischen Sozialbegriffen der Jahrhundertwende, zur Großbourgeoisie zu zählen.

Der Haushalt wurde patriarchalisch und, wie es scheint, ohne sonderliche Reibungen geführt. Schwere materielle Krisen dürfte es kaum gegeben haben, oder sie sind nie bekanntgeworden. Fritz Trakl erzählt, daß die Eltern zwar «Respektspersonen mit unbeschränkter Autorität» waren, daß es aber in der Familie nicht sehr streng zuging; «mein Vater war ein gütiger Mann und so fröhlich, wie es nur ein Österreicher sein kann». Und mit Stolz berichtet der ehemalige Major der Kaiserschützen: «Unser Vater war Österreich-Ungar. Im Hause herrschten die schwarz-gelben Farben.» Eine wohlhabende, angesehene, loyale, also kaisertreu gesinnte, gemäßigt religiöse Familie (mit dem Nebeneinander von zwei christlichen Bekenntnissen!), in einer der schönsten Städte der Monarchie lebend – das ist der Schauplatz, auf dem sich das Werden des Dichters Georg Trakl abspielt.

Erwin Mahrholdt beschreibt in seiner Trakl-Studie Georgs Vater

als echten und stammfesten Schwaben
«voll deutscher Innigkeit und voll Sinns
für das Heim – in seinem Antlitz soll
etwas Friedsames, Gütiges und Mönchi-
sches gewesen sein». Einen ähnlichen
Eindruck vermitteln die Worte von
Wolfgang Schneditz, der in Betrachtung einer Fotografie Tobias Trakls
schreibt: «Auf einem Altersbild erinnert das Antlitz des Vaters mit den ge-
schlitzten Augen und dem strähnigen,
lang herabreichenden Bart fast an das
eines chinesischen Weisen.» Möglich,
daß sich in die Traklsche Ahnenreihe
väterlicherseits magyarisches Blut ein-
geschlichen hatte, so daß wir vermuten
können, Georg Trakl sei schwäbisch-
magyarisch geprägt gewesen. Diese
Wahrnehmung wird nicht nur durch
seine Physiognomie bestätigt, sondern
mehr noch durch seine ganze Persönlich-
lichkeit, durch seine spezifische poetische Begabung, auch durch die
flackernde Gesamtstimmung im Ablauf seines Lebens. Zöge man nur
die väterlichen Ahnen in Betracht, so könnte bei ihm von einer Kreu-
zung aus Justinus Kerner und Nikolaus Lenau gesprochen werden.
Mit der Wesens- und Dichtungsart dieser beiden Melancholiker, des
Schwaben wie des Deutschungarn, hat Trakls Lyrik – auf pathologi-
scher Ebene – manch Gemeinsames.

Soweit sich aus Georgs unsteter, zwischen Extremen eruptiv
schwankender Gemütsart ein einheitliches Bild gewinnen läßt, dürfte
er dem Vater eine starke, Außenstehenden wohl gar nicht so offen-
kundige Verehrung entgegengebracht haben. Er fühlte sich mehr
zum Vater hingezogen als zur Mutter, mit ihm fühlte er sich wesens-
verwandt. Wie die Mutter, die Schwester(n), die ganze Familie in
den nächtigen Spiegelgestalten seiner Phantasien, zu Traum- oder
Albwesen anonymisiert, immer wieder auftauchen, so kehrt auch der
Vater ständig in diesen magischen Bilderkreis ein. An die Vater-Imago knüpfen sich bei Trakl Begriffe wie Stille und Härte. Die Stille
bedeutet des Sohnes Geborgensein im Haus der Väter, die Härte des
Vaters Mannesmut, Überlegenheit und Führerschaft im Leben. Ganz
anders als etwa bei Kafka, in dessen Inferno der Vater eine richter-
liche, bestrafende Instanz ist, erstrahlt in Trakls Lyrik der Vater zumeist in mildem, freundlich gesinntem Licht, er ist eine gute Gott-
heit, eine Larengestalt. Hier bedeutet der Vater die Gerechtigkeit, das

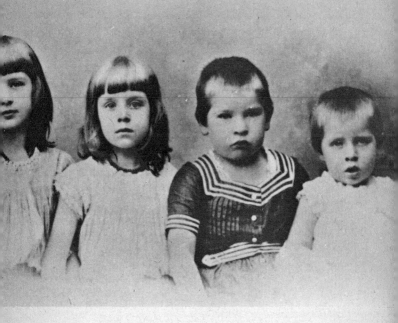

Maß; dort die Gerichtsbarkeit, das Über-Maß. *Des Vaters Stille* heißt es in *Sebastian im Traum*; und im selben Gedicht: *Oder wenn er (der Knabe) an der harten Hand des Vaters / Stille den finstern Kalvarienberg hinanstieg.* In der Vision *Traum und Umnachtung* finden sich die Sätze: *Eines Blinden klang die harte Stimme des Vaters und beschwor das Grauen ... O, wie stille war das Haus, als der Vater ins Dunkel hinging.*

Tobias Trakl, wie in der Todesanzeige angegeben: Kaufmann, Hausbesitzer und Bürger der Stadt Salzburg, starb nach kurzer Krankheit am 18. Juni 1910; Georg war dreiundzwanzig. Zwei Tage später wurde der Leichnam zur Kremation nach Ulm gebracht. Der vielleicht bang vorausgefühlte Tod des Vaters hat den Dichter tief erschüttert; der Vater hatte das Grauen beschworen, so lange er lebte – nun sah der Sohn sich der festesten, ehrwürdigsten Stütze in einem immer amorpher und unheimlicher werdenden Leben beraubt. *In dieser Stunde war ich im Tod meines Vaters der weiße Sohn* heißt es in *Offenbarung und Untergang.*

Trakls Mutter Maria Halick stammte, wie schon erwähnt, aus dem Kronland Böhmen, ihre Großeltern väterlicherseits waren noch Bürger der «Goldenen Stadt» Prag gewesen. Marias Vater zog von Prag nach Wiener-Neustadt in Niederösterreich, wo er eine Stelle als Fabriksbeamter annahm; Maria Halick wuchs demnach in einem deutschsprachigen Provinzmilieu der Monarchie auf, und zwar – wie ihr

1896

späterer Gatte – in der Nähe der Metropole. Halik (in deutscher Schreibweise mit «ck») ist ein tschechischer Name. Die Mädchennamen von Maria Halicks Mutter und Großmutter väterlicherseits, Schod und Otmar, weisen darauf hin, daß eine Vermischung der Halicks mit Deutschböhmen stattgefunden hatte, wie es in Prag mit seiner alten binationalen Tradition öfters der Fall war. Bei den Trakls in Salzburg wohnte jahrelang Anna Halick, Maria Halicks Mutter, eben jene geborene Schod, die nach einem in hohem Alter erlittenen Schlaganfall schwachsinnig geworden sein soll. Gedanken an die stille alte Frau blitzen in Trakls Gedichten nur selten auf. *Großmutter zündet goldene Kerzen an* in *Unterwegs* und *Zwei Monde / Erglänzen die Augen der steinernen Greisin* in *Geburt* könnten solche Erinnerungsspuren sein.

Wenn man die tschechisch-sudetendeutsche Aszendenz von Georgs Mutter und die schwäbisch-ungarische des Vaters in Betracht zieht, ergibt sich für den Dichter eine Blutmischung, die in dem habsburgischen Imperium mit seiner Vielfalt von eng nebeneinander wohnenden Völkern keineswegs selten war. In Trakls Geist und Gesicht spiegelt sich faktisch dieser völkische Kosmos mit all seinen Disharmonien und kollektivseelischen Spannungen, die, als die politische Stunde gekommen war, zum Zusammenbruch des Reiches geführt haben. Hinzu kommt als Umwelteinfluß die museale Stimmung einer verfallenden Prunkstadt. Der Spätherbst des Reiches fand eine sichtbarliche Wiederholung in der herbstenden Kultur der schönen alten Stadt rund um den Mönchsberg.

Maria Halick ist, verglichen mit ihrem Mann, die interessantere, weil problematischere Persönlichkeit – problematisch freilich im negativen Sinn. Wir wissen aus Fritz Trakls Erinnerungen, die sich mit der Mutter verständlicherweise in schonender, pietätvoller Weise beschäftigen, daß sie sich wenig um ihre sechs Kinder und den Stiefsohn kümmerte, ja es scheint, als habe sie mit dem vollzogenen Geburtsakt das Nötige als geleistet angesehen. Sie lebte ein Leben für sich, teilte es nur selten mit der Familie, und die Kinder verspürten dies weit mehr als der mitten im geschäftlichen Leben stehende und von ihm stark beanspruchte Vater. Besonders Georg mit seinen überwachen Sinnen muß den Riß im Gefüge der Familie schmerzlich empfunden haben. Er suchte die Mutter, die sich ihm und den andern entzog, in Ersatzmüttern, besonders in der Gouvernante, einer Elsässerin, deren Einfluß auf Georg nicht unterschätzt werden darf, und später, schon während der Pubertät, bei Kellnerinnen und Dirnen. In jener Zeit nämlich besuchte Trakl in Gesellschaft von Freunden regelmäßig Bordelle, und die Wahl der ältesten Dirne – auf sie und ihr lyrisches Konterfei werden wir noch zurückkommen – läßt sich nach Spoerri ebenfalls «aus einer Mutterbindung ableiten, wobei die Erniedrigung des Mutterbildes eindeutig im Vordergrund steht».

Maria Trakl-Halick hatte noble, schöngeistige Passionen, sie sammelte, wie eingangs berichtet, Antiquitäten, tat dies mit Kunstverständnis und entwickelte dabei einen großen Spürsinn. Sie restau-

Das Café Tomaselli, Treffpunkt
der Salzburger Hautevolée und Bohème

rierte auch aus Liebhaberei, und ihre
Zimmer waren mit Barockmöbeln, kostbaren Gläsern und edlem Porzellan vollgestopft. Sie war sehr musikalisch, ohne
selber ein Instrument zu spielen, und
überwachte die Musikerziehung der
Kinder – sie alle lernten, mit Ausnahme von Wilhelm, Klavier – äußerst genau. In ihre museale Welt schloß sie
sich tagelang ein, um dann plötzlich
wieder zu erscheinen und den normalen
Verkehr mit der Familie aufzunehmen.
«Wir Kinder waren etwas unglücklich
darüber, denn je länger ihre Leidenschaft dauerte, desto mehr Zimmer wurden für uns tabu.» (Fritz Trakl)

Frau Trakl-Halick war also ein weiblicher Sonderling, eine eigenwillige, undurchsichtige Frau, ohne mütterliche
Ausstrahlung, aber von starker musischer Sensibilität. Die psychiatrische
Forschung will an ihr triebhaft-unberechenbare Züge erkennen. Mit
Nachdruck weist Theodor Spoerri auf den Umstand hin, daß sie keines der Kinder, Grete ausgenommen, selber genährt hat. Die Tatsache
des Nichtnährens der Kinder soll für die Genese von Georgs und
Gretls Süchtigkeit von Belang sein. Wenn dies aber richtig wäre, dann
hätte das einzige Brustkind der Mutter, also Gretl, der Verführung
zu Rauschgiften widerstehen müssen – und doch hat sie diesem Laster
nicht widerstanden.

Die Gefühle Georgs der Mutter gegenüber sind mit dem Wort
Haßliebe am ehesten gekennzeichnet. In seinen Kinderjahren dürfte
er sie bewundert haben. Ihre Bedeutung für ihn in ästhetischen, vielleicht sogar schöpferischen Dingen scheint groß gewesen zu sein;
schließlich war sie es, die dem Haushalt eine musische, kultivierte
Atmosphäre verlieh. Die edlen Gegenstände einer großen kunsthandwerklichen Vergangenheit, liebevoll von ihr betreut und mit Kunstverständnis zur Schau gestellt, werden – im Milieu der ersten industriellen Revolution mit ihren Ansätzen zur Serienerzeugung und
zu sinnentleerten Formen, also Normen der technoromantischen Kategorie – nicht nur seinen Geschmack, sondern auch sein Bedürfnis
für *Maß und Gesetz* mitgebildet haben, das ihn später dazu anhielt,
seine Gedichte immer wieder umzuformen. Im Anschauen dieser
schönen, ruhenden Dinge, dieser Harmonien, dieser Formen des Vergangenen, dem man stunden- und tagelang nachsinnen konnte, mo-

delte sich sein Wesen, das allem Ruhenden instinktiv zugetan war – ein Entwicklungsprozeß, der sich über Jahre erstreckt haben wird und erst nach der Kindheit bemerkbar wurde. In Buschbecks Requiem für Georg Trakl (1917) steht der Satz: «Im Knaben erwacht ein Haß . . . gegen das stete Sichändern des ruhend Geliebten.» Ruhe und Geborgenheit, die Georg bei der Mutter nicht fand, suchte und fand er in ihren Sammlungen.

Die Entfremdung von dem ersehnten Mutterwesen verwandelte sich bei ihm in Bilder qualvoller Kälte und des Schreckens. Vor dem Vater fürchtete sich das Kind nicht, doch der Anblick der Mutter jagte ihm oft Furcht ein; ja es scheint, als sei das Mutterbildnis für Trakl das gewesen, was die Vater-Imago für Kafka war. So wird einmal in zwei Verszeilen die Kälte, die von der Mutter ausging, mit dem Todesacker in Verbindung gebracht: *Oder wenn er an der frierenden Hand der Mutter / Abends über Sankt Peters herbstlichen Friedhof ging.* Die *Stille der Mutter* in dem Gedicht *Geburt* ist eine andere, nämlich schauervolle, als *des Vaters Stille* in *Sebastian im Traum.* Vor der *Klagegestalt der Mutter* erschrickt er, bebt er schuldbewußt zurück. Die Mutter allein weiß um seine Begierden und Verbrechen: *Aber in dunkler Höhle verbrachte er seine Tage, log und stahl und verbarg sich, ein flammender Wolf, vor dem weißen Antlitz der Mutter.* Und im selben Gedicht – *Traum und Umnachtung* – taucht ein Gesicht auf, das auch in einer Novelle von Poe

(«Der Untergang des Hauses Usher») vorkommen könnte: *Das blaue Rauschen eines Frauengewandes ließ ihn zur Säule erstarren und in der Tür stand die nächtige Gestalt seiner Mutter.* Eine Vision des schlechten Gewissens! Seine Verbrechen erscheinen ihm so unsühnbar, daß der Mutter *unter leidenden Händen das Brot zu Stein ward.*

Die Mutter verkörpert in den Vexierspiegeln der Gedichte etwas Ungreifbares, Transpersonales: das Gewissen; sie ist – selbst noch als Leidende – eine Nemesis-Gestalt, tritt als Eumenide, ja als Harpyie auf. Und es entspricht durchaus dem Bild, das wir uns von dem Schuldbeladenen machen müssen, wenn er sich gegen den Rache-Engel auf seine Weise zur Wehr setzt: mit brutaler Aggression; dem Freunde Ludwig von Ficker gestand er einmal, er habe bisweilen die Mutter so gehaßt, daß er sie mit eigenen Händen hätte ermorden können. (Mitgeteilt von Ilse Demmer in ihrer Trakl-Dissertation von 1933.)

Seine Sorge um die Mutter brach aber auch manchmal ergreifend durch, so wenn er im Januar 1913 – Maria Trakl-Halick war damals gerade seit zweieinhalb Jahren Witwe – in einem an Buschbeck gerichteten Brief, der auch sonst alle Anzeichen tiefster Depression aufweist, die Worte findet: *Schreibe mir, Lieber, ob meine Mutter sehr viel Kummer durch mich hat.* Und Ficker teilt er vermutlich im Sommer desselben Jahres (der Brief ist nicht datiert) mit, daß *Ereignisse eingetreten sind, die meine Mutter bestimmen, Geschäft und Haushalt in Salzburg aufzulösen. In dieser Bitternis und Sorge um die nächste Zukunft erschiene es mir leichtfertig, das Haus der Mutter zu verlassen.*

Da ist es, als würde sich durch das nächtige Gewölk einer verlorenen Seele ein zitternder Lichtstrahl tasten.

Salzburg, wie es Georg Trakl sah und wie es vielgestaltig in seine Lyrik eingegangen ist, war eine Stadt des romantischen Verfalls, still und beschaulich, fromm und einer glanzvollen Vergangenheit zugekehrt. Neben der Römischen Kirche, deren weltliche Macht einem durch majestätische Gotteshäuser und Paläste unübersehbar vor Augen geführt wurde, war es alles Ärarische, das der Stadt ihr Gepräge gab. Die Cafés der Stadt und den Sonntagskorso zwischen Tomaselli-Kiosk und Domplatz bevölkerten schmucke Offiziere, die man gutmütig spottend «Feschaks» nannte; der in den Operetten jener Zeit vielbesungene Zauber der Montur verdrehte auch an der Salzach manchem Bürgermädchen den Kopf, was den Herren Offizieren nur recht sein konnte, mußten sie sich doch oft durch Einheirat in den gehobenen Bürgerstand und den Kommerzadel finanziell salvieren. Kein Wunder also, daß die kaiserlich-ärarische Atmosphäre der Stadt auch ein Mitglied der Familie Trakl, eben jenen 1889 geborenen Fritz, später bewogen hat, die militärische Laufbahn zu wählen.

Äußerlich bietet die Gesellschaft der Goldenen Epoche, in Österreich-Ungarn auch die «goldene Backhendlzeit» geheißen, das Bild unerschütterten Wohlstandes. Der berüchtigte Schwarze Freitag (9. März 1873), an dem durch wilde Spekulationsmanöver an der Wiener Börse die Effektenkurse ins Bodenlose gepurzelt waren, lebte nur noch als traumatische Redensart fort. Die Panik, die damals das gesamte Staatsgebiet der wirtschaftlich scheinbar so festgefügten, blühenden Monarchie ergriffen hatte, die Bankenzusammenbrüche, Geschäftskonkurse, Selbstmorde, Ehescheidungen, Gesellschaftsskandale und kriminellen Akte aller Art, hatte man gründlich verdrängt. Die Geschäfte gingen flott und die phäakische Devise «Leben und leben lassen» wurde allgemein befolgt – nicht nur an der Salzach, sondern auch sonst überall, wo man hinsah.

Doch es rieselte im Gemäuer, und obwohl der Reichshaushalt nach dem Übergang auf die Kronenwährung mit einem Überschuß von mehr als 22 Millionen Gulden abgeschlossen hatte, malte der führende Publizist der Habsburgermonarchie, Moriz Benedikt, in seiner ständigen Rubrik in der «Neuen Freien Presse» («Wiener Börsenwoche») am 24. Dezember 1892 die folgende sozialpolitische Prophetie an die Wand: «Alle horchen gespannt, als ob ein nicht mehr abwendbares großes Ereigniß immer näher rücken würde, das Jüngste Gericht, welches über die sociale Ordnung entscheidet, die ernste Auseinandersetzung zwischen dem Capital und dem Lohn.»

In dem Jahrzehnt 1880 bis 1890, an dessen Ende Georg Trakls Geburtsstunde schlägt – sie steht, wie die des gleichaltrigen Georg Heym, unter dem schwärzesten Unstern jener Plejade –, wird plötzlich, fast überfallartig, eine apokalyptische Generation geboren. Sie wirkt wie eine geballte Ladung. Die Geburtswehen der Mütter haben etwas vom Kreißen einer neuen, schrecklichen Zeit. Vulkanismus – aber weltweiter Vulkanismus!

Im Ablauf dieser knappen zehn Jahre kommen Picasso, Joyce, Kafka, Weininger, Blok, Musil, Kokoschka, Ungaretti, Eliot, Archipenko, Jiménez, O'Neill, Heidegger, Chirico, Le Corbusier, Lukács, Pound, Zadkine, Wittgenstein, Kavafis, Beckmann, Tatlin, O'Casey, Berg, Chagall, Arp, J. M. Hauer, Bloch, Webern, Taut, Apollinaire, Léger, Tairow und Vachel Lindsay zur Welt. Gleich nach 1880 wird beinah der ganze Kubismus geboren, und wie ein wilder Auswurf folgen die Dichter der Katastrophe, also die Expressionisten und Dadaisten. Unter ihnen stehen große Seher des Untergangs auf: der Österreicher Trakl und der Schlesier Heym; einige entwickeln sich später zu Sozialrevolutionären und Utopisten, wie Picasso, Rubiner, Lukács, Pfemfert, Hiller, Bloch, Renn und Leonhard Frank, andere zu «klinischen» Nihilisten und extremen Nationalisten, wie Pound, Johst, Lersch, Benn, Schauwecker. Die Edelsten des Jahrzehnts verschlingt der Schlund des Ersten Weltkriegs – Wolf Przygode wird später alle versammeln: Trakl, Stadler, Lichtenstein, Sack, Macke, Lotz, Marc, Hellingrath, Ehrenbaum-Degele. Die meisten von ihnen stellen nicht mehr nur die alte Ordnung in Frage, sondern stürzen sie um; es ist ein Aufruhr wider die Unzucht, Lethargie und «Aisance» eines verlotterten, verkommenen Geschlechts, gegen die herrschende Klasse.

Wie ein Symbol des Umsturzes steht am Eingang zu dieser Generation Albert Einstein (geboren 1879). Und im selben Jahr kommen Stalin und Trotzki zur Welt; genau zehn Jahre danach – 1889 – folgt Adolf Hitler. Womit wir den Boden der echten Apokalypse betreten. Zwischen Stalin und Hitler liegt das Geburtsjahr Benito Mussolinis (1883). Und drei Jahre vor ihm wird Oswald Spengler geboren, der die Ära der Diktatoren früh voraussagte.

Man wird hier nicht an einen bloßen Zufall, an bloße Zahlenspielerei glauben dürfen. Diesen Jahrzehntgenossen – Visionären oder Visionarren? – war es vorbehalten, Tabula rasa zu machen. Ihr Angriff galt der alteuropäischen Ordnung – am sinnfälligsten symbolisiert im Habsburgerreich –, die sie mit ihrem Röntgenblick durchlöcherten und skelettierten, wie Trakl, Heym, Schiele und Kokoschka, oder im Brennspiegel einer geistpolitischen Revolte sondergleichen zu Asche zerfallen ließen. Die Sensitivsten unter ihnen spürten schon früh mit ihren wunden Nerven die Morbidezza, den Verfall, die Fäulnis, das Hinfällige unter einer glänzenden Oberfläche.

Im Gegensatz zur Trakl-Kirche, die den Dichter am liebsten mit dem Nimbus überirdischer Isolation umgeben, ihn in einen «geistlichen» Raum entrücken möchte, sehen wir gerade sein Leben und Werk typisch gesellschaftlich geprägt und als individuellen Ausdruck einer genau definierbaren, revolutionären Zeitsignatur. Von der Ahnung des kommenden Zusammenbruchs waren damals in besonderem Maße die unteren Schichten des Mittelstandes als die wirtschaftlich schwächsten und anfälligsten, aber selbst weite Kreise des Großbürgertums ergriffen. Die Gefahr des Ruins, des Zurückfallens ins Elend, war dort – mangels schützender Sozialgesetze – besonders drohend, was zum Teil auch erklärt, daß diese erste Revolte gegen das feudalkapitalistische Regime, sowohl die politische wie die ästhetische, hauptsächlich aus dem Kleinbürgertum kam. Der Vorrang, den alles, was Verfall heißt, bei Trakl hat, die manchmal gespenstische Ruinenhaftigkeit seiner Stadt- und Naturlandschaften sind schon auch eine Vorahnung des ideologischen, insbesondere sozialpolitischen Umbruchs, der mit der europäischen Katastrophe von 1914 beginnt. In Trakls Dichtungen sehen wir *das verfluchte Geschlecht,* das in einem trügerischen Wohlstand dahinvegetiert und geistig wie moralisch verwest, mit der Trakl-Sippe bildlich eins werden, deren «Aisance» Ausfluß dieses Wohlstandes privilegierter Schichten war. *Erschütternd ist der Untergang des Geschlechts* heißt es im *Helian,* wobei im Dunkel bleibt, ob eine bestimmte Generation (eben die der Väter) als untergehend beklagt wird oder der Untergang des ganzen Menschengeschlechts und der humanitas überhaupt.[1] Doch spä-

---

1 Trakl (auch Kafka) hatte in dieser Beziehung eine ähnliche Funktion wie die Schriftsteller des frühchristlichen Pessimismus in bezug auf die inclinata res publica des Römischen Reiches. Entartung und Verfall schilderten Commodianus, Dionysios, Eusebios, Apollinaris, Methodios und Hieronymus in ähnlich phantastisch-parabolischer Form wie Trakl und Kafka. Das

ter, in *Traum und Umnachtung*, hebt die Konfession – Klage und Anklage finden sich bei Trakl dicht nebeneinander – wie folgt an: *Am Abend ward zum Greis der Vater; in dunklen Zimmern versteinerte das Antlitz der Mutter und auf dem Knaben lastete der Fluch des entarteten Geschlechts* . . . Nun ist der Kreis der Betrachtung bereits eingeengt, im Widerschein des kollektiven désastre wird dargestellt, daß es letztlich um Persönliches geht: um den familiären Untergang, und daß das eine vom andern nicht zu trennen ist.

Als Tobias Trakl starb – ein Ereignis, das die Familie zerrüttete und die Zukunft des Geschäftes in Frage stellte (obwohl Wilhelm sofort die Leitung der Firma übernommen hatte) –, war auch das politische und wirtschaftliche Fundament der Monarchie ins Wanken geraten. Das heraufziehende Unheil liegt in jenen Jahren so lähmend in der Luft, daß dann, als die Weltkriegskatastrophe wirklich hereinbrach, dies von vielen als Erlösung begrüßt wurde. In einem vom Osterdienstag 1913 datierten Brief an Trakl schreibt der pathologisch schwermütige Schriftsteller Karl Borromäus Heinrich, dem wir als Geistesverwandten Trakls in dessen Innsbrucker Zeit begegnen werden, den prophetischen Satz: «Mit oder ohne Krieg, es werden so ernste Tage kommen, daß sich die Menschen nach einem Dichter umsehen werden.»

O des verfluchten Geschlechts heißt es weiter in *Traum und Umnachtung* und *Unter erstarrten Händen verfielen Frucht und Gerät dem entsetzten Geschlecht*, das die unaufhaltsame Katastrophe auf sich zukommen sieht. *Ein Wolf zerriß das Erstgeborene und die Schwestern flohen in dunkle Gärten zu knöchernen Greisen. Ein umnachteter Seher sang jener an verfallenen Mauern und seine Stimme verschlang Gottes Wind. O die Wollust des Todes. O ihr Kinder eines dunklen Geschlechts. Silbern schimmern die bösen Blumen des Bluts an jenes Schläfe, der kalte Mond in seinen zerbrochenen Augen. O, der Nächtlichen; o, der Verfluchten.* Bis am Ende die apokalyptische Schau mit den Worten abbricht: *die Nacht das verfluchte Geschlecht verschlang.* Und in dem von Hölderlin besonders stark beeinflußten Spätgedicht *Der Abend* stehen die Zeilen: *So bläulich erstrahlt es / Gegen die Stadt hin / Wo kalt und böse / Ein verwesend Geschlecht wohnt.*

Immer wieder fühlt der Dichter, hier mehr als anderswo zum Seher werdend, sich als letztes Reis am Stamme eines vermorschten, abbruchreifen, dem Untergang geweihten Geschlechts von Scheinchristen, als Enkel, der die gewaltige Bürde, das gewaltige Erbe aller Menschenalter zu tragen hat: *O, wie alt ist unser Geschlecht* (*Unterwegs*) . . . *Die purpurnen Martern, Klage eines großen Geschlechts / Das fromm nun hingeht im einsamen Enkel* (*Gesang des Abgeschiedenen*). Die protestantische Erziehung, die Trakl genossen hatte, läßt

---

apokalyptische Gesicht ist hier wie dort das gleiche. Nur hat die sibyllinische Phantasie der frühchristlichen Apokalyptiker das Ende des Römischen Imperiums mit der «Endzeit» überhaupt identifiziert.

ihn das Abendland, das christliche Europa, in der Rückschau aus verderbter Zeit als groß und rein und strahlend erscheinen; sein Niedergang wird mit stoischer Trauer besungen, seine jetzige (endzeitliche) Verkommenheit als luziferischer Abfall und Absturz von ursprünglicher Größe beklagt – einer Größe, die sich in Trakls Dichtung noch nicht als Fiktion enthüllen konnte. Auch in dem Gedicht *Abendländisches Lied*, mit der tiefpessimistischen Zeile *O der Seele nächtlicher Flügelschlag* beginnend, woran sich Bilder eines heilen mythischen Seins knüpfen: *Hirten gingen wie einst an dämmernden Wäldern hin / Und es folgte das rote Wild, die grüne Blume und der lallende Quell / Demutsvoll ... Im Abendgarten, wo vor Zeiten die frommen Jünger gegangen / Kriegsleute nun, erwachend aus Wunden und Sternenträumen. / O, das sanfte Zyanenbündel der Nacht. / O, ihr Zeiten der Stille und goldener Herbste / Da wir friedliche Mönche die purpurne Traube gekeltert ... Da in seiner Kammer der Mensch Gerechtes sann / In stummem Gebet um Gottes lebendiges Haupt rang*, wird gegen Ende *die bittere Stunde des Untergangs / Da wir ein steinernes Antlitz in schwarzen Wassern beschaun* schmerzerfüllt angerufen. Dieses Gedicht schließt mit der im ersten Kapitel zitierten Vision vom neuen, aus der Sintflut der Gegenwart emportauchenden Paradies:

Aber strahlend heben die silbernen Lider die Liebenden:
E i n Geschlecht. Weihrauch strömt von rosigen Kissen
Und der süße Gesang der Auferstandenen.

Das Geschlecht (sexus), als Fluch und Geißel, vor allem aber Inzestschuld empfunden, ist hier, eine Wunsch- und Erlösungsphantasie, der Materie entrückt und mit dem künftigen, wieder im Stande fleischlicher Unschuld befindlichen Geschlecht (genus, origo, aetas), das den Zwiespalt des Geschlechtlichen, die bisexuelle Aufspaltung und heterosexuelle Entfremdung, nicht mehr kennt, zu e i n e m Begriff verschmolzen. Es könnte sein, daß Trakl das Bild von der Eingeschlechtigkeit im Garten Eden, eine Vorstellung, die gelegentlich auch in den Schriften Jakob Böhmes und Franz von Baaders wiederkehrt, bei den deutschen Mystikern gefunden hat; aus einem Brief Buschbecks an den Dichter vom 29. Juli 1913 wissen wir, daß Trakl sie eifrig las. (Die katholische Dogmatik hingegen verwirft die Annahme, Adam sei androgyn, also mannweiblich, erschaffen, und stützt sich hiebei auf die Heilige Schrift und die Überlieferung; auch Augustinus hat sich gegen diese Ansicht gewandt.) Die Heimkehr ins Vorzeitliche, in den Zustand des Reinen Menschen der Vorzeit (Dallago), wird dann noch einmal, in einer von hohem Glanz erfüllten Szene, ausgesprochen: *Leise trat aus kalkiger Mauer ein unsägliches Antlitz – ein sterbender Jüngling – die Schönheit eines heimkehrenden Geschlechts* (*Offenbarung und Untergang*).

Das vorausentworfene Bild vom sterbenden Jüngling – einer auf

*Fritz, Georg
(Mitte) und
Gretl,
etwa 1897*

den Schlachtfeldern Europas hingemordeten Generation – ist nun
nicht mehr wegzudenken. Es kehrt in *Abendland* wieder, diesmal als
schauriger Ruf aus dem Niemandsland zwischen metaphysischen
Fronten: *Ihr sterbenden Völker!*

KINDHEIT, JUGEND, PROVINZIELLE BOHÈME

Als Trakl-Biograph wird man es stets bedauern, daß es über die
frühe Kindheit des Dichters keine wesentlichen, den weiteren Le-
bensweg erhellenden Auskünfte gibt. Sogar anekdotische Angaben
fehlen. Die Aussagen jener Personen, die mit Georg in der Familie
aufwuchsen oder ihm sonst als Spielgenossen nahestanden, beziehen sich großteils auf spätere Entwicklungsphasen. Und doch muß
schon das Kind auf Grund bestimmter, gerade dort und damals aus
der Umwelt gewonnener Erfahrungen vollgültige seelische Akte ge-

setzt haben, welche die für unseren Dichter so sehr kennzeichnende «ausgefallene» Art der Wirklichkeitsverarbeitung verständlicher machen könnten.

In einem Punkt stimmen die Geschwister Fritz Trakl und Maria Geipel überein: «Georg war ein Kind wie wir andern auch, fröhlich, wild und gesund.» Und Frau Geipel ergänzt dies durch die Mitteilung, Georg sei als Kind, seiner robusten Natur entsprechend, besonders derb und ausgelassen gewesen und habe vornehmlich den zwei älteren Schwestern mit Püffen und Kneifen zugesetzt.

Tatsächlich wirkt Trakl auf Kinderbildnissen kräftig, sogar vierschrötig. Der Anthropograph Theodor Spoerri merkt zu einem Foto des Zweijährigen an, Georg sehe hier «auffallend und nicht wie ein anderes Kind seines Alters aus; rötlich-blonde Locken umrahmen ein mädchenhaftes, dickes und verquollenes Gesicht, aus dem stumpfe und irgendwie tierhaft traurige Augen blicken». Auch das Aussehen des Dreijährigen, auf dem Bild mit seinen vier Geschwistern (Gretl war noch nicht geboren), ist nach Spoerri plump und etwas aufgedunsen.

Major Trakl hat in dem wiederholt zitierten Interview auf die Fragen «Was für ein Kind war Ihr Bruder Georg? Sie verstanden sich gut mit ihm?» eine diplomatische Antwort gegeben: «Er und ich, wir waren die besten Spielkameraden. Er spielte mit seinen Freunden an den Turngeräten in unserem Garten, ich hatte meine Bleisoldaten.» Nämlich: nur das Geburtshaus Georgs besaß einen geräumigen Hof; als das gegenüberliegende Wohnhaus bezogen wurde, erwarb Tobias Trakl in der Pfeifergasse 3 ein großes Gartengrundstück, wo die Kinder, von der Gouvernante beaufsichtigt, sich tagsüber vergnügten.

Wenn man von den Trakl-Kindern als Spielgemeinschaft spricht, sind stets die an Jahren einander nahen Geschwister Gustav, Maria (oder Mizzi), Minna, Georg, Fritz und Grete gemeint. Der Halbbruder Wilhelm darf hier nicht mitgezählt werden; er war um ganze dreizehn Jahre älter als Georgs ältester Bruder Gustl, paßte also nicht zu den andern. Wilhelm wurde von den Kindern zwar nie als Fremdkörper empfunden, kam aber früh von zu Hause weg. Die kaufmännische Lehre absolvierte er nur teilweise im väterlichen Laden, ging wiederholt ins Ausland und machte später ausgedehnte Geschäftsreisen; so hielt er sich längere Zeit in Neu-Guinea, Mexiko und den Vereinigten Staaten (auch in New York) auf. Dieses naheliegende familiäre Beispiel – wahrscheinlich mehr als das des abenteuernden Rimbaud – dürfte dem Pharmazeuten Georg Trakl ähnliche Wanderpläne (Albanien, Borneo) eingegeben haben. Als Wilhelm im Mai 1910 bei der Familie zu Besuch war, starb der Vater. Anstatt nach Übersee zurückzukehren, führte Wilhelm von da ab, gemeinsam mit der Stiefmutter, die verwaiste Firma bis zu deren Auflösung im Jahre 1913 weiter.

Maria Geipel entsinnt sich, daß Georg als Kind – trotz seinen eher körperlichen Neigungen – ein passionierter Zuhörer sein konnte; er liebte vor allem, den Erzählungen der «Mademoiselle» zu lauschen. Als er selber lesen konnte, verschlang er die üblichen Kinderbücher seiner Zeit, Märchen, germanische und griechisch-römische Heldensagen, den «Lederstrumpf» und den «Gulliver», im vorgeschritteneren Schulalter die Romane von Gerstäcker, Verne, Ebers, Dahn usf. Auch französische Jugendzeitschriften, «Le Petit Français Illustré» und das «Journal de la Jeunesse», von der Gouvernante abonniert, wurden im Kreis der Trakl-Kinder eifrig gelesen. Nach Aussage Frau Geipels war Georg überdies ein begeisterter Karl May-Leser. Dieses Detail ist insofern nicht uninteressant, als – seltsam verknüpft es sich – jener Mann, der Anfang April 1912 Trakls Begegnung mit Ludwig von Ficker und dem «Brenner»-Kreis vermittelte, der junge Wiener Dichter Robert Müller, selbst ein enragierter Anhänger des Jugendschriftstellers war und um die gleiche Zeit (März 1912) sogar einen – den einzigen – Vortrag Mays in Wien ins Werk setzte. (Bekanntlich holte sich May auf dieser Vortragsreise eine schwere Lungenentzündung, an der er in Radebeul starb.)

Mit dem Eintritt ins sechste Lebensjahr begann für Georg das schulpflichtige Alter. Der Vater ließ den Knaben im Herbst 1892 in die der k. k. Lehrerbildungsanstalt auf dem Salzburger Universitätsplatz angeschlossene katholische «Übungsschule» einschreiben; es war eine fünfklassigen Muster der allgemeinen «Volksschule» angenäherte Privatschule mit Öffentlichkeitsrecht, die von den Kindern des gehobenen Mittelstandes besucht wurde. Da Georg Protestant war, nahm er an zwei Nachmittagen der Woche am Religionsunterricht der evangelischen Pfarre teil, und Pfarrer Aumüller, der Georg wohl auch getauft haben wird, ein «wunderbar gütiger Mensch, dem Trakl sehr anhänglich gewesen ist» (Buschbeck), wirkte als Religionslehrer.

Erhard Buschbeck, Jahrgang 1889 und gleichfalls Salzburger Protestantenkind, schildert jene ersten Begegnungen mit Georg ausführlich: «Meine Erinnerungen an Trakl reichen in die Zeit der Volksschule zurück, und ich sehe ihn noch vor mir, wie er am Salzach-Quai vor der protestantischen Schule, die ich besuchte, stand, um dort mit seiner Schwester den Religionsunterricht zu haben . . . ein kleiner, gutgepflegter Bub, mit langen blonden Haaren, von einer französischen Bonne begleitet. Für uns Normalschüler hatten diejenigen, die bloß an manchen Nachmittagen zum Religionsunterricht kamen, wohl immer etwas besonderes ‹Feines›, aber bei Trakl trat überdies noch ein Sichfernhalten von den andern, ein scheues Absonderungsbedürfnis zutage. Irgendwie kamen wir damals doch zusammen, sprachen miteinander und kannten uns. Im Gymnasium war er dann eine Klasse ober mir . . .»

Zum erstenmal wird hier von Trakls scheuem Wesen, seinem «Absonderungsbedürfnis» gesprochen. Soeben hörten wir noch von intimen Zeugen, daß er ein fröhlicher, derber, ja wilder Junge war, jedenfalls ein Kind mit starken, gesunden, also ungehemmten Sozialkontakten, und nun tritt uns plötzlich ein ganz anderer entgegen, ein

Scheuer, sich Isolierender, offensichtlich Gehemmter, vielleicht früh Introvertierter und Labiler. Diese allen fühlbare, später kraß auftretende Wandlung in Georgs Wesen wollen andere Freunde, zum Beispiel Franz Bruckbauer, der Trakl erst als Elfjährigen kennenlernte, in die Zeit der beginnenden Geschlechtsreife verlegen. Vorher sei Trakl, trotz seinem von jeher etwas verschlossenen und abwartenden Verhalten (was auch Buschbeck manchmal verdroß) ein «sonniger Junge, gefällig, und zu jedem Schabernack bereit» gewesen. Karl Minnich und Franz Grimm, zwei weitere Kameraden Trakls aus der Gymnasialzeit, sprechen ebenfalls von dieser bedeutsamen seelischen Änderung als einer deutlich eingegrenzten pubertären Erscheinung, die sich demnach erst so richtig zeigte, als Trakl schon dichtete. Hingegen geht aus Buschbecks Worten klar hervor, daß bei Trakl gewisse Kontaktschwierigkeiten bereits im frühen Kindesalter bestanden.

Wir haben ein paarmal auf die Gouvernante hingewiesen, und auch in Buschbecks Erinnerungen taucht sie auf. Sie hieß Marie Boring, war gebürtige Elsässerin und hat nicht zuletzt als Mutter-Ersatz im Leben der Trakl-Kinder eine gewichtige Rolle gespielt. In die Dienste der Familie dürfte sie um 1890 getreten sein; sie blieb daselbst, mit einer zweijährigen Unterbrechung, insgesamt vierzehn Jahre lang beschäftigt. Ihre Aufgabe sah sie für beendet an, als die Kinder halb erwachsen waren und Georgs Schwestern in Pensionate kamen.

Marie Boring wird als kluge, energische, sehr bigotte Person geschildert, sie war eine strenggläubige, beinah fanatische Katholikin. Daß sie in einem «ketzerischen» Haushalt dienen mußte, bereitete ihr dauernd Gewissensbisse. Diese Konflikte wurden noch von ihrem Beichtvater, einem anscheinend recht beschränkten Franziskaner, kräftig geschürt, der immer wieder in sie drang, ihre Schützlinge doch dem wahren Glauben zu gewinnen oder den sündigen Dienst aufzukündigen. Ersteres war aussichtslos, und so rang sich «Mademoiselle» nach langen und erbitterten Seelenkämpfen zu dem Entschluß durch, die abgöttisch geliebten kleinen Ketzer im Stich zu lassen. Aber nicht ganze zwei Jahre hielt sie es in der Heimat aus; von der Familie freudigst aufgenommen, kehrte sie reumütig zu ihrem Salzburger Dienstplatz zurück, worauf die Gewissensqualen von neuem begannen. (In der Zwischenzeit hatte Tobias Trakl eine junge Pariserin namens Jeanne Saillard verpflichtet, die dann der altgewohnten «Mademoiselle» wieder weichen mußte.)

Fräulein Boring erzog die Kinder mit glühender, nach außenhin strenger Liebe. Abgesehen davon, daß sie immer wieder versuchte, ihre Schutzbefohlenen in katholischem Sinn zu beeinflussen, was zu allerlei Verwicklungen führte, scheint sie sich an die klassischen Regeln französischer Erziehungskunst, etwa im Sinne der Madame Leprince de Beaumont, gehalten zu haben. Sie besprach mit den Kindern die moralisierenden Aufsätze in den erwähnten Jugendjournalen und im «Magasin des Enfants», sie brachte ihnen ein treffliches Französisch bei und weckte ihr Interesse für das, was sie unter französischer Literatur verstand.

Man ist überrascht, zu hören, daß die Trakl-Kinder untereinander fast ausschließlich französisch und im Haus nur mit den Eltern und den Dienstboten deutsch sprachen. Und es ist ferner überraschend, hier die Wurzel von Georgs Interesse für die französische Dichtung zu entdecken, denn man darf auf Grund des Erfahrenen wohl annehmen, daß er schon im Untergymnasium und als angehender Lyriker «Les Fleurs du Mal» und bestimmte Symbolisten – manch schwüle und schwülstige Passagen, manche Exotismen in seinen frühen lyrischen Versuchen könnten die Kenntnis der Schriften von Huysmans, Loti, Maeterlinck, Louÿs, Rodenbach, Lerberghe usw. voraussetzen – im Original las; auch gewisse kaum merkliche Gallizismen, eher Anklänge an solche, legen die Vermutung nahe, der Dichter habe diese Imitationen nicht auf Grund deutscher Vorlagen geschrieben,

Mademoiselle

sondern unmittelbar aus dem Französischen geschöpft. Arthur Rimbaud, der seine reife Lyrik beeinflußte, wird Trakl mit ziemlicher Sicherheit erst durch die Ammersche Übertragung, die 1907 im Insel-Verlag erschien, kennengelernt haben.

Nicht nur, daß Georg in Fräulein Borings Wesen das tief Mütterliche spürte, auch seine Phantasie wurde dank ihrer Initiative auf allen möglichen Gebieten wachgehalten. So lenkte sie sein Interesse auf exotische Briefmarken (auch Wilhelms Briefe kamen von weit her), und er sammelte dann tatsächlich mit Leidenschaft. Fritz Trakl weiß zu berichten, daß Georg «darüber sogar mit einem Chinesen, Herrn Chên Lin, korrespondierte; sie schrieben ihre Briefe in Volapük».

Ein Georg Trakl, der nicht nur gewandt parlieren konnte, sondern sogar eine künstliche Weltsprache erlernte, um mit Sammlern Briefe zu tauschen – das ergibt neue Maßstäbe, neue Ausblicke. Aspekte, die ihn trotz schwermütig-sonderlinghaftem Wesensgrund als zielstrebigen, vielgestaltig teilnehmenden, allem Weltlichen zugeordneten, wahrscheinlich sogar gewandten jungen Menschen zeigen. Trakl, das Weltkind! Diese Möglichkeit, unter der sorgenden Hand einer wahren Mutter sich zage anbahnend, wurde durch ein tragisches Sich-verstricken in selbstgewählte Schuld zunichte gemacht; es hat den Anschein, als ob derlei «lichte» Versuche, ja Anstrengungen, dem Verhängnis der Vereinsamung zu entkommen, nach und nach, vielleicht aber auch jäh, verschluckt wurden vom Abgrund der *Blutschuld* und der *dunklen Gifte*. Die Aktivität dieser frühen Lebensphase steht in diametralem Gegensatz zur krankhaften Passivität der letzten Jahre.

Es berührt sonderbar, daß Marie Boring, Trakls mütterlicher Leitstern durch die Kinderjahre, von ihm nicht in das Ensemble seiner lyrischen Phantome aufgenommen worden ist. Wurde sie dessen nicht für würdig befunden? Hatte er sie vergessen, war die Erinnerung an sie abgestorben? Solche Fragen wären zuinnerst berechtigt, könnte man Trakls Dichten als Lebensbericht auffassen, als eine chronologische und überhaupt logische Konfession in strengem Sinn. In tieferer (analytischer) Schau ist freilich sein Dichten Lebensbericht und Beichte zugleich, aber Beichte wie Bericht beziehen sich eigentlich nur auf die Sippe, auf die Blutsverwandten. Trakl scheint, bewußt oder unbewußt, der blutmäßigen Bindung – es war bei ihm eine Bindung an die Art, an das Geschlecht, an die Verdammnis – eine ungeheure, ungeheuerliche, jedenfalls antichristliche Bedeutung beigemessen zu haben. Die Weggefährten hinterließen in seinem Werk nur undeutliche Spuren, sehr vage werden ihre Schatten gelegentlich versammelt. Wenn man von den Widmungen oder dem Vierzeiler *Karl Kraus* absieht, wird keiner der Freunde – mit einer einzigen Ausnahme – zur direkt angerufenen Gestalt. Diese Ausnahme ist der ihm brüderlich gesinnte Karl Borromäus Heinrich [1]. Ihn spricht Trakl in *Untergang* und im *Gesang des Abgeschiedenen* ausdrücklich mit *Bruder* an. Kaspar Hauser und Novalis gehören zu den Vexationen des Trakl-Ichs, sie sind Ego-Phantome; so ist das wunderbar stille, erhabene Gedicht *An Novalis* eine prophetische Grabschrift ad se ipsum. Und die Dirnengestalten sind legendäre (*Afra*) oder literarische (*Sonja*) Figuren, könnten auch schwesterliche Verpuppungen des Gretl-Ichs sein. Es scheint, als sei die Haut seiner Dichtung zugleich die Haut des Vaterhauses.

Die Tage der Kindheit gingen dahin. Die Trakl-Kinder zerstreuten sich nur in der Ferienzeit in alle Winde, und die Dörfer und Stationen dieser sommerlichen Wanderfahrten und Landaufenthalte blieben in Georgs Erinnerung haften: obwohl bisweilen sonnig aufleuchtend, sind sie durchaus keine heiteren Sommerfrischen-Erlebnisse. Hier schon fühlt sich der Knabe von magischen Gegenkräften um-

---

1 K. B. Heinrich, ehemals Redakteur des «Simplicissimus» und später Lektor im Verlag Albert Langen, München. Gehörte dem Mühlauer Kreis um Ficker an und war einer der Hauptmitarbeiter des «Brenner». Autor von religiös gefärbten Romanen, Erzählungen und Essays: «Karl Asenkofer»; «Flucht und Zuflucht»; «Menschen von Gottes Gnaden»; «Briefe aus der Abgeschiedenheit» usf. Ging schließlich ins Kloster und starb 1938 als Oblate des Monasterium Eremitarum der Benediktiner in Einsiedeln, Kanton Schwyz.

Das «Salettl» im Garten der Familie Trakl.
Hier entstanden viele der Jugendgedichte

fangen, von Düsternissen, Verlorenheiten und einer Selbstentfrem-
dung bedrängt – *ein Schatten bin ich vorbei an finsteren Dörfern;
Haß und Bitternis trank ich aus ihren Brunnen* heißt es in der Erstfassung des Gedichts *De profundis* –, die dann ein lyrischer Nach-
fahr, der österreichische Trakl-Preisträger Wilhelm Szabo, in seinen
Gedichtbüchern noch wortmächtiger nachbildete. Durch Trakl ist aber
erstmals die Sicht auf das böse, dämonische Dorf und die heillose
Ausgesetztheit seiner Bewohner erschlossen.

Meist blieb man auch den Sommer über in der Stadt, wo der schöne, vertraute Garten war. Und die Musikstunden sollten möglichst
nicht durch feriale Unterbrechungen gestört werden. Alle sechs Kinder lernten nämlich, mit unterschiedlichem Erfolg, Klavier. Die Eltern
selbst spielten kein Instrument, hatten aber viel Herz für die Musikerziehung, und besonders die Mutter hörte regelmäßig den Übun-
gen und Darbietungen der Kinder zu. Man besuchte die Mozarteum-
Konzerte, im Stadt-Theater hatten die Schwestern ihre Abonnements,
«und wir Buben gingen auf Stehplätze» (Fritz Trakl). Für literarische Dinge war das Interesse «normal», ging also über die Konven-
tion nicht hinaus.

Georg soll als Heranwachsender oft viele Stunden mit dem Kla-

41

vierspiel zugebracht haben. Ob er es zu überdurchschnittlichem Können brachte – «übrigens spielte er ganz gut Klavier» (F. Trakl) –, bleibe dahingestellt, da Äußerungen von kompetenter Seite fehlen. Er hatte schon als Volksschüler Klavierunterricht genommen, und später überwachte ein älterer Freund, der Komponist August Brunetti-Pisano (von ihm lag bereits eine Ouvertüre zu Hauptmanns «Versunkener Glocke» vor), die Stunden. Brunetti war es auch, der Gretl, die große Musikbegabung der Familie, zum Komponieren angeregt haben soll. Grete bildete sich als Erwachsene in Wien bei Paul de Conne und in Berlin bei Ernst von Dohnányi zur Konzertpianistin aus, ohne letzte Podiumsreife zu erlangen.

Trakl hatte eine Vorliebe für die Musikromantik; «mit Mozart konnte er nie viel anfangen», berichtet sein Bruder Fritz. In den Pubertätsjahren schwärmte er, vielleicht angeregt durch das literarische Vorbild Baudelaire, für Richard Wagner; doch schon vorher spielte er mit Hingabe Chopin und Liszt, was übrigens auf eine ansehnliche Technik schließen läßt. Gretl teilte diese Vorliebe; es heißt, sie habe vor allem Chopin und die romantischen Russen vollendet gespielt. Jedenfalls holte sie, die Jüngste unter den Kindern, Georg und alle übrigen schnell ein und überflügelte sie bald «spielend», und Frau Geipel kann sich erinnern, daß dies Gretls ehrgeizigen Lieblingsbruder nicht mit Neid, sondern mit Bewunderung erfüllte. Wie überhaupt Grete in Georgs seelischer Welt bald eine merkbare Ausnahmestellung einzunehmen anfing. Während er sich den zwei andern Schwestern gegenüber oft recht rüpelhaft und herausfordernd benahm (vermutlich, weil sie die Älteren waren), schenkte er Grete schon früh eine scheue Zuneigung, die sich darin geäußert haben soll, daß er, wo immer es anging, offen für sie Partei ergriff.

Der Fortgang Trakls in der Übungsschule dürfte zufriedenstellend gewesen sein, Zeugnisse sind nicht erhalten. Im Herbst 1897 bestand er die Aufnahmeprüfung in das ebenfalls am Universitätsplatz Nr. 1 gelegene Staatsgymnasium, das achtklassig war. Eine Mittelschule des sogenannten humanistischen Typs, mit Deutsch- und altsprachlichem Unterricht im Mittelpunkt, wogegen die «realistischen» Fächer, mit Ausnahme von Mathematik, mehr am Rande blieben.

Die ersten drei Gymnasialjahre verliefen, soviel man weiß, klaglos, obwohl Trakl von Beginn an den klassischen Sprachen Abneigung und dem Deutschunterricht «keine Vorliebe» (Mitteilung eines seiner noch lebenden Schulkameraden) entgegenbrachte. Als in der Dritten mit dem Griechischunterricht begonnen wurde, verschlechterte sich seine Gesamtleistung so sehr, daß er trotz der jedem Repetenten gewährten Versetzungsprüfung die 4. Klasse wiederholen mußte (1901/02). Georg scheint damals, abgesehen von der Blamage zu Hause, sich im wahrsten Sinne des Wortes deklassiert gefühlt zu haben, denn er reagierte von jetzt ab auf alles, was die Schule betraf, mit völliger Gleichgültigkeit und zynischer Reserve, die wahrscheinlich nur gespielt waren. In jenen frühen Tagen zeichnet sich da überhaupt ein

*Trakl (im Fenster) mit Bruder Fritz
und Onkel auf der Salzburger Dult*

seelisches Bild und Verhalten Georgs und seiner engsten Freunde ab,
wie es Wedekind in «Frühlings Erwachen» grotesk-expressionistisch
karikierte. «Trakl ist genau das gewesen, was wir einen Wurschti-
kus nannten», erinnert sich sein Mitschüler Franz Grimm, der ab der
(von Georg wiederholten) Quarta sein Klassenkamerad wurde und,
nur durch einen schmalen Gang von ihm getrennt, einige Jahre sein
Sitznachbar war.

Trakl soll schon im Untergymnasium einen leicht bohèmen Eindruck gemacht haben. «Nicht daß er nachlässig gekleidet gewesen
wäre», sagt Grimm, «aber er hatte was Besonderes an sich – er war
anders als wir. Auch ging er meist vorgeneigt, wie gebeugt, und sein
Blick war nachdenklich und grüblerisch, manchmal auch forschend

43

Abgang von der Übungsschule, 1897. Trakl im Matrosenanzug

oder verloren. In der Schulbank saß er gewöhnlich unbewegt wie eine Statue, brütend, die Nase mit den geblähten Nüstern auf die Hand gestützt. Das war eine ganz charakteristische Haltung von ihm.» Grimm und andere betonen, daß Trakl im Grunde ein fröhlicher, geselliger, loyal-kameradschaftlicher Bursche gewesen sei und jeden Klassenschabernack ohne Widerspruch mitgemacht habe. «Niemand in der Schule hat ihn je richtig ernst gesehen – immer lag ein stiller, obstinater Spott in seinen Mienen.»

Nur die Mitschüler, weniger die Professoren, scheinen «das Besondere» in Trakl erkannt zu haben. Er wird als frühreif geschildert, wobei diese Frühreife sich nicht so sehr in körperlichen Merkmalen wie im Benehmen und intellektuellen Habitus kundgetan habe. Grimm drückt das so aus: «In der Einstellung zur Welt, in der geistigen Entwicklung, war Trakl den Gleichaltrigen überlegen, und das wurde auch allseits respektiert. Er ist viel vifer gewesen als wir alle und uns weit voraus.»

Daß dieses Voraussein mit dem Fortschritt in den diversen Fächern – die wunden Punkte waren Latein, Griechisch und Mathematik (in Deutsch brachte er es zur Not auf ein Genügend) – nicht im Einklang stand, kam wohl nur den Lehrern zum Bewußtsein; Trakls Kameraden, die sich mehr oder weniger alle selbst um gute Noten mühen mußten, fanden dies durchaus in Ordnung. Die Professoren, offenbar durchschnittliche Schulfüchse, hatten es mit dem schwierigen, verschlagen wirkenden Jungen, von dem es hieß, er dichte, nicht leicht; gegen seinen stoischen Gleichmut, der als Interesselosigkeit oder Unbegabung ausgelegt wurde, war nur schwer anzukämpfen. Trakl galt seit jener Zeit – auch bei seinen Geschwistern – als Spinner, und wenn im Zusammenhang mit ihm etwas Ausgefallenes geschehen war, so ging eine bezeichnende Redensart in der Schule um: «Ja, d e r hat das tun können – bei dem versteht man's.»

Trakl scheint das Gymnasium als unnotwendiges Übel und die Mitschüler als eine nolens volens zu duldende Begleiterscheinung dieses Übels betrachtet zu haben. Den einen oder andern zeichnete er dadurch aus, daß er ihm seine dichterischen Ergüsse vorlas, zum Beispiel Grimm. Längst stand sein Sinn nach ganz anderem als Schulwissen und Fortkommen. Was dieses anlangt, war Trakl faul; nicht nur das: lethargisch. Die Schulbücher ödeten ihn an, denn er hatte die aufregenden Verse Baudelaires im Ohr. Wirklich enthüllt hat er seine Grübeleien, seine Ideen, seine Sorgen nicht jenen, die der Zufall derselben Geburtszahl an dieselbe Schulgaleere geschmiedet hatte, sondern ein paar intimen Freunden, bei denen er spürte, daß sie ähnlichen Anschauungen – die Provinzspießer nannten sie «verstiegen» – huldigten wie er. Es waren dies Erhard Buschbeck, Karl Minnich, Gustav Schwab, Franz Bruckbauer, K. von Kalmár, Adolf Schmidt, Anton Moritz, und manche von ihnen haben den Dichter durch sein ganzes kurzes Leben begleitet.

Von Buschbeck hörten wir, daß Trakl «sehr früh und mit vollem Einsatz» Dostojevskij zu lesen begann «und bald ganz kannte». Buschbeck erzählt, er sei damals häufig mit Trakl spazierengegangen; «die Gespräche, die wir führten, galten stets einem Fragen nach dem Weltbild, das sich in uns formte, in jedem von uns beiden freilich sehr verschieden». Trakl, er und zwei andere Gymnasialkollegen (Kalmár war dabei) traten einander «in unzähligen Literaturfragen und -diskussionen näher», und eben in diesem Zusammenhang entsinnt sich Buschbeck jener «oft entbrennenden Gespräche über Dostojevskij», dessen stark religiös und mystisch-national gefärbte revolutionäre Antibürgerlichkeit einen unauslöschlichen Eindruck auf Trakl gemacht haben muß. Mit dem gleichen «vollen Einsatz» dürfte Trakl, entweder gleichzeitig oder schon früher, Nietzsche gelesen haben.

Die Dostojevskij-, insbesondere aber die Nietzsche-Verehrung wird sich in dem Salzburger literarischen Freundeszirkel jahrelang gehalten haben; Schneditz berichtet eine Anekdote aus späterer Zeit, wonach Trakl im Salzburger Dichterverein «Apollo» (dann «Minerva») den Kollegen hymnisch begeisterte Verse vorgesprochen und sie hernach gefragt haben soll, ob sie gefallen hätten. Als er auf allgemeine Ablehnung stieß, schleuderte er den Jünglingen verächtlich entgegen: *Das war von Nietzsche!* Sprach's und verließ grußlos das Lokal.

In der Schule wurde «der Trakl» allmählich zu einem Synonym für «Sonderling», und die Lage dieses Sonderlings gestaltete sich ab der Quinta erkennbar katastrophal. In dem Maße, in dem er den Lehrern und ihren Bemühungen gegenüber gleichgültiger und unzugänglicher wurde, wurden sie ihm aufsässiger. Dann und wann kam es zu kleinen Skandalen, die über die Klasse hinaus publik wurden. So mußte bei einer Griechisch-Schularbeit eine Rede des Demosthenes an die Athener aus der deutschen Übertragung ins Griechische rückübersetzt werden – eine reine Gedächtnisübung. Trakl schrieb bloß die erste und die letzte Zeile der Ansprache ins Heft und bekam für diese freche Glanzleistung ein «Ganz ungenügend», also die Sechs. (Eine selten gegebene Note, denn das normale Klassifizierungsschema war Vorzüglich, Lobenswert, Befriedigend, Genügend, Kaumgenügend, Nichtgenügend, Ganz ungenügend.)

Grimm entsinnt sich eines Gedichts von Trakl mit dem Titel *Der Mönch*, das völlig anders war als das, was man in der Provinzpresse an Lyrik vorgesetzt erhielt. Es strotzte, nach Grimm, von brünstigen Bildern und Ausdrücken und war in einer gewagten, aber um so eindrucksvolleren Sprache geschrieben. Daß diese Verse mit dem 1909 von Trakl und Buschbeck in die erste Sammlung der Dichtungen aufgenommenen dreizehnzeiligen Gedicht *Der Heilige* identisch sind – wahrscheinlich handelte es sich um eine Vorform des *Heiligen* –, geht aus der Äußerung eines andern Freundes hervor. Franz Bruckbauer entsinnt sich nämlich gleichfalls dieser Verse, die Trakl als schockierendes Paradestück immer wieder vorgetragen zu haben scheint, und zwar auch noch später, als der Dichter entweder die Septima besuchte oder das Gymnasium schon vorzeitig verlassen hatte. Bruckbauer schreibt: «Trakl und mehrere literarisch interessierte junge Leute bildeten um 1904 bis 06 einen literarischen Zirkel. Sie versammelten sich monatlich einmal im Berger-Bräu in der Linzer-

Im Jahr der Konfirmation (1901)

gasse. Jeder las sein Geschaffenes vor. Unter den sieben Teilnehmern war Trakl der fruchtbarste und sonderlichste. Zu jener Zeit schrieb Trakl hauptsächlich Prosa; sehr gewählte allerdings. Aus den Erzählungen, eigentlich waren es Kurzgeschichten, sprach schon ein Eigener. Von ihnen ist mir unter anderem in Erinnerung *Der Relegierte*, *Das Jausenbrot*, *Die Brüder* und *Ein Irrtum*. Die Originale, wie auch die Abschriften in der handgeschriebenen Zeitung ‹Literarische Versuche›, sind unwiederbringlich verloren und ebenso ein Gedicht *Der Mönch*, das mir Trakl verehrte, als man bei seiner Namensnennung schon aufhorchte. Es handelte von Brunst und Kasteiung. Eine etwas schwüle Angelegenheit, jedoch vornehmst gestaltet. Es schloß: *Exaudi me, o Maria.*» (Die von Bruckbauer erwähnten Handschriften fielen während des Zweiten Weltkriegs einem Bombenangriff zum Opfer.)

Angesichts der erinnerten lateinischen Schlußfloskel besteht kein Zweifel, daß wir das gleiche Gedicht *Der Heilige* vor uns haben, das in der 1909 geplanten, damals aber nicht zustande gekommenen Edition der frühen Gedichte enthalten ist. Diese Sammlung, die Trakl – bis auf zwei Stücke daraus – später mit Recht verwarf, wurde 1939 von Erhard Buschbeck unter dem Titel *Aus goldenem Kelch* (Die Jugenddichtungen) herausgegeben; sie hat mittlerweile drei Neudrucke erlebt.

Der Heilige

Wenn in der Hölle selbstgeschaffener Leiden
Grausam-unzüchtige Bilder ihn bedrängen
– Kein Herz ward je von lasser Geilheit so
Berückt wie seins, und so von Gott gequält
Kein Herz – hebt er die abgezehrten Hände,
Die unerlösten, betend auf zum Himmel.
Doch formt nur qualvoll-ungestillte Lust
Sein brünstig-fieberndes Gebet, des Glut
Hinströmt durch mystische Unendlichkeiten.
Und nicht so trunken tönt das Evoe
Des Dionys, als wenn in tödlicher,
Wutgeifernder Ekstase Erfüllung sich
Erzwingt sein Qualschrei: Exaudi me, o Maria!

Eine pubertäre Leseblüte aus «Les Fleurs du Mal»[1] und allem möglichen. Die Enjambements deuten auf das französische Vorbild, ebenso ein mißverstandener Dämonismus; die angekränkelte dekadent-schwüle Stimmung könnte das Produkt der damals gerade in Flor kommenden Neuromantik sein; der kraftmeiernde Ton ist Dehmel abgelauscht. Dieses Gedicht, als diagnostischer Anhalt nicht uninteressant, hätte vielleicht den gewissen Schlafzimmerblick der «Neurotica» des Felix Dörmann (eines Modedekadenzlers der damaligen Wiener Gesellschaft), wenn es nicht so hilflos und dilettantisch wäre, was in diesem Zusammenhang sympathisch berührt. Die Mischung aus verkrampfter Erotik und Religiosität wirkt kitschig und sogar komisch – eine unfreiwillige Parodie. Merkwürdig für einen Protestanten das katholische Sujet und die Anrufung der Jungfrau: «Erhöre mich!»

Adolf Schmidt, ebenfalls Intimus des Dichters aus der Gymnasial- und Praktikantenzeit, erzählt, Trakl habe damals «impressionistisch» gedichtet. Von dem vielen, was er Schmidt vorlas, hatte eine lyrische

---

1 Tatsächlich sind schon bei diesem Frühgedicht Einflüsse Baudelaires nachgewiesen worden. Klaus Kindermann ist in seiner Staatsexamensarbeit «Baudelaire und Trakl» (Berlin 1959) ausführlich auf die obigen Verse eingegangen und hat sie dem Gedicht «La Prière d'un païen» von Baudelaire gegenübergestellt.

Skizze einen besonders tiefen Eindruck hinterlassen. «Er zeichnete darin die scheidenden Sonnenstrahlen, die sich durch ein Geranke von wildem Wein vor einer Glasveranda stehlen. Ich glaube heute noch das Spiel der Sonnenstrahlen zu sehen, die das gewürfelte Tischtuch und den Wein in den Gläsern vergoldeten.» Man sieht: Trakls Dichten faszinierte die Gleichaltrigen und verschaffte ihm auch frühzeitig den Ruf eines poète maudit.

In die zu Ende gehende Gymnasialzeit – am Schluß der Siebenten wurde Georg abermals nicht versetzt, so daß sein Abgang von der Schule geboten schien – fallen wohl auch die ersten Versuche, sich mit Chloroform zu betäuben. In der Trakl-Literatur ist da und dort die Vermutung aufgetaucht, Georg sei unter den Einfluß eines Salzburger Apothekers, eines älteren Mannes, geraten und von ihm zu Rauschgiften verführt worden. Das stimmt nicht. Wir stützen uns auf verläßliche Mitteilungen, wonach es ein ungefähr Gleichaltriger war, Sohn eines angesehenen Apothekers allerdings, der ihn erstmals mit Betäubungsmitteln versorgte und selber davon naschte. Höchstwahrscheinlich hat Trakl anfänglich gar kein echtes Bedürfnis nach Rauschgiften gehabt; auslösende Momente könnten Neugier und die Lust gewesen sein, etwas Verpöntes, Gewagtes zu tun. Eine Revolte gegen die Provinz, gegen den Spießer, gegen das Vaterhaus? Vielleicht. Oder sollen wir noch einmal an eine literarische, diesmal verhängnisvolle Imitation glauben? Wollte er Baudelaires Traum von den «paradis artificiels» nachträumen, um auf solche Art die Kunst des Meisters zu erlernen, «le patois incomparable de ce siècle» zu sprechen?[1] Vielleicht aber sollte man schon hier erste Spuren von Schuldgefühl, Ausweglosigkeit und einem gegen sich gerichteten Vernichtungstrieb entdecken.

Frau Geipel steht heute noch, sechzig Jahre später, unter dem Eindruck des lähmenden Entsetzens, das damals das ganze Haus ergriff, als Georg, auf einem Kanapee ausgestreckt, in tiefster Betäubung aufgefunden wurde. Es war die erste Konfrontation der Familie mit etwas Unheimlichem, Unerklärbarem, das sich da wider sie erhoben hatte. Aus dem harmlosen «Spinner», der «alles blau sah», war ein Süchtiger geworden, und von nun an sollte das blasse Reptil der Rauschgiftsucht nicht mehr von seinen Fersen weichen.

---

1 Möglicherweise hat Trakl das erste und das zweite Vorwort zu den «Fleurs du Mal» gekannt, die Baudelaire 1860 zu einer einzigen Vorrede zusammenzog (sie blieb bis 1887 unveröffentlicht). Wir zitierten die Schlußsätze: «Ich habe meine Nerven und Grillen. Ich verlange nach vollkommener Ruhe und einer ununterbrochenen Nacht. Als Sänger der tollen Wollüste des Weins und des Opiums habe ich nur noch Durst nach einem auf der Erde unbekannten Saft, den mir selbst die himmlische Apothekerkunst nicht geben könnte; nach einem Saft, der weder Lebenskraft, Tod oder Aufreizung noch das Nichts enthalten dürfte. Nichts wissen, nichts lehren, nichts wollen, nichts fühlen – schlafen und immer schlafen: das ist heute mein einziges Verlangen. Ein niederträchtiger, ein ekelhafter, aber ein ehrlicher Wunsch . . .»

Der früheste Trakl-Brief (Sommer 1905):
Zuflucht zum Chloroform

Ein andermal (und später öfters) fanden Freunde aus dem Dichterverein «Apollo» den in Schlaf Gefallenen im Freien auf – im Winter einmal auf dem Kapuzinerberg halb erfroren. Als man ihn aus der todestiefen Betäubung wieder zu sich brachte, soll er gar nicht betroffen oder verzweifelt gewesen sein, sondern ließ sich, nach Schneditz, willig in das Stammbeisel der Dichterfreunde in der Linzergasse führen, wo er sich «bei einem langsam und genußvoll getrunkenen Glas Wein» schnell erholte. Als sich aber die Narkosen in immer kürzeren Abständen wiederholten, nun schon zum unseligen Bedürfnis geworden, war die darauffolgende seelische Verfassung eine verzweifelte und reuevolle. Ein erschütterndes Dokument dieser Art ist ein an Kalmár gerichtetes, mit *Jörg* Trakl unterzeichnetes, undatiertes Schreiben, das die Trakl-Forschung für die bis jetzt früheste briefliche Äußerung von ihm ansieht (Hans Szklenar: «... und doch bereits die unverwechselbaren Züge des Dichters trägt»). *Die Ferien haben für mich so schlecht, als es nur möglich ist, begonnen. Seit acht Tagen bin ich krank – in verzweifelter Stimmung. Ich habe anfangs viel, ja sehr viel gearbeitet. Um über die nachträgliche Abspannung der Nerven hinwegzukommen, habe ich leider wieder zum Choroform meine Zuflucht genommen. Die Wirkung war furchtbar. Seit acht Tagen leide ich daran – meine Nerven sind zum Zerreißen. Aber ich wi(e)derstehe der Versuchung, mich durch solche Mittel wieder zu beruhigen, denn ich sehe die Katastrophe zu nahe.* Aus dem weiteren Inhalt geht hervor, daß der Freund ihn nach Wien eingeladen hatte. *Ich habe gleich zu Anfang der Ferien eine Partie von 5 Tagen nach Gastein und Umgebung gemacht. Dort ist alles rasend teuer gewesen – es war ja auch Mitte der Saison ... Denn ich will meinem Vater nicht solche Ausgaben bereiten ...* Die Erwähnung der Ferien, die Lateinbuchstaben – in reiferen Jahren gebrauchte Trakl die Kurrentschrift –, auch der Hinweis auf die pekuniäre Abhängigkeit vom Vater lassen den Schluß zu, daß diese Zeilen im letzten Sommer seines Gymnasiastendaseins (August 1905) geschrieben worden sind. Der Satz *Ich habe anfangs viel, ja sehr viel gearbeitet* könnte sich auf die Ferienbüffelei für die Versetzungsprüfung beziehen. Trakl hat allerdings nach der verunglückten Septima von dieser Rettungsmöglichkeit keinen Gebrauch mehr gemacht; am 26. September 1905 wurde er vom Gymnasium abgemeldet. Als er den Brief schrieb, war er jedenfalls nicht älter als achtzehn und hatte (... *leider w i e d e r zum Chloroform* ...) bereits Rauschgifterfahrung!

Obwohl ihn die Angst vor der Katastrophe, dem Sterben, nie verließ, soll er sich unter Freunden gern mit seiner Chloroformleidenschaft gebrüstet und auch einmal ins Gespräch geworfen haben, daß der Tod im Ätherrausch herrlich sein müsse. Wie er ja überhaupt zu jener Zeit den Selbstmord als wirkungsvolles Redeornament leichtfertig im Munde führte, ohne es auf einen ernsthaften Versuch ankommen zu lassen. Die Anlässe zu derlei Drohungen waren oft lächerlich. So weiß Bruckbauer zu berichten, daß Trakl, der stets Süßigkeiten bei sich trug, sich zu «erschießen» drohte, weil die Zukkerbäcker ihm keinen Kredit mehr geben wollten.

Die zweite, noch schlimmere Deklassierung widerfuhr ihm durch den zwangsweisen Abbruch des Mittelschulstudiums. Eine Blöße, die der so überaus sensitive Jüngling nach außenhin mit stoischer Ruhe negligierte. Nichtgenügende Leistungen in den leidigen Hauptgegenständen Mathematik, Latein und Griechisch waren der Grund für den Abgang. Immerhin darf zur Ehrenrettung der Schule gesagt werden, daß wenigstens ein einziger Lehrer, der Deutschprofessor, in der Siebenten auf Trakls eigenartigen Stil hinwies und dabei gesagt haben soll, man werde von diesem jungen Menschen noch hören.

Sechs Klassen Mittelschule genügten damals als Vorbereitung für einen Beruf, der für Trakl und seine Familie gesellschaftlich tragbar war: die Pharmazie. Außerdem konnte er die Militärzeit als Einjährig-Freiwilliger abdienen. (Die Zumutung, Beamter zu werden, soll er schroff von sich gewiesen haben.) Für die Apothekerlaufbahn hatte Georg Interesse – war nicht auch Ibsen Apotheker gewesen? Um das Magisterium zu erlangen, mußten drei Jahre Praxis als Lehrling in einer Apotheke und vier Hochschulsemester nachgewiesen werden. Nach anfänglichem Sträuben, schließlich aber erlahmendem Widerstand des über die ominöse Berufswahl tief verstörten Vaters trat Trakl am 18. September 1905 in die Apotheke «Zum Weißen Engel» in der Linzergasse 7 als Praktikant ein, eine stille, sehr alte Apotheke unter dem Abhang des Kapuzinerberges, unweit des Sebastianfriedhofs, «deren Besitzer», wie Buschbeck sich erinnerte, «ein alter, im Rufe eines Trinkers stehender Mann war, der noch mit siebzig Jahren, wenn Studententage waren, mit seiner Couleurmütze ausrückte. Ob seiner Lehrlingstätigkeit dort wurde Trakl von einigen seiner früheren Mitschüler nun über die Achsel angesehen, und den sehr Empfindlichen hat das tief getroffen. Wir blieben weiter im gleichen Kontakt, war ja auch ich solch ein ‹Außenseiter›, im gleichen Jahr wie er durchgefallen und nun als Privatschüler meine Prüfung am Ende des Semesters machend.»

Der Inhaber dieser Engel-Apotheke, Magister Carl Hinterhuber, war ein Original, und seine sarkastischen Aussprüche machten im Städtchen die Runde. Über Trakl soll er gesagt haben, daß der ein ganz schlechter Apotheker gewesen sei, ob ein besserer Dichter, könne er nicht entscheiden. Dieses Urteil, ob verbürgt oder nicht verbürgt, ist auf alle Fälle ungerecht. Man weiß heute, daß Trakl, sehr im Gegensatz zu den ihm verleideten Gymnasialjahren, in der Apotheke fleißig und anstellig war und mit Eifer und aufs gewissenhafteste seinen Dienst versah.

Der Keller der Apotheke «Zum Weißen Engel»

Der Schulfessel ledig, verschrieb sich Trakl – außerhalb der Berufs-
ausübung – nun immer bewußter einem Lebensstil, dessen Zügel-
losigkeit und Sinnwidrigkeit frappieren. Im Keller der Engel-Apotheke standen ihm alle Narkotika und Reizmittel jener Zeit, es waren
noch nicht viele, bis zu schwersten Rauschgiften, zur Verfügung. Die
erzkatholische Provinzstadt Salzburg mit ihrem starren Kastengeist,
ihren Vorurteilen, ihrem Muckertum, den von der Weiblichkeit um-
schwärmten und gesellschaftlich auch sonst bevorzugten Offizieren
mochte dabei ein mächtiger Impuls sein, das épater le bourgeois auf
die Spitze zu treiben. Man gefiel sich nicht nur in revoluzzerischen
Redensarten und stieß den Philister, wann immer es möglich war,
vor den Kopf, man besuchte auch ostentativ jene «Etablissements» –
im damaligen Salzburg gab es deren zwei –, die der Bürger so gern
im Clair obscur seiner Geschlechtsmoral läßt. An solchen gemeinsamen
Bordellbesuchen waren zweifellos literarische Stimuli mitschuldig; es

war die Hauptzeit der Dostojevskij-Verehrung, und die Dirnen gehörten zu den Erniedrigten und Beleidigten; auch dürften im Künstlerzirkel die roten «Fackel»-Hefte von Hand zu Hand gegangen sein, in denen Karl Kraus die Fahne der sexuellen Revolution entrollte und dabei in wahrhaft apokalyptische Hymnen der Geistesverachtung und Leibesverklärung ausbrach. Schulkameraden Trakls (Grimm und Breitinger) behaupten, daß der Dichter sogar schon im Obergymnasium sich regelmäßiger Freudenhausbesuche erdreistete, ja er soll in der Steingasse und Judengasse «Stammgast» gewesen sein – die

Der poète maudit Georg Trakl 1908

extreme Herausforderung eines consilium abeundi! Auch hat Trakl
bereits als Mittelschüler viel und ungeniert öffentlich geraucht, was
in jenen Tagen gleichfalls als Affront galt und von der Schule mit
Disziplinarstrafen geahndet wurde. Grimm erinnert sich, daß der
dunkle Flaum, der Trakls Oberlippe zierte, durch ständigen Nikotin-
genuß gelb verfärbt war, desgleichen waren es die Fingernägel. Als
er einmal den Dichter in seiner «Bude» besuchte, bot ihm dieser Zigaretten an, warnte ihn jedoch vor deren Stärke und Wirkung. Später wurde bekannt, daß jener Apothekerssohn, der Trakl mit Chlo-

roform versorgte, auch die Opiumlösung beschaffte, in die Trakl seine Zigaretten tauchte.

Alle Biographen des Dichters sind sich darüber einig, daß er in der Reifezeit eine tiefgreifende psychische Wandlung durchmachte, die auch sein Außenbild ungünstig beeinflußte. Schneditz berichtet auf Grund genauer Erhebungen, daß mit einemmal eine «erschreckende Zäsur» eintrat, sein Gemüt sich umdüsterte. Und von Bruckbauer erfahren wir, daß die «seelische Ausrichtung sich in der Pubertätszeit ruckartig und gründlich änderte», daß er «mürrisch, zänkisch, arrogant, selbstbewußt und lebensüberdrüssig» erschien. Das schon in den letzten Schuljahren zur Schau getragene Benehmen verstärkte sich nun bis zur Absurdität, bei gleichzeitiger, schrittweiser Verminderung der Kontaktbereitschaft zur Umwelt. Um auch nach außenhin sein Dichtertum zu dokumentieren, trug er das Haar, wohlgescheitelt und stark pomadisiert, als Künstlermähne in den Nacken hängend; auch bevorzugte er hohe Stehumlegkragen, und seine Anzüge mußten stets nach der neuesten Mode geschneidert sein, wobei die Manschetten weit aus den Ärmeln hervorzugucken hatten. Aus dem nikotingelben Flaum war ein dunkelblondes Bärtchen geworden; Koteletten reichten tief zu den Wangen herab. Ein Porträtfoto aus jener Zeit zeigt Trakl mit gemachter Affektation vor sich hin starrend. Dieser äußerlichen Geckerei und Blasiertheit, die er seinem Stand und Außenseitertum schuldig zu sein glaubte, entsprach ein inneres Chaos, das als Vereisung, Abgrenzungsbedürfnis, Verachtung, Sichselbstvereitelung definiert werden kann, wobei Ekel und Enttäuschungen aller Art, gewiß auch auf erotischem Gebiet, ebenso mitgespielt haben dürften wie das Gefühl der Vergeblichkeit allen Mühens und die Erkenntnis des Selbstbetrugs, der den menschlichen Handlungen innewohnt. Es kann kein Zweifel sein, daß darin, in dieser pubertären und postpubertären Frustration, der Keim zu jenen furchtbaren Depressionen liegt, denen Trakl wenige Jahre später – sein Bruder sagte, sie hätten nach Georgs Einjährigenjahr begonnen – anheimgefallen ist.

Trakl bewegte sich damals in einem Kreis gleichgestimmter Bohemiens, unter denen er einer der Sonderbarsten und Extremsten war. Die biederen Kleinstädter nannten den Zirkel, der sich da regelmäßig an verschiedenen öffentlichen Orten, im Café Bazar, im Tomaselli oder in Weinkellern traf, das «spinnerte Krezl». Der Verein hieß zuerst «Apollo», später «Minerva»; mit den Mitgliedern wechselte auch der Name. Exaltiertheit war anscheinend die erste Aufnahmebedingung. Spoerri meint mit Recht, daß es unstreitig über die Grenzen des tolerierbar Bohèmen hinausgeht, wenn sich ein Jüngling dieses Dichterzirkels aus religiösen Gründen selber entmannte.

Auf weiten, bis tief in die Nacht ausgedehnten Spaziergängen, einsam und zu zweit, mit Buschbeck oder Bruckbauer oder Minnich, wurde meditiert oder fanatisch gestritten. Über weltanschauliche Probleme, über die damals modernste Literatur. Die Wiener Zeitungen, jedesmal sehnsüchtig erwartet, brachten aufregende Rezensionen der

*Die Dichterrunde «Minerva» (etwa 1906). Trakl links sitzend,
hinter ihm Franz Bruckbauer*

Aufführungen von Hofmannsthal-, Wedekind- und Schnitzler-Stük-
ken. «Georg liebte vor allem die Dramen von Ibsen, Björnson und
Strindberg» (Fritz Trakl). Man las maßlos und wahllos.

Immer tiefer verirrte er sich in seine Philosophie des Verfalls, die
an einen Ausspruch des kaum viel älteren Büchner in «Dantons Tod»
denken läßt: das Leben sei nur eine «verwickeltere Fäulnis». Von
außen her wurde diese Verfallsphilosophie genährt durch die Gloria
der Verwesung, die aus den barocken Kunstwerken der Salzachstadt,
aus ihrem mumifizierten Geist, auf ihn strahlte. Manchmal ließ er
sich, *hinwandelnd durch den dämmervollen Garten*, im Park des
Schlosses Hellbrunn über Nacht einschließen, um dann am Morgen,
traumverloren, in der Engel-Apotheke zum Dienst zu erscheinen.[1]

1 Dazu der Trakl-Biograph Friedrich Johann Fischer: «Neben der Offizin
in der Apotheke befindet sich ein schmales Gemach, eine Art Materialkam-
mer ... Dort hinten also, im ‹Stübl›, ist Trakls liebster Aufenthalt, wenn

An den Strophen *Die drei Teiche in Hellbrunn* hat er lange gefeilt (siehe Buschbecks Brief an Trakl vom 18. Dezember 1909: «Das *Dezembersonett* gab ich an die Stelle der *Drei Teiche*. Es ist vielleicht wirklich besser, wenn sie nicht drin sind. Was dran stört, weiß ich eigentlich nicht, vielleicht wurde auch zu viel und in zu verschiedenen Jahren daran herumgemeißelt»); dieses Triptychon ist uns in zwei zeitlich auseinanderliegenden Varianten überliefert. Es folgt hier die Strophe über den ersten Teich in einer frühen und in einer späteren Fassung, so daß der Sprung vom impressionistischen Stimmungsgedicht zum barocken Expressionismus der beginnenden Reifezeit ersichtlich wird:

> *Um die Blumen taumelt das Fliegengeschmeiß,*
> *Und die bleichen Blumen auf dumpfer Flut,*
> *Geh fort! Geh fort! Es brennt die Luft!*
> *In der Tiefe glüht der Verwesung Glut!*
> *Die Weide weint, das Schweigen starrt,*
> *Auf den Wassern braut ein schwüler Dunst.*
> *Geh fort! Geh fort! Es ist der Ort*
> *Für schwarzer Kröten ekle Brunst.*
>
> *Umgaukelt von gräulichem Fliegengeschmeiß*
> *Gleiten Masken auf brauner Flut,*
> *Kleine Hände verstorben und weiß,*
> *Und wärmen sich an der Verwesung Glut.*
> *Die Birken zittern leise fort*
> *Und tauchen tiefer in schleimigen Dunst.*
> *Larven neigen sich hier und dort*
> *Auf schwarzer Kröten wilde Brunst.*

Trakl liebte auch den Park von Mirabell mit dem Zwerglgarten und dem Labyrinth von dunkelüberlaubten Wegen und Gängen, in denen man sich verlieren konnte – *Ein Faun mit toten Augen schaut / Nach Schatten, die ins Dunkel gleiten*. In dieser Lyrik ist noch alles gedankenmusikalisch, thematisch stimmungsgetränkt, diaphan. Der Verfall tritt dem Dichter an allen Ecken und Enden entgegen, *die schöne Stadt* zerbröckelt in seiner Phantasie zu amorphen, vergilbten Bildern. *Aus den braun erhellten Kirchen / Schaun des Todes reine Bilder* heißt es in dem berühmt gewordenen Preislied auf Salzburg, das einer späteren Schaffensperiode angehört.

Gern schweifte er nach Anif hinaus, das – obwohl der Name eine Traklsche Vokabel sein könnte – ein Ort in Salzach-Nähe ist. Andere Lieblingsörtlichkeiten und Wanderwege von ihm waren Mönchs-

---

er im Dienst ist, fern der Welt, fern den Menschen, fern ihren Fragen. Er sitzt, sein Haupt in die Hand gestützt, in seine Gedanken eingesponnen, völlig der Welt verloren. Der Herr Apotheker ist ein grundgütiger Mensch, er läßt ihn oft gewähren . . .»

berg und Kapuzinerberg, der Petersfriedhof, das Gewinkel des Nonn-bergtales, die Vorstadt Mülln, die Straße in Richtung Freisaal gegen das Moos und der Weg am Salzachufer entlang nach Maria Plain. Wenn Trakl in Begleitung eines Freundes war, konnte er stunden-lang mit leidenschaftlicher Anteilnahme reden, um dann im Hand-umdrehen ebenso lange zu verstummen, bis der zermürbte Wegge-nosse sich erbittert empfahl, was wiederum Trakl empörte. Alle seine Freunde aus jenen Tagen schildern die jähen Umschwünge in Tempe-rament und Stimmung. Dionysische Lebensfreude konnte abrupt mit finsterster Wortkargheit oder arrogantem Schweigen wechseln; wilde Suiciddrohungen und Andeutungen über sein unabwendbar frühes Ende kontrastierten merkwürdig mit der Verherrlichung des Lebens und des Eros. Als er auf einem Spaziergang wieder einmal Selbst-mordabsichten geäußert hatte, rief der betreffende Freund ihm zu: «Aber bitt' dich, nicht wenn ich dabei bin!» Diese gemütsrohe Be-merkung soll Trakl bis ins Mark getroffen haben.

Seine frühe Lyrik, die sich in der Zeit des dreijährigen Apotheker-praktikums (1905–1908) in vielen Verästelungen allmählich entfal-tete und Ende 1909 in einer ersten gesichteten Sammlung von rund fünfzig Gedichten dem Freunde Erhard Buschbeck vorlag, ist ein all-zu getreuer Spiegel seines zerrissenen seelischen Zustandes. Es wim-melt darin von rauschhaften, ambivalent getönten, exzessiven Bil-dern; die blutbefleckten Gefilde dieser Dichtungen scheinen von Mör-dern und Lüstlingen bevölkert. Auf den ersten Blick ist zu erkennen, daß hier eine überspannte, weil vielfach gehemmte und gebrochene Einbildungskraft am Werk war, der das eigene Wort noch nicht zu Gebote stand. Der Kunstwert dieser wenig eigenständigen Produkte ist gering, und hätte Trakl nur sie hinterlassen, wäre sein Name heu-te ebenso vergessen wie der seiner Salzburger Mitdichter. Nun zeigt sich aber interessanterweise schon da jene Hypertrophie des adjekti-vischen und adverbialen Wortschatzes, die auch das Gedichtwerk der Reife- und Spätzeit aufweist, nur eben dann von einer Allgewalt der Sprache und einer Farbenmystik, welche die Überfülle der Wortge-stalten, wie Engelchöre in immer lichteren Rängen, einem Kosmos zuordnet, der nun unverwechselbar von Georg Trakl ist. Schon sein Frühgedicht ist suggestiv «farbig»; doch hat die Farbe dort mehr oder minder nur die Akzentbedeutung sinnlicher Impressionen, wie diese die Stadt Salzburg in einzigartigen Farbenakkorden vermittelt: altrosa, steingrau, marmorblaß, kaisergelb, kupfergrün – Nacht-schmetterlingsfarben! Wer je gesehen hat, wie der Verputz an den engbrüstigen Häusern am Sigmundsplatz naiv-märchenfarben er-glühen kann und die falben Abstürze über der Pferdeschwemme kalkweiß werden, wenn der Mond hinter den feuchtgrünen Baum-schatten hervorkommt, der wird verstehen, daß es ursprünglich reali-stische Eindrücke waren, die Trakl im Gedicht verarbeitete.

Erst nach und nach – eigentlich erst ab 1910/11 – gewinnt die Farbe bei ihm Eigenleben, wird zur Metapher, zum Sigel und Symbol (*rote Pein ... elfenbeinerne Traurigkeit ... die purpurnen Martern*

... schwarzes Schreiten ... rosige Seufzer ... in mondenem Gestein ... die blauen Glocken ... goldener Kriegsschrei ... die silbernen Lider ... das hyazinthene Antlitz der Dämmerung ... Sterbeklänge von Metall ... aus schwarzen Minuten des Wahnsinns ... schneeiges Feuer im Mond ... Nymphe vergraben in bläulichen Schlaf ... sein Antlitz ist schwarz von Hoheit und Trauer ... auf silbernen Sohlen ... ein blaues Wild ... seine metallenen Schultern ... am Abend säumt die Pest ihr blau Gewand ... aus roten Schauern ... in der zerstörten Stadt richtet die Nacht schwarze Zelte auf ... dem auf goldenen Rädern der Tag davonrauscht ... in braunen Laugen usf.), und Hermann Schreiber traf in seinem schönen Trakl-Essay («Der Dichter und die Farben») das Tiefste, wenn er schreibt: «Trakl überträgt das Inbild seiner Seele fast ohne andere Zugeständnisse als jene, die die Sprachform ihm auferlegt, ja er ruft sogar ohne Scheu die Sprache selbst zu Hilfe und verdeutlicht die nunmehr von aller gegenständlichen Bindung befreite Farbvision durch Beiwörter, die unterstreichend aussagen, was ursprünglich im Farbensymbol stumm mitschwang; aus dem Beiwort wurde die Dominante, die nun ihrerseits des Beiwortes bedarf ... Hier ist die Farbe nur noch dem Schriftbild nach ins Beiwort erniedrigt, in Wirklichkeit verdeutlicht sie nicht nur: sie trägt die Vorstellung, die Abstrakta tragen nur den Sinn.» Sogar die vom Dichter ständig gebrauchte ältere Schreibung *Gräuel* oder *gräulich* hat noch den Farbwert von Grau. *Und Gräuel auf Gräuel häufen die Zeiten* heißt es in einem der mit Juni 1909 datierten Verse *Drei Träume.*

Eigentümlich für die Frühepoche der Dichtungen, auf welche nach 1910/11 ein vorher unvorstellbarer Aufbruch zur Hoch-, ja Höchstebene der deutschen Sprache folgen sollte, ist

Das Grauen

Ich sah mich durch verlass'ne Zimmer gehn.
– Die Sterne tanzten irr auf blauem Grunde,
Und auf den Feldern heulten laut die Hunde,
Und in den Wipfeln wühlte wild der Föhn.

Doch plötzlich: Stille! Dumpfe Fieberglut
Läßt giftige Blumen blühn aus meinem Munde,
Aus dem Geäst fällt wie aus einer Wunde
Blaß schimmernd Tau, und fällt, und fällt wie Blut.

Aus eines Spiegels trügerischer Leere
Hebt langsam sich, und wie ins Ungefähre
Aus Graun und Finsternis ein Antlitz: Kain!

Sehr leise rauscht die samtene Portiere,
Durchs Fenster schaut der Mond gleichwie ins Leere,
Da bin mit meinem Mörder ich allein.

Wie in dem Gedicht *Der Heilige* ist eine perverse Amalgamierung von Religiosität und Brunst manchen dieser Gebilde gemeinsam: *Da schimmert aus verworrenen Gestalten / Ein Frauenbild, umflort von finstrer Trauer / Und gießt in mich den Kelch verruchter Schauer.* Diese Worte bilden die abschließende Terzinenstrophe des Sonetts *Andacht*, in dem zuerst von *Glockenläuten, dämmernden Altären, Orgeln, stillem Händefalten* und *längst vergessenen Gebeten* die Rede ist. Eine sonderliche Bizarrerie von Blut und Brunst ist auch das Sonett *Sabbath* (Trakls «Sonettismus» war noch ganz baudelairisch); hier brodelt, vom Geist gerade noch niedergehalten, ein gemein ausschweifendes «Kuchlbarock» (Küchenbarock), wie man im Salzburgischen sagt; man denkt da durchaus an das spanische Wort barroco = extravagante, de mal gusto:

Sabbath

Ein Hauch von fiebernd giftigen Gewächsen
Macht träumen mich in mondnen Dämmerungen,
Und leise fühl' ich mich umrankt, umschlungen,
Und seh' gleich einem Sabbath toller Hexen

Blutfarbne Blüten in der Spiegel Hellen
Aus meinem Herzen keltern Flammenbrünste,
Und ihre Lippen kundig aller Künste
An meiner trunknen Kehle wütend schwellen.

Pestfarbne Blumen tropischer Gestade,
Die reichen meinen Lippen ihre Schalen,
Die trüben Geiferbronnen ekler Qualen.

Und eine schlingt – o rasende Mänade –
Mein Fleisch, ermattet von den schwülen Dünsten,
Und schmerzverzückt von fürchterlichen Brünsten.

Was diese Gedichte von jenen der Reifezeit so auffällig unterscheidet, ist, bei manchmal schon merkbarer Annäherung an das spätere, gleichsam mythisch-anonyme Bild, ihre dekorative, auf rhetorische Wirkung und mysteriös schimmernde Oberfläche bedachte Gedanklichkeit, bei stark egozentrischer Thematik, die sich fast nirgends über die private Sphäre hinaus aussagend erhebt. *Daß sich die letzte Qual an mir erfülle / Ich wehr euch nicht, ihr feindlich dunklen Mächte ... Nun blut ich hin in süßen Tänzen / Und muß mein Leid mit Blumen kränzen / So will's dein tiefster Sinn, o Nacht ... Das Dunkel löschte mich schweigend aus / Ich war ein toter Schatten im Tag – / Da trat ich aus der Freude Haus / In die Nacht hinaus ...* In dem vierstrophigen, einem Lieblingsthema der Fin de siècle-Dekadenz gewidmeten Gedicht *Verfall*, das mit dem von Röck an den Anfang der reifen Dichtungen gestellten Sonett gleichen Titels nur

Premiere im Salzburger Stadt-Theater 1906

die Stimmung (und vage das Vogel-Bild) gemeinsam hat, melden
sich schon früh jene Schatten und Erscheinungen an, die später Trakls
dichterischen Raum in endlosen Zügen durchwallen. *Erfüllt der Mond
den hohen Saal / Den keine Feste mehr durchklingen* sind zwei realistische Verszeilen des jungen Poeten, die der musealen Kulisse Salz-
burgs abgesungen wurden. *Der Raum ist von Verwesung schwül /
Den Raben stumm umziehn im Kreise.*

Da gibt es Balladeskes (im Ton der Schauerballade) und naiv
Liedhaftes, auch mit Refrainzeilen. Über derlei Refrains schrieb ihm
später der feinhörige Buschbeck (Brief vom 18. Dezember 1909):
«Noch etwas, was mich störte, war in *Frauensegen* der Refrain *Dunkle, dunkle Eva.* War der schon in der ursprünglichen Fassung? Jedenfalls berührt er mich jetzt unangenehm, gerade weil dieses Gedicht so
u n e r h ö r t   s c h ö n ist, er reißt mich alle drei mal aus der schönsten Empfindung unabwendbar ins Banale, Phrasenhafte. Ich glaube,
daß es das Beste wäre, ihn alle drei mal fortzulassen.» (Was dann
auch geschah.) Aber selbst unter dieser frühen, noch weitgehend un-

selbständigen Lyrik, die nach Lenau, Baudelaire, Verlaine, George, Hofmannsthal, Rilke und sogar poètes mineurs gestaltet ist – Rimbauds beziehungsweise seines Übersetzers Einfluß wird zum allerersten Mal in dem Gedicht *Die tote Kirche* von 1909 (nach Ammers Verdeutschung von «Les Pauvres à l'église») fühlbar –, trifft man dann und wann auf Zeilen, über die man förmlich erschrickt, so sehr gehören sie bereits einem Dichter, der zu sich, seinem Schicksal, also zur eigenen Ausdruckswelt gefunden und sich damit abgefunden hat: *Wie meiner Schmerzen süße Braut / Und meiner Schläfe trunkner Mohn ... Indes der alten Hoffnung Sternenkränze / An längst entgöttertem Altar verblühn ... und süß verdämmert / Wie heimgesucht der Raum ...*

Im Frühherbst des Jahres 1905 hatte Trakl im Kreise des Dichtervereins den Dramatiker und Erzähler Gustav Streicher (1873–1915) kennengelernt, einen Innviertler und Wahlsalzburger, der wegen seiner lockeren Neigungen und schroffen Antibürgerlichkeit berüchtigt war und allgemein gemieden wurde. Gerade das aber zog Trakl und seine Freunde in den Bannkreis des älteren Mannes. Streicher entstammte geistig der «Heimatkunst»-Bewegung, einem österreichischen Ableger des Naturalismus; seine Theaterstücke («Die Menschwerdung», «Liebesopfer», «Stephan Fadinger», «Mona Violanta» usf.) sind im Orkus der Jahre versunken, sie waren in Abhängigkeit von Ibsen und Maeterlinck entstanden und werden demnach zwischen Naturalismus und Symbolismus gependelt haben. Trakl kannte die moderne Bühnenliteratur, soweit sie vom Salzburger Stadt-Theater dargeboten wurde, von Aufführungen her, er las sie auch und erörterte sie mit den Kameraden. Die Bekanntschaft mit Streicher, der den interessanten jungen Poeten durch seine Zuneigung und literarische Gönnerschaft auszeichnete, regte ihn an, sich gleichfalls im Drama zu versuchen. Ganz unter dem Einfluß der Streicherschen Gedankenwelt (und des fernen Vorbildes Ibsen) kam das einaktige Stück *Totentag* zustande, das Streicher dem Stadt-Theater, zu dessen Direktor Karl Astner er gute Beziehungen unterhielt, mit empfehlenden Worten einreichte. Auch ein zweiter Einakter, *Fata Morgana*, wurde durch Streichers Vermittlung dem Theater zugänglich gemacht. Diese Empfehlung, mehr aber wohl der Gedanke, der junge Autor würde als Sohn des angesehenen Bürgers und Geschäftsmannes Tobias Trakl Publikum ins Haus ziehen, wird Astner bewogen haben, die beiden Stücke anzunehmen.

Die Aufführung von *Totentag* fand am 31. März 1906 in erster Besetzung und vor vollbesetztem Hause statt. Astner hatte das Stück einem einaktigen Drama («Die Sirene») des erfolgreichen Tiroler Romanschriftstellers Heinrich von Schullern, der Regimentsarzt in Salzburg gewesen war, und einer Bluette von Jacques Offenbach («Die Hochzeit bei Laternenschein») vorangestellt. Die Aufnahme von seiten des Publikums war freundlich, bei der Kritik geteilt. Der Inhalt von *Totentag* wie auch von *Fata Morgana* ist nur an Hand damaliger Premierenberichte rekonstruierbar, denn keines der Stücke

Stadt-Theater in Salzburg.

19. Vorstellung im VI. Abonnement — Direktion: Karl Ißer — Ungerader Tag.

Samstag den 31. März 1906

Novität!   Novität!

Totentag

Dramatisches Stimmungsbild in 1 Akt von Georg Trakl.

Leiter der Aufführung: Oberregisseur Friedheim.

Personen:

Kajetan Asmus	Herr del Zopp
Cristine, seine Frau	Frl. Lerach
Peter, ein Blinder, beider Sohn	Herr Vollmann
Grete	Frl. Rubner
Fritz, Student	Herr Klötzel
Eine alte Gesellschafterin	Frau Seyßferth

Die Handlung spielt an einem Spätherbsttage.

Hierauf:

Novität!   Novität!

Die Sirene

Drama in 1 Akt von Heinrich von Schnüllern.

Leiter der Aufführung: Oberregisseur Friedheim.

Personen:

Martin Brunner, Fabriksarbeiter	Herr Friedheim
Vefi, sein Weib	Frl. Bayer
Antonie, verwitwete Steinacher, Schankwirtin	Frl. Rubner
Erster	Herr Port
Zweiter Fabrikarbeiter	Herr Titz
Tritter	Herr Steiner
Eine Arbeitersfrau	Frau Koch
Ein Gendarm	Herr Weiß
Ein Arzt	Herr Klötzel

Männer und Weiber aus dem Volke. Ort der Handlung: Fabriksvorort einer Großstadt.

Zeit: Gegenwart.

Zum Schlusse:

Die Hochzeit bei Laternenschein

Operette in 1 Akt nach dem Französischen. Musik von Jaques Offenbach.

Leiter der Aufführung: Regisseur del Zopp.   Musikalische Leitung: Kapellmeister Czalanek.

Personen:

Pierre, Inhaber eines Pachthofes	Herr del Zopp
Denise, seine Muhme	Frl. Ellen
Franchette junge Witwen aus dem Dorfe	Frl. Lingg
Katherine	Frl. Krachler
Der Richter	Herr Koch

Ort der Handlung: Platz in einem Dorfe vor Pierres Pachthof.

Nach dem zweiten Stück größere Pause

Gewöhnliche Preise

Kassa-Eröffnung ¼7 Uhr. — Anfang 7¼ Uhr Ende nach ¼10 Uhr.

Tageskassa von ¼9 Uhr vorm. bis 12 Uhr mittag u. von 3 bis 4½ Uhr nachm.

Der Theaterzettel von «Totentag»

blieb erhalten – nach dem Durchfall des letzteren sind sie einem Autodafé ihres enttäuschten Schöpfers, das sogar die Zensurexemplare nicht verschonte, zum Opfer gefallen. Auch alle Rezensionen hat Trakl vernichtet.

In *Totentag* verliebt sich ein erblindeter Jüngling leidenschaftlich in ein junges, frisches Mädel namens Grete (!) und glaubt sich mit gleicher Glut wiedergeliebt. Grete, ein lebensdurstiges Ding, betrügt ihn aber mit dem Studenten Fritz. Worauf Peter vor Gram wahnsinnig wird und sich auf offener Szene entleibt. Auch das Thema der *tragischen Szene* für zwei Personen *Fata Morgana* erscheint in sämtlichen Details an den Haaren herbeigezogen oder angelesen: das Stück erzählt in verworren-allegorischen Monologen und Dialogen die Geschichte von einem in der nächtlichen Wüste verirrten Wanderer; dieser bildet sich ein, mit Cleopatra, die ihm als Trugbild erscheint, eine Liebesnacht zu verbringen. Als er aus dem Taumel erwacht und den Trug erkennt, stürzt er sich, an seiner Einsamkeit verzweifelnd, von einem hohen Felsen in die Tiefe. Bedeutsam in beiden Stücken ist das Selbstmordmotiv: Liebesenttäuschung und Selbsttäuschung. Das erstere ist unstreitig eine Eifersuchtsphantasie.

Das liberale «Salzburger Volksblatt» (Nummer vom 2. April 1906) verhielt sich bei *Totentag* im ganzen freundlich und rühmte sogar die Kraft und Anschaulichkeit von Trakls Sprache. Anklänge an Ibsens «Gespenster» wurden aufgezeigt. Die Kritik der klerikalen Tageszeitung «Salzburger Chronik» hingegen war erschreckend; nicht nur, daß dem Debütanten jegliches Talent abgesprochen wurde, es mißfiel dem Rezensenten auch, daß der Autor seinen Helden sagen läßt, nur ein einfältiges Kind könne noch an die Bibel glauben. Dem unmündigen Dichter kann man das Stück als einen Jugendstreich verzeihen, schrieb das Blatt, unbegreiflich jedoch bleibe, wie es habe angenommen werden können. Die Redaktion prangerte daneben – mit deutlicher Anspielung auf den Bohemien Streicher – die demoralisierende Wirkung an, die von der gottlosen Theatermoderne auf die Jugend ausgeübt werde.

Der bescheidene Erfolg des vermutlich recht schwachen Bühnenprodukts veranlaßte die Redaktion des «Salzburger Volksblatts», den neunzehnjährigen Autor zur gelegentlichen Mitarbeit aufzufordern. Trakl hat dort tatsächlich 1906 und 1908 ein paar Prosaarbeiten, und zwar lyrische Skizzen und umflorte Stimmungsbilder, 1909 auch mehrere Gedichte, darunter *Die drei Teiche in Hellbrunn, St. Peters-Friedhof, Einer Vorübergehenden, Andacht* und *Vollendung*, veröffentlicht. Es berührt sonderbar, diesen Dichter, dessen späteres Werk einen absoluten Gegensatz zum Feuilletonismus als Zeitstil der Neuromantik darstellt, mit Stimmungsfeuilletons beginnen zu sehen.

Seine erste Zeitungspublikation (in der Nummer vom 12. Mai 1906) war das erzählende Feuilleton *Traumland*. In dieser sensitiven Skizze, im Untertitel *Eine Episode* genannt, steht ein prophetischer Satz, den der Dichter einem alten Mann, dem Onkel des Erzählers, in den Mund legt: *Deine Seele geht nach dem Leiden, mein Junge.* Es folgten unter der Überschrift *Aus goldenem Kelch* (die dann Jahre später Buschbeck für das postum gedruckte Buch der Jugenddichtungen als Titel wählte) die Phantasie *Barrabas* und der an Oscar Wildes «Salome» erinnernde Dialog *Maria Magdalena.* Andernorts, nämlich in der «Salzburger Zeitung», erschien noch im selben Jahr die bereits echt «traklsche» Prosa *Verlassenheit.* All diese empfindsamen Dichtungen, die trotz ihrer durchsichtigen Substanz und verstiegenen Thematik den Blick des Realisten verraten, haben typisch neuromantisches Gepräge. Neben einer die zeitgenössischen Moderomane scharf verurteilenden Buchkritik: *Und wenn ich überdenke, daß der gallische Roman den Gipfelpunkt eines beispiellosen Formenkultes darstellt, und die russischen Epopöen der Urquell der gewaltigsten Geistesrevolution geworden sind, so gilt mir der Großteil unserer mitteleuropäischen Romanproduktion nicht mehr – als bedrucktes Papier* erschien auch ein auffallend «metierreif» geschriebenes Referat über eine Vorlesung seines Mentors und Gönners Gustav Streicher, der im Februar 1908 im Mirabellsaal aus einer *jener Seelentragödien, wie die Naturromantiker sie lieben,* nämlich aus seinem Drama in Versen «Mona Violanta», vorgetragen hatte. In dieser Rezension schreibt Trakl mit einer erstaunlichen Schärfe des Intellekts, Urteilssicherheit und Einsicht in schöpferische Probleme ein paar Sätze, die sich auch auf das eigene Dichten und Wollen beziehen könnten: *Es ist seltsam, wie diese Verse das Problem durchdringen, wie oft der Klang des Wortes einen unaussprechlichen Gedanken ausdrückt und die flüchtige Stimmung festhält. In diesen Versen ist etwas von der süßen, frauenhaften Überredungskunst, die uns verführt, dem Melos des Wortes zu lauschen und nicht zu achten des Wortes Inhalt und Gewicht; der Mollklang dieser Sprache stimmt die Sinne nachdenklich und erfüllt das Blut mit träumerischer Müdigkeit. Erst in der letzten Szene, da der Kondottiere auftritt, schmettert ein voller eherner Ton in Dur über die Szene, und in fliegender Steigerung löst sich das Drama in einem dionysischen Gesang der Lebensfreudigkeit.*

Der Einakter *Fata Morgana,* wieder mit zwei fremden, völlig andersgearteten Stücken zusammengepfercht, erlebte zu Beginn der Herbstsaison desselben Jahres, am 15. September, einen eklatanten Durchfall. In der lokalen Presse hob man zwar da und dort den an Hofmannsthals preziösem Stil geschulten, feierlichen Wortprunk hervor, bezeichnete aber das verstiegene Thema als hart ans Lächerliche streifend; auch die Unzulänglichkeit der dramaturgischen Durchführung wurde – wohl mit Recht – scharf kritisiert. Selbst das Trakl gutgesinnte «Salzburger Volksblatt» ließ höflich durchblicken, daß ihm zum echten Dramatiker noch die Reife fehle und er seinen Ehrgeiz, sich die Bühne zu unterwerfen, einstweilen werde zügeln müssen.

Der nicht recht überzeugende Achtungserfolg des ersten Stückes – er mußte mehr dem gesellschaftlichen Ansehen der Eltern zugeschrieben werden – und die totale Ablehnung des zweiten erschütterten

Trakls Selbstvertrauen. Man darf heute als feststehend annehmen, daß er diese Versuche (die ihm Streicher einredete) nur gewagt hatte, um den ehemaligen Mitschülern, die ihn seit dem erzwungenen Abgang vom Gymnasium als zweitrangig behandelten, sein Genie zu beweisen. Auch diese Absicht schlug fehl. Nicht einmal die Freunde aus dem Literaturzirkel zeigten sich interessiert, geschweige denn die andern. Allseits – sogar im Elternhaus – begegnete er einer empörenden, ihm unverständlichen Indifferenz; nur Buschbeck hielt zu ihm, doch wird auch dieser mit kritischen Bemerkungen nicht hinterm Berge gehalten haben.

Trakl tilgte sorgfältig jede Spur seines Versagens (im Nachlaß fand sich nur der Theaterzettel der ersten Premiere, aber den dürfte nicht er aufgehoben haben). Gekränkter Ehrgeiz und der nunmehr schwer getroffene Geltungsdrang versetzten ihn in düstere, verdrossene Stimmung, sein Schaffen war gelähmt. Mürrisch zog er sich von allen zurück. Eine Anekdote erzählt, er habe damals seinem Ärger über die schlechten Zeitungskritiken öffentlich Luft gemacht, indem er im Café die katholische «Salzburger Chronik», welche ihm so übel mitgespielt hatte, vom Kellner lautstark unter dem Namen *Stinkbombe* verlangte.

Er gab jedoch nicht auf. Obwohl während des Jahres 1907 auch an Lyrik wenig entstand, scheint er die Tragödie in drei Akten *Don Juans Tod*, die vielleicht durch den Lenauschen «Don Juan» angeregt worden war, zumindest entworfen zu haben. Von ihr wurde Fragmentarisches aufgefunden, und zwar entdeckte Schneditz in der Salzburger Hinterlassenschaft zwei in Schulhefte eingetragene Szenen, wahrscheinlich noch Entwürfe, mit etlichen Varianten; insgesamt sind es bloß sechs Blätter. Daß dieses Drama, das 1908, spätestens 1909 fertig geworden sein wird – Vergleiche mit datierten Gedichtmanuskripten aus der gleichen Zeit und der epigonale Stil lassen dies annehmen –, ein abgeschlossenes, abendfüllendes Schauspiel war, bezeugt Franz Bruckbauer, dem Trakl angeblich erst 1912 die ganze Dichtung vorlas, wobei Bruckbauer «mehr noch als im Bann der dramatischen Vorgänge im Bann der herrlichen, ganz neu klingenden Sprache gewesen» sein will.

Kurz nach dieser Vorlesung unter vier Augen teilte Trakl dem Freunde mit, er habe das Stück verbrannt. Wohl aus künstlerischen Gründen, fällt doch in die Jahre 1910 bis 1912 schon die Entstehung einiger vollreifer Gedichte.

Eine andere, wesentlich später entstandene Bühnendichtung, schon ausgeprägt den perversen Duktus ihres jungen Schöpfers zeigend, als Verdrängungsprodukt und Sturm-und-Drang-Gedicht sehr aufschlußreich, ist das Puppenspiel *Blaubart*, ein blutrünstiges, grandguignol-haftes Dramolett, das uns auf acht Einzelblättern erhalten ist. Das kurze Stück, von dem Seebach und Fischer annehmen, es wäre – vielleicht als lever de rideau – für Anton Aichers Salzburger Marionettenbühne (die aber nachweisbar erst 1913 in Erscheinung trat) gedacht gewesen, wurde, wie aus dem Datum auf dem Titelblatt

des Manuskripts ersichtlich, am 5. und 6. Februar 1910 niedergeschrieben. Die im Nachlaß aufgefundene Handschrift stellt ganz sicher nicht die endgültige Fassung dar; zu der ist es möglicherweise
nie gekommen.

Schon die einleitenden Verse, *Vorausnahme* überschrieben, haben
ein besonderes Gesicht:

> *Beklagst du, Gerechter, dies wirre Bild,*
> *Das von Gelächter und Irrsinn zerwühlt,*
> *Glaub' mir, bis wir uns wiedersehn,*
> *Wird mein Helde auf sittsameren Wegen gehn!*
> *Amen!*

In einer altertümelnden Sprache gehalten (... *Herze ... du zart-*
liche Braut ... Jesus Christe ... Hei, lustig geschnäbelt zur Nacht ...
usf.), die in ihrem Schwulst an die Pradler Ritterspiele gemahnt, bedeutet dieses Puppendrama in Reimen eher eine klinische Durchleuch-
tung seines Autors als ein Stück ernsthafter Poesie. Verse wie

> *Ja Mitternacht, du brünstige Braut,*
> *Zur Todesblume greisend erblaut –*

auch Wendungen oder Wortungeheuer wie *Aasgeier umflattern wie-*
der den Ort ... Blutbrautnacht ... Gott-Satan ... die Nacht ist voll
Wahnsinn ... der Mond wie eine besoffene Dirne stiert ... des Asrael
Flügelschlag ... Hu! Hu! Wie's mich schüttelt und graut! ... diese
mondene Nacht, die Molche und Lilien geile macht sind von so ge-
walttätiger Lust, partout schauerlich zu wirken, daß sie die gegen-
teilige Wirkung hervorrufen. Das Stück wäre heute ein Heiterkeits-
erfolg, und wäre dies vermutlich immer gewesen, wenn man seinen
Autor nicht kennte. So wird es bei den nachstehenden Versen kaum
jemandem kalt über den Rücken laufen, die von Elisabeth, Blaubarts
nächstem Opfer, *wie verzaubert* gesprochen werden:

> *Komm, Lieber! Feuer fließt mir im Haar,*
> *Weiß nimmer, nimmer, was gestern war.*
> *Blut stockt und würgt mir die Kehle zu,*
> *Nun hab' ich keine Nacht mehr Ruh!*
> *Möcht nackend in der Sonne gehn,*
> *Vor aller Augen mich lassen sehn,*
> *Und tausend Schmerzen auf mich flehn*
> *Und Schmerzen dir tun, zu rasender Wut!*
> *Mein Knabe, komm! Trink meine Glut!*
> *Bist du nicht durstig nach meinem Blut,*
> *Nach meiner brennenden Haare Flut?*
> *Hörst nicht, wie die Vögel im Walde schrien?*
> *Nimm alles, alles was ich bin –*
> *Du Starker – mein Leben – du nimm hin!*

Ein sadomasochistischer Exzeß mit deutlich exhibitionistischen Strebungen und dem Dämonismus der Jugendgedichte verwandt, der aus Zeilen wie *Dämonen durch die kranke Seele gehen ... Ein Träumender sieht schwangere Fraun / In schleimigem Glanz vorübergleiten* spricht. Aufschlußreich für den Schöpfer dieser Huhu-Dichtung auch die abschließende Regiebemerkung: *Er zerrt sie in die Tiefe. Man hört einen gellenden Schrei. Dann tiefe Stille. Nach einer Zeit erscheint Blaubart, bluttriefend und trunken, außer sich, und stürzt wie niedergemäht vor einem Kruzifix nieder. Verlöschend: Gott!*

Wieder trifft uns der Atem zurückgestauter, in falsche Bahnen gelenkter Sexualität und ebensolcher Gottesfurcht, die schon so frühe Gedichte wie *Der Heilige* und *Andacht* stigmatisierten. Ein Zeichen, daß Trakl 1910, als von den frühesten reifen Gedichten schon etliche geschrieben waren, sich rückfällig noch immer pubertären Weltanschauungs- und Sexualphantasien hingab.

Schneditz meint, Trakl wäre damals, um 1908, überspitzt ausgedrückt, ein platonischer Krimineller gewesen. Er hat, obwohl ihm in jenen Jahren nicht einmal ein besonders ausschweifendes Geschlechtsleben nachzuweisen ist, mörderische Phantasien entwickelt, die in Verbrechertum und perversen Gedanken schwelgen. Und Dr. Erwin Mahrholdt, unter seinen religiösen Exegeten jener, der ihn am tiefsten und schmerzlichsten begriff (und ihm 1925, fünfundzwanzigjährig, in den Freitod folgte), schrieb in seiner Studie «Der Mensch und Dichter Georg Trakl»: «Mächtig erwacht der Geschlechtstrieb und reißt ihn nieder: *Zu seinen Häupten erhob sich der Schatten des Bösen ...* Trakl trug beide Gefahren des Genies, von denen Weininger spricht, in sich: das Verbrecherische bezwang er früh, wenn es sich auch oft noch aufbäumte in seinem herben Gesichte, gleichsam versteinert die Menschen abschreckte; bis zum Tode aber fürchtete er sich vor dem gänzlichen Verfall in den Wahnsinn, der den unendlich Schwermütigen schon manchmal angefaßt hatte.» Friedrich Johann Fischer führt für die verspätete *Blaubart*-Dämonie auch materielle Gründe ins Treffen. Der Vater wäre damals schon ein Greis gewesen und kränkelte. Georg wußte oder ahnte, daß das väterliche Geschäft und damit der finanzielle Rückhalt der Familie verlorengehen werde. Dieses Vorgefühl einer tragischen Erschütterung der materiellen Voraussetzungen für sein Künstlerleben, ja kommender Unbehaustheit, mag in der Tat die Pollution des *Blaubart* mitverursacht haben.

Absichtlich sind wir bei dem Puppenspiel so lange stehengeblieben. Die wahnhafte Verfallsstimmung der Schauerballade, die in postpubertären Niederungen nur komisch (also nach Jean Paul: umgekehrt erhaben) wirken kann, findet sich im sogenannten Dramenfragment der Spätzeit wieder, dort allerdings in das geoffenbarte Traumgesicht vom Untergang des verfluchten Geschlechts erhoben. Wir stehen nicht an, den *Blaubart* für eine Vor- oder Unterstufe zu jenem Gipfelwerk zu halten. Und ferner stehen wir nicht an, dieses späte Bruchstück zu Trakls allerhöchsten Dichtungen und zugleich zu den genialsten Schöpfungen des deutschsprachigen Expressionismus zu zählen. Von ihm wird an gegebenem Ort die Rede sein.

DIE FREMDLINGIN

Trakls Schwester Grete ist eine interessante, ja singuläre Erscheinung; der dunkle Glanz ihres Geschlechts erhellte – oder verfinsterte – die Seele des Dichters. Sie ist die Hauptakteurin auf der Bühne seines Lebens und in seiner Phantasie, er hat sie in eine Sagengestalt verwandelt, er mythisierte sie und verbarg im dichterischen Gleichnis ihrer beider dämonische Sinnlichkeit, indem er sich und sie zu einem Zwiewesen verschmolz, das von allem Geschlechtlichen entschlackt ist: Jüngling und Jünglingin, Fremdling und Fremdlingin, Mönch und Mönchin. Bis zum Tod hat er ihr «die Treue gehalten» – noch die allerletzten Gedichte rufen sie an, beschwören sie. Als er sich von seinem Gott verlassen sah, dem er zeitlebens nachgesonnen, nachgesungen hatte, als dieser Gott sich im galizischen Schlachthaus in Nichts auflöste, blieb ihm die Schwester als einzige sinnvolle Realität. An Trakls Ende steht nicht eine Fiktion, sondern ein Mensch!

Wenn man die wenigen Briefe durchliest, die von Grete Trakl erhalten sind, konkreter: zu denen man Zugang hat, so packt einen der Gedanke, daß sie, eine völlig Unschöpferische, die Machtvollere, Männlichere, vielleicht sogar Genialere von den beiden war – Trägerin allerdings einer schon an den Wurzeln zerstörten Genialität. Sie wird als leidenschaftlich, heftig und unbezähmbar geschildert. Auf einem Bild aus der Kinderzeit hat sie einen wild-finsteren Gesichtsausdruck «und wirkt in der unmädchenhaften Sicherheit ihrer Haltung aggressiv» (Spoerri). Schon als Kind sieht sie Georg auffallend ähnlich. Später verstärkt sich noch diese Ähnlichkeit: groß und kräftig erscheint die Nase in dem breiten, grobknochigen Gesicht, aus dessen Zügen Vitalität und Sinnlichkeit sprechen. Spoerri findet darin «neben dem Ausdruck des problematisch Verlorenen einen virilen Zug», was zweifellos richtig ist. Auch Georg, er vor allem, muß den männlichen Kern und Geist erkannt haben, die aus diesem derben und herben Antlitz leuchten, denn er denkt sich eigens für sie weibliche Transfigurationen männlicher Gestalten aus: *Fremdlingin, Mönchin, Jünglingin.* Man könnte sich diese Reihe fortgesetzt denken: Dämonin, Möndin, Tödin (von la mort). Heidegger spricht in seiner eingangs erwähnten Trakl-Rede, im Zusammenhang mit den Verszeilen *Immer tönt der Schwester mondene Stimme / Durch die geistliche Nacht*, faktisch von der «Möndin» (σελάννα), um deren Leuchten rings die Sterne «verblassen und erkühlen», wie im altgriechischen Vers.

Trakl hat die Schwester in die Spiegelwelt seiner Gedichte hineingenommen, er hat sie sich einverwandelt; es ist eine Art unio mystica, die die beiden verbindet, verkörpert, verfleischlicht und zugleich vergeistigt. Das körperliche Einswerden, im Inzest-Akt vollzogen, ist hier ohne tieferen Belang, weil es nie so vollständig und sättigend sein kann wie das geistige. Und doch hat Trakl unter Gretes körperlicher Untreue gelitten. Buschbeck, der wahrscheinlich schon 1912 ein kurzes, aber dramatisches Liebesverhältnis mit Grete hatte, was Trakl verhältnismäßig spät erfahren haben dürfte und mit eisigem Schweigen überging (sein letzter schriftlicher Kontakt mit dem Jugendfreund, eine Ansichtskarte aus Wien, datiert vom 15. August 1913), hat in Gesprächen stets abgestritten, daß zwischen Bruder und Schwester eine de facto vollzogene Vereinigung bestand. Georgs Schuldgefühle und Depressionen hätten von einer immer wieder begangenen «Gedankensünde» hergerührt. Das ist eine recht unrealistische Argumentation.

Geht man diesen vom Flugsand der Jahrzehnte bedeckten Spuren nach, so wird man das Gefühl nicht los, daß alle näher Beteiligten – insbesondere die überlebenden Familienmitglieder – alles darangesetzt haben, die schwachen Spuren noch mehr zu verwischen. So sind die Göttinger Trakl-Forscher im Verlauf der Fahndung nach Briefen mehrmals auf ein mehr oder minder mysteriöses Verschwinden solcher Selbstzeugnisse gestoßen. Dazu Studienrat Hans Szklenar: «Ungewiß ist der Verbleib einer ungenannten Zahl von Briefen aus den Jahren 1899–1900, die der Major Fritz Trakl 1926 Ludwig von Ficker vergeblich zum Kauf anbot; es handelte sich dabei vermutlich um Briefe an Mitglieder der Familie Trakl.» Und an andern Stellen seines «Vorläufigen Berichtes über den Nachlaß Georg Trakls» («Euphorion» 54/1960), der durch ergänzende Mitteilungen («Text und Kritik», Heft 4/1964) nunmehr abgeschlossen ist, schreibt Szklenar: «Unter den Verlusten wird man wohl am schmerzlichsten beklagen müssen, daß Trakls Briefe an seine Schwester Grete Langen als verloren zu betrachten sind ... Kann man es bis zu einem gewissen Grade verstehen, daß fremden Personen nur ungern Einblick in den Nachlaß gewährt wurde, so wird die Sorglosigkeit, mit der die Mitglieder der Familie Trakl diesen Papieren im allgemeinen gegenüberstanden, für immer unbegreiflich bleiben ... Bezweifelt werden muß ferner, daß die Salzburger Mitglieder der Familie sich hinlänglich ernsthaft bemühten, den schriftlichen Nachlaß Grete Langens, der Lieblingsschwester des Dichters, in ihre Obhut zu bekommen, der ohne Zweifel manches Manuskript – zumindest doch wohl Briefe – Trakls enthalten hat. Die Familie gab sich trotz gewissen Bedenken mit der Erklärung ihres Mannes A. Langen zufrieden, dieser Nachlaß sei auf dem Boden eines Berliner Miethauses, auf dem er untergestellt war, gestohlen worden ... In den zwei Fällen aber, in denen mit umfangreichem handschriftlichen Material gerechnet werden könnte, lassen sich sichere Aussagen nicht machen: im Falle von Karl Borromäus Heinrich und im Falle von Trakls Schwester Grete Langen.» Was Karl Borromäus Heinrich betrifft, jenen schon erwähnten seelisch schwer gefährdeten Schriftsteller, mit dem Trakl in der Innsbrucker Zeit wie mit einem Bruder verkehrte und vor dem er kaum Geheimnisse gehabt haben dürfte, so liest man in Szklenars Nachlaßbericht mit Befremden von einem «allgemeinen Autodafé», das «in früheren Jahren» einen Teil der Korrespondenz zwischen den beiden Dichtern betroffen haben soll.

Zu alledem kommt, daß die nächsten Anverwandten des Dichters über sein Verhältnis zu Grete nicht nur stets strengstes Stillschweigen bewahrten, sondern auch Andeutungsversuche Außenstehender im Keim erstickten, indem sie sich auf unzugängliche Positionen zurückzogen. So berichtet Wolfgang Cordan über einen Besuch im Wohnhaus der Familie («Die Tat», 6. Mai 1950): «Ja, das Gespräch ist schwierig, der pensionierte Herr Major ist vorsichtig; er hat seine Gründe. Es hat hier Zudringliche gegeben und Verantwortungslose, die aus einer mißverstandenen Bemerkung gleich eine Novelle gefertigt haben und die verstorbene, oft dichterisch angerufene *bleiche Schwester* in sensationelle Bezüge stellten und Georg Leidenschaften Byrons andichteten.» Gemeint ist wohl Werner Riemerschmids Trakl-Novelle, ein atmosphärisches, gleichsam aus Traklschen Wortbausteinen gebildetes Prosakunstwerk, das just Georgs Verhältnis zu Grete nur scheu umschreibt – im Gegensatz zu Trakl selbst: *Sein Haupt verbrannte Lüge und Unzucht in dämmernden Zimmern* – und auch sonst dem Charakter und der geistigen Gestalt des Dichters in keinem Satz Abbruch tut.

Mit diesem subjektiv verständlichen, objektiv kaum entschuldbaren Verhalten haben Trakls Geschwister alle jene streng wissenschaftlich bemühten Personen, die mit den Praktiken von Journalisten oder gar «Feature»-Schreibern der Illustriertenpresse nicht das geringste zu tun haben, in die Rolle von Kriminalisten gedrängt, wo es doch nicht um ein crimen – wenn man von Gretes Verführung zu Rauschgiften durch Georg absieht (aber selbst das war kein Gewaltakt) – und auch nicht um die Auswirkungen eines solchen geht; dies noch weniger, wenn man das schöne, verzeihende Goethe-Wort hier anwendet: «Seht die Lilien an: entspringt nicht Gatte und Gattin auf e i n e m Stengel? Verbindet beide nicht die Blume, die beide gebar, und ist die Lilie nicht das Bild der Unschuld, und ist ihre geschwisterliche Vereinigung nicht fruchtbar? Wenn die Natur verabscheut, so spricht sie es laut aus.»

Theodor Spoerri, der sich als Seelenarzt selbstverständlich besonders eingehend mit dem sogenannten Gretl-Komplex beschäftigte, weist mit Nachdruck darauf hin, daß Trakls «auffallende und rätselvolle Persönlichkeit naturgemäß zu Legendenbildungen Anlaß gegeben hat; einerseits kursieren wilde Gerüchte über seinen ausschweifenden Lebenswandel, andererseits aber bestehen Tendenzen, sein Leben zur Hagiographie umzubiegen. Beide Richtungen bedeuten eine Verfälschung des Dichters, der man nur durch eine vorurteilslose Darstellung seiner wirklichen Eigenart begegnen kann.» Spoerri nimmt dabei mit der Unparteilichkeit des Forschers sogar jene dem Dichter nahegewesenen Menschen in Schutz, die ihm einst «die eigenen Abgründe zudeckten, indem sie gewisse Züge und Ereignisse

Das «Etablissement» in der Judengasse 4

Grete: Bitte um Opium (1909 oder 1910)

übersahen oder nicht wahrhaben wollten», um den Lebenden seiner Aufgabe besser zu erhalten. Heute jedoch, nach mehr als fünfzig Jahren, sei dem Verstorbenen mit einer derartigen «Psychotherapie» kein Dienst erwiesen, vielmehr stellen bereits die kleinsten Retuschen «eine Einschränkung seiner menschlichen Wirklichkeit dar, die in Begnadung und Gefährdung das war, was sie war, ob einem das nun angenehm ist oder nicht».

Es kann keineswegs der Zweck unserer Trakl-Studie sein, irgendwelchen Abnormitäten in der Psyche dieses großen und in seiner Größe tragischen Dichters nachzuspüren und sie ans Licht zu zerren.

Nur eines: Georg Trakl war alles andere als ein Heiliger, wenn auch die zeitweilige Askese, vor allem in seinen letzten zwei Lebensjahren, ebenso zum geistigen Habitus dieses Außerordentlichen gehört wie in früheren Lebensstadien die «Perversion»: beides ungleichpolige Exzesse eines überspannten, durch Veranlagung, Umwelt und soziales Herkommen pathologisch geprägten Menschen. Im Laufe unserer Recherchen konnten wir unveröffentlichte oder zensurierte Dokumente von Trakls Hand einsehen – sie beziehen sich allerdings ausschließlich auf die Salzburger Jahre –, hörten auch vielsagende Bemerkungen seiner einstigen Schulkameraden, die auf eine überaus starke Sinnlichkeit, ja auf Hemmungslosigkeit und Daseinsverfallenheit des Dichters gerade in grobsexuellen Dingen schließen lassen. Man betrachte doch nur das Antlitz des Jünglings! Sind es nicht die Züge Rodion Raskolnikovs, zugleich aber auch die des «Wollüstlings» Swidrigailov – jenes Swidrigailov, der von der Ewigkeit als einem Zimmer «nach Art einer hölzernen Badstube, ganz schwarz verräuchert und voller Spinnen» spricht?

So hat sich nach einer öden protestantischen Weihnachtsfeier, die korporativ – also mit ein paar Freunden – in einem Salzburger Bordell fortgesetzt wurde, ebendort eine brutale, unschilderbare Szene abgespielt, ein pyromanischer Studentenulk, dem Trakl, wenngleich nicht als aktiv Beteiligter, so doch ohne Protest beiwohnte. Darüber gibt es eine Dokumentation. [1] Es gibt auch sonst manch pornographische (oder antisemitische) Auslassung von seiner Hand. Später, als er mit der gültigen Form der Dichtung auch eine hohe Reife erlangt hatte, soll er Zoten tief verabscheut haben – es war unmöglich, in seiner Gegenwart eine schlüpfrige Bemerkung zu machen, und von den Frauen, auch von käuflichen, sprach er stets mit großer Achtung, ja Ehrerbietung.

Auf die erwähnte Freudenhausszene – eine unter andern – scheint Spoerri anzuspielen, wenn er schreibt: «Trakl hatte bereits früh Bekanntschaft mit Dirnen. Die Freundschaft mit Streicher und Hauer sowie die Lektüre Baudelaires, Rimbauds und Dostojevskijs mögen hiezu das Ihre beigetragen haben ... er soll sich aber ausschließlich zu einer ältlichen, verwelkten Frau hingezogen gefühlt haben, bei der er stundenlang schweigend saß, Wein trank oder fieberhafte Monologe hielt. Zu einer eigentlichen Beziehung kam es angeblich nicht, doch haben wir Kenntnis von einer ... Szene, die in ihrer Abwegigkeit für Trakl charakteristisch und psychiatrisch auf-

1 Die Texte und pornographischen Zeichnungen auf einer an Buschbeck unter Briefverschluß gesandten undatierten Postkarte enthielten auch eine herausfordernde Verulkung Kokoschkas – sichtlich um den Empfänger, der den Freunden als begeisterter Verfechter des «wilden» Malers bekannt war, zu necken. Möglicherweise bezieht sich darauf das Postskriptum in Buschbecks aus Salzburg an Trakl nach Wien gerichtetem Brief vom 7. Februar 1909: «Geht doch einmal in die Kunstschau, schon damit Ihr für Eure besoffenen Karten mehr zu künstlerischer Produktion angeregt werdet, in der Richtung Kokoschka!»

schlußreich ist. Ebenso muß von der Beschreibung voyeur-ähnlicher Vorkommnisse und seiner von Aggressionen nicht freien Verhältnisse mit Kellnerinnen, Dienstmädchen usw. abgesehen werden... Wie vor allem aus den Gedichten *Sonja* und *Afra* [1] hervorgeht, waren ihm die Dirnen über das Sexuelle hinaus ein Symbol für die ‹Erniedrigten und Beleidigten›, und so ist es auch zu verstehen, daß er einmal während der Fastnachtszeit, als er im Café Tomaselli Faschingskrapfen aß, plötzlich aufstand, um auch den Dirnen in der Judengasse von dem Gebäck zu bringen.» Die Vorstellung aber, der Dichter habe bloß aus literarischen oder humanitären Gründen Bordelle besucht, um dort den Frauen in der äußersten Erniedrigung ihres Geschlechts Trost zu spenden, gehört zu jenem frommen Wunschdenken, das ein Grundzug der Trakl-Hagiographen ist. Die antibürgerliche Stoßrichtung, insgeheim auch gegen die «Aisance» des Vaterhauses und die dort heimische Tabuisierung sexueller Praktiken gezielt, übersehen wir keineswegs.

Jedenfalls gab es in Trakls Leben nachweislich keine einzige Frau, die von erotischer (leibseelischer) Dominanz gewesen wäre – Grete ausgenommen. Die Schwester soll für ihn schon in der Gymnasialzeit *das schönste Mädchen, die größte Künstlerin, das seltenste Weib* gewesen sein, wie Bruckbauer erzählt; über sie sprach er stets «aus innerer Notwendigkeit hymnisch». Auch berichten seine Jugendfreunde übereinstimmend, daß er die Inzestverherrlichung in Wagners «Walküre» eindeutig befürwortete.

Im ersten Kapitel haben wir gesagt, daß Trakls Beziehungen zur Schwester sich schon früh angebahnt haben dürften, und es ist in diesem Zusammenhang besonders schade, daß all die Briefe, welche die Geschwister im Laufe der Jahre miteinander gewechselt haben werden, unwiederbringlich verloren oder – was wahrscheinlicher ist – von dritter Hand vernichtet worden sind. Sehr schmerzlich fühlbar ist dieses Vakuum für die Zeitspanne von 1900 bis zu jenem ersten erhaltenen Brief an Kalmár vom Sommer 1905.

Wie die andern zwei Schwestern lebte auch Gretl häufig außerhalb des Vaterhauses. Elfjährig kam sie auf Betreiben der Mutter in das Internat der Englischen Fräulein nach Sankt Pölten (Niederösterreich), wo sie die Bürgerschule besuchte; anschließend verbrachte sie zwei Jahre im Erziehungsheim für junge Mädchen Notre Dame de Sion in der Wiener Burggasse. Alle Schulen also, die von der jungen Protestantin absolviert wurden, gehörten katholischen Frauenkongregationen. Als Georg im Herbst 1908 sein Universitätsstudium

---

1 Sonja (Marmeladova), die sich aus Not verkaufen mußte, ist eine der Hauptfiguren in Dostojevskijs «Schuld und Sühne». Afra ist die Lokalheilige Augsburgs. Nach der Legende war sie ursprünglich eine Hierodule, die ihren Körper den Fremden preisgab, bis sie von zwei Mönchen, Narcissus und Felix, zum Christentum bekehrt wurde; sie gilt als Schutzpatronin der reuigen Dirnen. Ihr Attribut ist der Fichtenzapfen, also ein männliches Geschlechtssymbol.

Grete Trakl im Jahr ihrer Eheschließung (1912)

begann, war Grete noch nicht in Wien; sie folgte ihm erst mit siebzehn, und zwar im September 1909, in die Reichshauptstadt, um an der Musikakademie Theorie und bei Paul de Conne Klavier zu studieren.

Nur die Wiener Zeit der Geschwister, eine relativ kurze Zeit, denn Grete übersiedelte bald, zu ihrem und Georgs Unglück, nach Berlin, ermöglichte halbwegs ungehinderte Kontakte; Gretl wohnte von Georg getrennt, und eben damals soll es nach Maria Geipels Aussage gewesen sein, daß Georg der Schwester immer wieder zu Rauschmitteln verhalf. Diesem Laster, von dem sie vermutlich schon in Salzburg gekostet hatte, verfiel sie, parallel zur Süchtigkeit des Bruders, in der Folgezeit mehr und mehr, ja sie scheint Georg in der Leidenschaft für Drogen noch übertroffen zu haben.

Wenn bei Trakl in jenen Wiener Tagen fieberhafte Euphorien mit furchtbaren Ernüchterungszuständen in rascher Phase wechselten, so ist dies nicht zuletzt auf die nervlich zermürbende Beziehung der zwei Geschwister zueinander zurückzuführen. Trakl, der Grete zeitlebens mit «zärtlicher wie zorniger Sorge» (Buschbeck) umgab, wird da täglich vor Augen gehabt haben, was er durch die Verführung der Schwester zu Giften angerichtet hatte, und Ludwig von Ficker trifft hier das Tiefste, wenn er vom «Opferbild der Schwester, diesem Kreuzigungsschatten seiner selbst», also des Dichters, spricht. Die Süchtige hat damals auch andere um Narkotika angebettelt, zum Beispiel Buschbeck, an den sie schreibt: «. . . ich komme nicht Sie wegen des Opiums zu belästigen – obwohl ich von ganzer Seele hoffe daß sie es mir in den nächsten Tagen beschaffen werden. Mir ist etwas Entsetzliches geschehen. An Georg's Gesicht u. Laune sehen Sie einen ganz schwachen Abglanz eines Teiles meiner Schmerzen . . .»

Ganz wie Georg hielt sich auch Grete zwischendurch zu Besuchen im Elternhaus auf; und die Ferien verbrachte sie regelmäßig in Salzburg. Nach des Vaters Tod nahm sie – im Spätsommer 1910 – ihren Wohnsitz in Berlin, um sich bei Ernst von Dohnányi weiter ausbilden zu lassen. In der Wilmersdorfer Pension, die von einer Frau Hansen geführt wurde, lernte sie deren Neffen, einen viel älteren Mann namens Arthur Langen, kennen, angeblich Buchhändler. Ob sich die Zeile *und die Schwestern flohen in dunkle Gärten zu knöchernen Greisen* auf Grete und diesen – wie Maria Geipel sagt: hünenhaften – Mann bezieht, den Grete am 17. Juli 1912, knapp zwanzigjährig, in Berlin heiratete, mag dahingestellt sein; Spoerri vermutet es.

Während Trakl zu seiner Schwester in einem geistigen, gewiß aber auch sexuellen Hörigkeitsverhältnis stand – in diesem Sinne tauschten die Geschwister manchmal die Rollen –, das einer tiefen Leidenschaft zu dem ihm so rätselhaft ähnlichen Geschöpf entsprang, nahm es die einesteils viel lebenstüchtigere, andernteils aber weit halt- und hemmungslosere Grete mit der Treue, und zwar dem Anschein nach

Eine Seite aus dem «Dramenfragment der Spätzeit» (Mai 1914)

78

schon recht früh, nicht genau, was Georg sehr gequält haben dürfte. Wir erwähnten, daß der Einakter *Totentag* von 1905/06 – Georg war neunzehn, Grete vierzehn – eine kaum getarnte Eifersuchtsphantasie darstellt; der Verlust dieses puerilen Werkes ist daher auch aus biographischer Sicht betrüblich. Das lebenslustige junge Mädchen, das von einem erblindeten Jüngling namens Peter leidenschaftlich geliebt wird, heißt Grete. In der Volkssprache ist blind ein der Liebe, Leidenschaft, vor allem der Eifersucht zugeordnetes Eigenschaftswort. Als Peter entdeckt, daß Grete, an deren Liebe er «blindlings» glaubte, ihn betrügt, tötet er sich in einem Anfall von Wahnsinn. Peter ist, wie wir gleich sehen werden, ein Tarnname für Georg; den Namen der Schwester aber hat der Dichter, vielleicht aus Revanchebedürfnis, unverändert gelassen; ob bewußt oder unbewußt, ist gleichgültig.

Acht Jahre später, wahrscheinlich sehr bald nach seinem Besuch bei Grete Langen in Berlin, die an den Folgen eines Abortus schwer erkrankt war, schrieb Trakl jene großartige Halluzination in Dialogen, die von ihrem Entdecker Wolfgang Schneditz als «Dramenfragment der Spätzeit» bezeichnet wurde; in manchen Passagen ist sie eine sprachlich noch ungefüge, weil kyklopisch-eruptive, aber um so gewaltigere Vorform der lyrischen Spätprosa *Offenbarung und Untergang.* (Gegen die feurige Urlandschaft des Dramenbruchstücks wirkt das Prosagedicht wie erkaltete schwarze Lava.) Die Personen dieses «Stückes» sprechen in tiefer Trance, ihre Rede klingt wie das spasmodische Gestammel von Medien. Das Stück hat – wie wäre es bei Trakl auch anders möglich – ein familiäres, sippenhaftes «Thema». Ein privater Mythos in Maskierungen, der wie ein verschollener Klangkörper anmutet, das ist dieses Fragment; und mehr denn je gilt hier Fickers Wort über die Menschen, welche Trakl nahestanden: sie seien «wie Schicksalsfiguren eines mythischen Trauerspiels, in dem er selbst die Hauptrolle zu spielen hatte».

Die Personen sind *Johanna, Die Erscheinung, Peter, Kermor, Der Pächter.* Die Bühne des Vorspiels stellt eine *Dornige Wildnis* dar, der erste Akt spielt *In der Hütte des Pächters.* Grete tritt diesmal nicht unter ihrem wirklichen Namen auf; sie wird Johanna genannt, ist eine unheilige, dämonische Johanna, von der Peter sagt: *O, die Schwester singend im Dornbusch und das Blut rinnt von ihren silbernen Fingern. Schweiß von ihrer wächsernen Stirn. Wer trinkt ihr Blut?* Die Erscheinung, von Johanna als *liebe Schwester* angesprochen, könnte eine Abspaltung, Emanation des Grete-Ichs sein. Georg tritt in dem Drama, aus dem abgründige Zerrüttung spricht (es ist faktisch ein dichterisches Pendant zu dem gemalten Selbstporträt der gleichen Zeit), wieder unter dem Tarnnamen von 1906 auf: Peter. Wie Johanna figuriert auch er als Doppel-Ich: einmal als Peter, ein andermal als Kermor, der eine balladeske Ritter- und Verbrechergestalt ist. Kermor begehrt zu nächtlicher Stunde Einlaß in die Hütte des Pächters, also ins Vaterhaus, denn der Pächter ist niemand anderer als Tobias Trakl: Peter gibt er Namen wie *dunkelster Sohn* und

Bettler, der hungernd *am Saum des steinigsten Ackers* sitzt; Johanna-Grete nennt er *Tochter, weiße Stimme im Nachtwind* [1], gerüstet *zu purpurner Pilgerfahrt; o du Blut von meinem Blute, Pfad und Träumende in mondener Nacht.* Peter verkörpert die lichte, bewußte Region der Trakl-Seele, sozusagen das Ego; Kermor ist deren dunkle, nächtige, in Schlaf befangene, von Trieben aufgewühlte Region, sozusagen das Id. Indes Peter von Johanna mit Mitleid oder Mitleidenschaft spricht, respondiert der aus seiner Traumgefangenschaft sprechende Kermor mit nackter Begierde und auch mit Abscheu: ... *Sternenantlitz gehüllt in eisige Schleier; singende Fremdlingin – finster wogts im Herzen mir ... Mädchen, dein glühender Schoß im Sternenweiher – ... Laß ab – schwarzer Wurm, der purpurn am Herz bohrt! Verfallener Mond, folgend durch morsches Geröll – ...* (Von Kermor sagt Peter schaudernd: *Sein Schlaf blutet,* und der Pächter nennt ihn einmal *Furchtbarer Gott, der eingekehrt in mein Haus.*) Als Kermor aus seinem Stupor erwacht und Johanna ihn zu sich herzulocken sucht: *Lachende Stimme im Nachtwind,* schreit er, sie erblickend und ganz erkennend, auf: *Dornige Stufe in Verwesung und Dunkel; purpurne Höllenflamme* – Da aber verflucht ihn auch die Somnambule, *hoch aufgerichtet* wie Nemesis: *Blut über dich – da du brachest in meinen Schlaf.*

Wir haben hier ein aus tödlicher Haßliebe – denn in diese ist die «zornige Sorge» nun verwandelt – und aus kaum noch mitteilbarer Zerklüftung geformtes Konglomerat vor uns, ein Inferno, aus dem es kein Entrinnen gibt: das minoische Labyrinth schrecklichster Visionen und Halluzinationen. Es ist das vollkommenste «Psychodrama» in deutscher Sprache, nämlich eine Dichtung des klassischen Expressionismus, in der die substantivische Metapher die reale Diktion bei weitem überwuchert, der reinste Ausdruck des apokalyptischen Geburtsjahrzehnts, von dem wir gesprochen haben. Wären nur diese paar Szenen erhalten, so wüßte man, welche Bewandtnis es mit jener Generation hatte.

Ein halbes Jahr nach der Niederschrift des Dramas, von dem man nicht sagen kann, ob es größeren Umfang hatte oder nur eine Skizze zu *Offenbarung und Untergang* ist, war Trakl tot. Nach seinem Tod, so heißt es, verlor Grete völlig den Boden unter den Füßen. 1915 und 1916 mußte sie sich in Innsbruck und München (Neufriedenheim) einer Entwöhnungskur unterziehen, und obwohl Ficker ihr auch weiterhin seine großherzige Fürsorge zuwendete, gab es für sie keinen Halt mehr. Auf Stellungsuche vorübergehend in der Heimatstadt, schrieb sie an dem Tag, da Ficker mit seinem Marschbataillon durch Salzburg kam (es dürfte im Frühherbst 1915 gewesen sein), an Buschbeck nach Dresden, daß es für sie schwer sein würde, irgendwo un-

---

1 Die *weiße Stimme* ist ein Kennmal Gretes. In *Offenbarung und Untergang* befiehlt eine weiße Stimme dem Dichter: *Töte dich!* Mahrholdt war der Ansicht, daß Trakl immer wieder an Selbstmord gedacht hat, «vielleicht auch von der Schwester angespornt, gemeinsam mit ihr zu sterben».

terzukommen, «um so mehr als sicherlich viele Leute daran Anstoß nehmen werden, daß ich eine geschiedene Frau bin». Von ihrem Mann im Stich gelassen, geriet sie später in Berlin aus einer seelischen und materiellen Krise in die andere. Auch ihre dortigen Bekannten, Herwarth Walden (Herausgeber des «Sturm»), Camill Hoffmann und andere, scheinen nicht in der Lage gewesen zu sein, ihr entscheidend zu helfen.

Nach einer Gesellschaft, in der sie sich heiter gegeben haben soll, ging sie ins Nebenzimmer und erschoß sich. Es war der 21. September 1917. Frau Langen erreichte ein Alter von fünfundzwanzig Jahren.

Für Trakl scheint Blut «ein ganz besonderer Saft» gewesen zu sein. Blut war das Medium, das ihn mit der angestammten Sippe, mit der Ahnenwelt, mit dem ganzen Geschlecht verband – nichts Physiologisches haftet hier diesem Begriff an, eher etwas von den Manipulationen alter magischer Zeiten. Das Wort Blut kehrt in seinen Phantasien auffallend häufig wieder, es wird jedesmal mit großer Schwerkraft gebraucht, mit einer Feierlichkeit, die etwas Religiöses, etwas von der Blutzeugenschaft der Märtyrer hat. Und doch ist «Blut» bei Trakl keine religiöse oder romantische Vokabel, sondern eine «rassistische», wenn man dies im metaphysischen Sinn verstehen will. Die Blutmystik des Neutemplers Lanz von Liebenfels (der, obwohl in der Theorie Züchter einer heliogermanischen Blau-Blond-Rasse, den Juden Karl Kraus anhimmelte) findet im Traklschen Gedicht eine entfernte Entsprechung.

Nur so ist es zu erklären, daß der Dichter die Beziehung zu Grete als Sünde wider das Blut, als fluchwürdiges Mysterium auffaßte. Blut, soweit es Geschlechtliches bedeutet, hatte für ihn das Gewicht einer Kette, die ihn an ein Wesen der gleichen Art, der eigenen Sippe geschmiedet hielt. Dazu Mahrholdt: «Vielleicht hat Trakl in diesem Hingezogensein zur Schwester, der *dunklen Liebe eines wilden Geschlechts*, zum erstenmal kraß den Fluch der Entartung gespürt, der ihn immer bedrückte.» Er war sich der Unnatur dieser Bindung in einer Weise leidend bewußt, die ein so freier, universeller Geist wie Goethe niemals verstanden hätte.

Wenn von Trakls inzestuöser Bindung an die Schwester die Rede ist, wird in einer Art vager Beweisführung meist auf die Sonettzeile *Im Park erblicken zitternd sich Geschwister* (*Traum des Bösen*) mit Vorliebe aber auf das Gedicht *Blutschuld* verwiesen, das ungefähr zur selben Zeit entstanden sein dürfte wie *Der Heilige* – es gehört also zur frühesten Periode der Jugenddichtungen. Die genaue Übersetzung von Inzest ist Blutschande; Trakl spricht von Blutschuld: in diesem Wort ist seine blutmäßige Verkettung mit dem Bösen, Schuldhaften ausgedrückt.

An meine Schwester. Handschrift der Erstfassung

Blutschuld

Es dräut die Nacht am Lager unsrer Küsse.
Es flüstert wo: Wer nimmt von euch die Schuld?
Noch bebend von verruchter Wollust Süße
Wir beten: Verzeih uns, Maria, in deiner Huld!

Aus Blumenschalen steigen gierige Düfte,
Umschmeicheln unsere Stirnen bleich von Schuld.
Ermattend unterm Hauch der schwülen Lüfte
Wir träumen: Verzeih uns, Maria, in deiner Huld!

Doch lauter rauscht der Brunnen der Sirenen
Und dunkler ragt die Sphinx vor unsrer Schuld,
Daß unsre Herzen sündiger wieder tönen
Wir schluchzen: Verzeih uns, Maria, in deiner Huld!

Es gibt aber noch andere sehr frühe Spuren, zum Beispiel die kürzeste der drei *Balladen* aus der gleichen Sammlung der Jugendgedichte:

> *Ein schwüler Garten stand die Nacht.*
> *Wir verschwiegen uns, was uns grauend erfaßt.*
> *Davon sind unsre Herzen erwacht*
> *Und erlagen unter des Schweigens Last.*
>
> *Es blühte kein Stern in jener Nacht*
> *Und niemand war, der für uns bat.*
> *Ein Dämon nur hat im Dunkel gelacht.*
> *Seid alle verflucht! Da ward die Tat.*

Der Kunstwert dieser Gedichte ist gering, der Aussagewert groß. Von den ersten privaten Erlebnissen bis zum allumfassenden Geschehen, wie es sich in der konfessionellen Spätdichtung, insbesondere in *Offenbarung und Untergang* abspiegelt, ist ein weiter Weg, der die beiden Liebenden durch ein wahres Höllenfeuer selbstbereiteter Leiden geführt hat. Den *Taumelkelch der Qual* mußten sie bis zur Neige leeren. In diesem Inferno leuchtet dem Bruder die «Schmerzverschwisterte», wie Ludwig von Ficker in seinem Nachruf an Trakls Mühlauer Grab die Schwester nannte, zuweilen auch in halkyonischem Lichte auf, wie «ein Stern der Schwermut» oder als schöner Abglanz seines Wesens. Am reinsten wohl in dem Gedicht *An meine Schwester,* das dann unter dem größeren Titel *An die Schwester* in die *Rosenkranzlieder* aufgenommen wurde:

> *Wo du gehst wird Herbst und Abend,*
> *Blaues Wild, das unter Bäumen tönt,*
> *Einsamer Weiher am Abend.*
>
> *Leise der Flug der Vögel tönt,*
> *Die Schwermut über deinen Augenbogen.*
> *Dein schmales Lächeln tönt.*
>
> *Gott hat deine Lider verbogen.*
> *Sterne suchen nachts, Karfreitagskind,*
> *Deinen Stirnenbogen.*

Hier ist das Karfreitagskind Gretl in eine tönende Stille hineingebettet, die nicht von dieser Welt zu sein scheint. Doch so lange sie lebten, hatten beide, Bruder wie Schwester, *zerbrochene Schwerter im Herzen.*

Am 26. Februar 1908 legte Trakl – ein halbes Jahr vor Beendigung der regulären Lehrzeit in Hinterhubers Apotheke «Zum Weißen Engel» – die Tirocinalprüfung mit gutem Erfolg ab. Die Erlaubnis zur vorzeitigen Ablegung dieses das Praktikum abschließenden Examens war dem Lehrling von der k. k. Landesregierung am 16. Dezember 1907 erteilt worden. Das Zeugnis ist vom 20. September datiert, erscheint also nach effektiver Beendigung des Tirociniums ausgestellt; es trägt die Unterschrift des Lehrherrn: Carolus Hinterhuber, pharmacopœus ad angelum album.

In diesem Jahr wuchsen den bisherigen Gedichten neue, schärfer profilierte zu. Auf das sterile Jahr 1907 war ein fruchtbares gefolgt. Trakl mühte sich mit seinen Don Juan-Szenen ab, auch wird er in diesem Jahr, spätestens aber 1909, die Rimbaud-Übertragungen des einst von Dehmel entdeckten österreichischen Dragonerleutnants Karl Klammer kennengelernt haben, die dieser auf einsamen Ritten in Galizien geschaffen hatte und – mit Rücksicht auf seinen militärischen Rang – unter dem Pseudonym K. L. Ammer im Leipziger Insel-Verlag hatte erscheinen lassen (1907). Besonders scheint das Vorwort von Stefan Zweig über Rimbauds Leben Trakl gefesselt zu haben. Hier war ein Dichter porträtiert, den Trakl als Sternbruder empfinden konnte, auch wenn er nur wie ein flüchtiges Meteor am literarischen Himmel aufgeglänzt und schon wieder erloschen war: «éclat, lui, d'un météore, allumé sans motif autre que sa présence, issu seul et s'éteignant» hatte Mallarmé bewundernd ausgerufen. (Könnten diese Worte nicht auf Trakl gemünzt sein?) Wenn Baudelaire dem jungen Dichter das Rauschgift und das Vokabular geschenkt hatte, so schenkte Rimbaud dem Reifenden die Lebensverachtung und die Revolte. Auch Rimbaud-Ammers Worte und Bilder blieben im Ohr und Sinn haften: bis zu einer an die Grenzen des Plagiats gehenden Aneignung, Sprachkindschaft, Einverwandlung.[1] Die unmittelbar darauffolgende Zeit steht jedenfalls ganz im Flammenzeichen des mystischen, sansculottischen Franzosen, bis dieses – bei Trakls gleichzeitiger Hinwendung zur hochalpinen Tiroler Landschaft – in eine schön ausgestirnte, antikisch-deutsche Nacht versank: Hölderlin.

Damals, 1908, werden auch Gedichte entstanden sein, die heute ebensowenig mehr erhalten sind wie *Don Juans Tod* oder so manche Prosaarbeit der frühesten Zeit. Die 1909 dem Freunde Erhard Buschbeck übergebenen Jugenddichtungen waren von ihrem Autor bereits gesiebt; die Sammlung dürfte ursprünglich größer gewesen sein. Aus

---

1 Der siebenbürgisch-sächsische Schriftsteller Adolf Meschendörfer war der erste, der auf diesen Tatbestand aufmerksam machte, und zwar im Märzheft 1925 der Zeitschrift «Klingsor», Kronstadt (II. Jahrgang, Heft 3). Meschendörfer hat damals mehr als dreißig – oft wortwörtliche – Übernahmen aus der Ammerschen Übersetzung nachweisen können. Später haben sich andere, zum Beispiel Reinhold Grimm, H. Lindenberger und Bernhard Böschenstein, sehr gründlich mit diesem Thema befaßt.

Die Wiener Universität 1910

dem Umstand, daß Trakl die Jugendgedichte nicht nur nie zurückforderte, sondern einmal sogar bemerkte, Buschbeck könne mit ihnen nach Gutdünken verfahren, leitete dieser später das Recht ab, sie der Nachwelt zu erhalten. Jedenfalls war auch die Jugendlyrik «für den Druck bestimmt und sollte das Interesse eines Verlegers wecken» – Buschbeck bot sie tatsächlich im Dezember 1909 dem Verlag Albert Langen in München an, der sich moderner österreichischer Autoren besonders annahm; zum Beispiel erschienen dort zwischen 1909 und 1914 fünf Werke von Karl Kraus. Wenn man kunstkritisch urteilt, so leistete Buschbeck mit der dann erst 1939 zustande gekommenen Buchausgabe *Aus goldenem Kelch* dem toten Freund keinen Dienst; aus daseinsanalytischer Sicht sind aber diese frühen Selbstzeugnisse von unschätzbarem Wert.

Die «Minerva»-Jünglinge hatten entweder zu dichten aufgehört oder waren in nützlicheren Berufen untergegangen. Faktisch ist von keinem dieser puerilen Provinzbohemiens irgend etwas erhalten geblieben. Der einzige Freund, der es auch als Dichter zu Meriten bringen sollte, war Erhard Buschbeck. Buschbeck hat in Trakls Werdejahren als allzeit Getreuer eine liebenswerte Rolle gespielt. Seine Fähigkeit, sich Freunde zu machen und wertvolle Beziehungen anzuknüpfen, seine praktische Vertrautheit mit dem literarischen Betrieb machten ihn zum nützlichen Gefährten und unentbehrlichen Ratgeber. Der um zwei Jahre jüngere Buschbeck, der erst 1909, also ein Jahr später als Trakl, in Wien die Universität bezog (er studierte Jura), hatte es schon von Salzburg aus zuwege gebracht, mit einflußreichen Journalisten und Literaten, so mit Hermann Bahr, vor allem aber mit den schreibenden Generationsgenossen in der Hauptstadt Verbindung aufzunehmen. Die meisten Begegnungen Trakls mit Künstlern und Schriftstellern in Wien wurden durch den rührigen Buschbeck vermittelt, der auch im «Akademischen Verband für Literatur und Musik» bald Sitz und Stimme hatte (ab 1911 leitete er ihn sogar). Diese Kampfgemeinschaft musischer Hochschulstudenten veranstaltete Ausstellungen, Lesungen und zumeist turbulente Konzerte; neben Bruckner und Mahler wurden auch die Jungen, Schönberg und Webern, zur Diskussion gestellt. Loos, Kokoschka, Schiele und Kraus standen ihr nahe, und in sporadisch erscheinenden Heften, die sich «Der Ruf, ein Flugblatt an junge Menschen», nannten und von Robert Müller, Emil Alphons Rheinhardt und Erhard Buschbeck redigiert wurden, kam die Avantgarde zu Worte. Trakl wurde später Mitglied.

Buschbeck ist es auch gewesen, der die Gedichte des Freundes Zeitschriften anbot – zum Beispiel *Melusine* «Westermanns Monatsheften» mit negativem Erfolg –, in Trakls Namen mit Redaktionen oder Lektoren korrespondierte, Subskribenten sammelte und unverdrossen auf Verlagssuche ging. Ein hübsches Beispiel für des zwanzigjährigen Buschbeck ungestüm hilfreiche Art, den genialen Freund in der literarischen Welt bekannt zu machen, ist ein Brief vom 7. Juni 1909 (Buschbeck hatte als Privatschüler in Gmunden das Abitur hinter sich gebracht, Trakl stand im zweiten Semester seines Wiener Pharmaziestudiums): «Unternimm Schritte, daß Du in den Kürschnerschen Literaturkalender kommst. Bei jedem Namen, der einem Redakteur unterläuft, schaut er immer zuerst, ob er schon im Kürschner steht. Um wieviel leichter nimmt er etwas an, wenn dies der Fall ist. (Er denkt sich dann, er steht ja schon drinnen, da kann man nichts mehr machen.) Das müßte Dir sogar (wenn Du angibst, daß Deine Dramen schon aufgeführt wurden) sehr leicht gelingen ... Schreibe nur dem Herrn Dr. . . . (dem Entjungferer unschuldiger Dichter) einen entrüsteten Brief, Dich nicht in ‹Kürschners Literaturkalender› zu sehen, nachdem von Dir ja schon usw. . . . Du mußt doch wirklich auch einmal für Dich etwas Reklame machen.» Georg Trakl und Reklame! Der Dichter hat mit manch heiterem Wort dem Tüchtigen für seine immerwährende Mühe gedankt, so spricht er ihn in einem Brief mit *Großmächtiger* an und ruft aus: *O der Buschbeck und Geschäft!* Ein andermal schreibt er: *... gleichwie ich mich Deinem ferneren Wohlwollen bestens empfehle, der Du dereinst meine Gedichte in Verlag nehmen willst.*

Mit dem 1. Januar 1908 hatte Trakl das wehrpflichtige Alter erreicht. Für den Sohn eines wohlhabenden Kaufmanns und mit entsprechendem Bildungsgang kam selbstverständlich nur die Ableistung des sonst dreijährigen Präsenzdienstes als Einjährig-Freiwilliger in Betracht. Trakl konnte zwar den hiezu erforderlichen Nachweis einer absolvierten Obermittelschule nicht erbringen, doch war ihm auf

Grund des vorzüglich bestandenen Tirociniums laut Bescheid vom 28. April die Begünstigung zuerkannt worden, den Einjährigen-Präsenzdienst sogleich ableisten zu dürfen. Faktisch erfolgte aber die Ableistung erst ab 1. Oktober 1910, also nach den im Juni und Juli des gleichen Jahres bestandenen Rigorosen, mit der neuerlangten Würde eines Magister pharmaciae.

Ende September 1908 übersiedelte Trakl nach Wien und belegte an der Universität das pharmazeutische Fach. Vier Semester und ein weiteres Jahr als Militärapotheker standen ihm in der Reichshaupt- und Residenzstadt bevor, die ihn vom ersten Augenblick an abstieß. Trakl hat nie ein Hehl daraus gemacht, daß er diese *Dreckstadt,* wie er Wien noch im November 1913 in einem an Ficker gerichteten Brief apostrophierte, aus tiefster Seele haßte. In Wien war er anfänglich viel allein, nur mit Schwab und Kalmár traf er sich dann und wann; so berichtete Frau von Kalmár, die Mutter von Trakls Schulfreund, der Dichter habe ihr und ihrem Sohn 1908 (oder 1909) das gerade entstandene Gedicht *Nachtlied* vorgelesen und für sie aufgezeichnet.

Trakl war in Wien ein Unbekannter, und das Wohnen in frostigen Untermieten, als «möblierter Zimmerherr», mochte seine schon von Haus aus trübselige Verfassung noch mehr verdüstern. Ein wie gewöhnlich undatierter Brief, der vermutlich Mitte Juli 1910 an Buschbeck geschrieben wurde, weil darin der Satz vorkommt *Des übrigen habe ich bereits zwei Examina gemacht* — es werden damit wohl die Rigorosen vom 28. Juni und vom 9. Juli gemeint sein —, zeigt die ganze Trostlosigkeit der fremden großen Stadt auf, aus der er sich jeweils nur für wenige Tage nach Hause flüchten konnte: *Ich bin ganz allein in Wien. Vertrage es auch! Bis auf einen kleinen Brief, den ich vor kurzem bekommen, und eine große Angst und beispiellose Entäußerung! – Ich möchte mich gerne ganz einhüllen und anderswohin unsichtbar werden. Und es bleibt immer bei den Worten, oder besser gesagt bei der fürchterlichen Ohnmacht! Soll ich Dir weiter in diesem Stil schreiben? Welch ein Unsinn! ... Alles ist so ganz anders geworden. Man schaut und schaut – und die geringsten Dinge sind ohne Ende. Und man wird immer ärmer, je reicher man wird.*

Trakl war überhaupt ein Verächter des Stadtlebens, nicht aber der Gemeinschaft als solcher – *die schöne Gemeine der Menschen* wird sie einmal in *Traum und Umnachtung* angesprochen. Sogar Salzburg, die Stadt der Kindheit und Jugend, hat er in wilden Ausbrüchen des Hasses (und Selbsthasses) aufs schwerste geschmäht: *Wie lange werde ich noch in dieser verfluchten Stadt verziehen müssen?* schreibt er 1909 an Buschbeck; und 1912 (an Röck) ist ihm das museal-geisterhafte Salzburg eine *verstorbene Stadt.* Ebenso war ihm Innsbruck – ehe er dort Ficker und seinen Kreis kennenlernte – in der Seele zuwider: *Ich hätte nie gedacht,* schreibt er im April 1912 an Buschbeck, *daß ich diese für sich schon schwere Zeit in der brutalsten und gemeinsten Stadt würde verleben müssen, die auf dieser beladenen und verfluchten Welt existiert. Und wenn ich dazu denke, daß mich ein fremder Wille vielleicht ein Jahrzehnt hier leiden lassen wird, kann ich in einen Tränenkrampf trostlosester Hoffnungslosigkeit verfallen. – Wozu die Plage. Ich werde endlich doch immer ein armer Kaspar Hauser bleiben.*

Wien, das Operettentenören zu Füßen lag und sich für die oberflächlichsten Dinge begeisterte, diese in allen künstlerischen Belangen erzreaktionäre oder – was vielleicht noch schlimmer war – erzkonventionelle, geistfeindliche Stadt, war ihm nur ein goldglänzendes Symbol des traurigsten Verfalls und kommenden Untergangs. Nie hat er auch nur eine einzige Gedichtzeile der für den unbefangenen Blick so bezaubernden Kaiserstadt gewidmet. Die schöngeistigen Salons waren ihm, dem Provinzler, verschlossen, auch wäre dort seine Art als die eines Halbwilden bestaunt und belächelt worden. Wenn man nicht elastisch genug war, sich dieser tonangebenden Schicht von charmanten Spöttern und Skeptikern anzupassen, wie Hofmannsthal, Rilke

Der tanzende Tenor.
Symbol des kaiserlichen Wien, 1908

oder Zweig, so mußte man als Künstler entweder den Clown in der Manege spielen, was Altenberg tat, oder sie bis aufs Messer bekämpfen wie der «Fackel-Kraus» (ein Jargonwort der Kommerzwelt). Wien war jedenfalls die Stadt, *wo kalt und böse ein verwesend Geschlecht wohnt.*

Am 5. Oktober 1908, als Trakl erst wenige Tage in Wien ist, schreibt er an seine in Salzburg verheiratete ältere Schwester Minna (Mia) von Rauterberg einen sehr aufschlußreichen Brief. Diese Zeilen sind ein Dokument von großer Bedeutung, weil sie zeigen, wie sehr Trakl unter Triebverdrängungen zu leiden hatte, und wie schmerzhaft hell er sich dieser Selbstvergewaltigung, ja Selbstverstümmelung bewußt war:

... Was mir in diesen Tagen geschah, das zu beobachten, hat mich

Hermann Bahr

genugsam interessiert; denn es schien mir nicht gewöhnlich und trotzdem wieder nicht so außergewöhnlich, wenn ich all meine Veranlagungen in Betrachtung nehme. Als ich hier ankam, war es mir, als sähe ich zum erstenmal das Leben so klar wie es ist, ohne alle persönliche Deutung, nackt, voraussetzungslos, als vernähme ich alle jene Stimmen, die die Wirklichkeit spricht, die grausamen, peinlich vernehmbar. Und einen Augenblick spürte ich etwas von dem Druck, der auf den Menschen für gewöhnlich lastet, und das Treiben des Schicksals.

Ich glaube, es müßte furchtbar sein, immer so zu leben, im Vollgefühl all der animalischen Triebe, die das Leben durch die Zeiten wälzen. Ich habe die fürchterlichsten Möglichkeiten in mir gefühlt, gerochen, getastet und im Blute die Dämonen heulen hören, die tausend Teufel mit ihren Stacheln, die das Fleisch wahnsinnig machen. Welch entsetzlicher Alp!

Vorbei! Heute ist diese Vision der Wirklichkeit wieder in nichts versunken, ferne sind mir die Dinge, ferner noch ihre Stimme, und ich lausche, ganz beseeltes Ohr, wieder auf die Melodien, die in mir sind, und mein beschwingtes Auge träumt wieder seine Bilder, die schöner sind als alle Wirklichkeit! Ich bin bei mir, bin meine Welt! meine ganze schöne Welt, voll unendlichen Wohllauts.

Das wahnsinnige Fleisch und die imaginäre, imaginierte Welt des Wortes! Dieser Brief ist eines der schönsten Bekenntnisse von Künstlertum, das die neuere deutsche Literatur aufzuweisen hat, zugleich enthält er aber auch den Beweis, daß im Rahmen einer durch neuropathische Konstitution und traumatische Erlebnisse – Inzestschuld und Furcht vor jenen Trieben, deren Entdeckung eine äußere Gefahr nach sich ziehen – entstandenen Jugendneurose sich allmählich ein Zustandsbild herauszukristallisieren beginnt, das einer (endogenen) Psychose ähnlich sieht, wenn es eine solche in ihren Anfängen nicht schon ist, was – wie Spoerri wiederholt bemerkt – post mortem diagnostisch nicht mit Sicherheit abgeklärt werden kann. Schon in diesem Brief zeigt sich auch erschreckend klar, daß es Trakl immer schwerer wird, unannehmbare Triebansprüche zu verdrängen, und daß dies als Abscheu vor der Wirklichkeit in Erscheinung tritt. Hier also war es dem Dichter bereits nicht mehr möglich, mit der Wirklichkeit, die sich ihm einen Augenblick lang *ohne alle persönliche Deutung*, das heißt ohne subjektive Entstellung, *nackt, voraussetzungslos* dargeboten hatte, fertig zu werden. Anstatt sie zu entdämonisieren, ihr beherzt auf den Leib zu rücken, sie sich einzuverleiben, entrückt und verhext er sie zur Fratze, und kein Wort fällt dabei über Gott, der doch ihm, dem homo religiosus, in der Misere helfen sollte oder müßte. Dem Realitätsdruck, *der auf den Menschen für gewöhnlich lastet*, und mit dem sie unter Kämpfen und Krämpfen fertig werden müssen, ob sie wollen oder nicht, war Trakl schon lange nicht mehr gewachsen. Widerstandslos überläßt er sich der Angst vor dem *Treibenden des Schicksals*, der Moira, die für ihn die Gorgo ist. Eine panische Weltangst hat ihn ergriffen – er identifiziert sie mit der Angst vor den *fürchterlichsten Möglichkeiten* der eigenen Natur. So wie sich in seinen Halluzinationen das Schicksal der Sippe zum Schicksal des Geschlechts weitet, weiten sich nun auch seine privaten Ängste zur Kollektivangst der Kreatur überhaupt. Nur heißt bei ihm die Arznei nicht Gott, sondern das Schlafmittel, das ihm zur Flucht in den Pseudo-Tod, ins Pseudo-Nichts verhilft, wenn die Euphorie des Schaffens vorüber ist.

Hier, in diesem Schlüsselbrief, ist auch der Ausgangspunkt zu jener sprunghaften Entwicklung zu sehen, die die Jahre 1909 und 1910 so bedeutsam werden läßt. In diesen zwei Wiener Jahren erfolgte der Durchbruch des Dichters zu der ihm gemäßen, ureigenen Form; Hand in Hand damit geht die Abtrennung der Jugendgedichte von den frühesten des als ausgereift erkannten Werkes, dies bei verschwimmenden Grenzen und Linien und noch keineswegs klaren Strukturen. Schlacke und Zunder, das abgetane, abgelebte Werk der Jugend, läßt er in den Händen des Freundes zurück, der damit tun mag, was er will. Um so glänzender erhebt sich jetzt die Flamme, die höher und höher schlagen wird, bis zuletzt aus dem glühenden Nebel der Werkstatt die reine Gestalt des endgültigen Werkes hervortritt.

Im März und Juli 1909 werden die Vorexamina gut bestanden, und auch sonst ist manch Erfreuliches zu melden. Minnich wohnte nun in Wien, und Buschbeck, der hier im Herbst mit seinem Jusstudium beginnen würde, hatte eine Handvoll Gedichte zur Prüfung und Befürwortung an Hermann Bahr geschickt, *dessen Urteil mir in jedem Fall von großem Wert erscheint, wie auch sein Urteil ausfallen möge. Alles, was ich von ihm erhoffe, ist, daß seine geklärte und selbstsichere Art meine ununterbrochen schwankende und an allem verzweifelnde Natur um etliches festigt und klärt. Und was auch könnte ich mehr erwarten, als dies! Ist es doch das Hauptsächlichste, was ich je erhofft habe.* Auch sind der Wiener Halbmonatsschrift «Der Merker», einem niveauvollen Blatt für Musik und Theater, durch Buschbeck einige Gedichte zugegangen (die Zeitschrift bringt davon im zweiten Juliheft 1910 *Die drei Teiche in Hellbrunn* in der späteren Fassung). Und Grete wollte im Herbst mit dem Klavierstudium bei Paul de Conne Ernst machen!

Die Hauptsache jedoch – ein Schöpfungsrausch wie noch nie hatte ihn ergriffen. Gedicht auf Gedicht wird wie im Fieber hingeschrieben, und immer mehr fallen die Vorbilder von ihnen ab (Rimbaud ausgenommen). Das reine, das ureigene Bild ist im Entstehen. Und dieses Wort war Sühne, war Katharsis! Aus dem Brief vom 11. Juni 1909, der auch den postwendenden Dank für Buschbecks kuriosen Kürschner-Einfall enthält, klingt ein stilles Jauchzen: *Du kannst Dir nicht leicht vorstellen, welch eine Entzückung einen dahinrafft, wenn alles, was sich einem jahrlang zugedrängt hat, und was qualvoll nach einer Erlösung verlangte, so plötzlich und einem unerwartet ans Licht stürmt, freigeworden, freimachend. Ich habe gesegnete Tage hinter mir – o hätte ich noch reichere vor mir, und kein Ende, um alles hinzugeben, wiederzugeben, was ich empfangen habe – und es wiederempfangen, wie es jeder Nächste aufnimmt, der es vermag. – Es wäre doch ein Leben!*

Weitere Ereignisse: Gretl nimmt endlich Quartier in Wien, und für Georg beginnt am 4. Oktober das zweite (und letzte) Universitätsjahr. Buschbeck inskribiert an der Universität. Sogleich nach seinem Eintreffen brandet das literarische Leben an die Schwelle des Einsamen. Die Jugendgedichte werden als abgeschlossene, gesichtete Sammlung dem Freunde übergeben, und dieser beginnt, Subskribenten zu sammeln, denn es ist ja ausgemacht, daß sie verlegt werden sollen. Das «Neue Wiener Journal», gelesenstes Tratschblatt der Donaumonarchie, zu dessen Eigentümern, den Loewensteins, und dem Chefredakteur Jacques Lippowitz Hermann Bahr beste Beziehungen unterhält, veröffentlicht in der Nummer vom 17. Oktober – mit einer Bemerkung der Redaktion – drei Gedichte, und zwar *Einer Vorübergehenden, Vollendung* und *Andacht*: Trakls Debüt in einer hauptstädtischen Tageszeitung, das er Bahr und indirekt Buschbeck verdankt. Wenig später werden die beiden Freunde draußen in Ober-St. Veit von Bahr in seiner Jugendstilvilla zur Audienz empfangen. Der berühmte Kritiker und Bühnenautor kommt

Das Café Central in der Herrengasse, Wiens Literaturkaffeehaus. Aufnahme von 1908

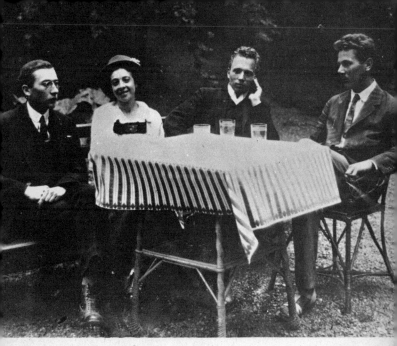

Ludwig Ullmann, Irene, Erhard Buschbeck und sein Bruder Friedl

den jungen Leuten in Klimt-Maske – Vollbart und Malerkittel – entgegen und unterhält sich jovial mit ihnen, wobei hauptsächlich Bahr und Buschbeck das Gespräch bestreiten.

Leider erwies sich Bahrs Interesse für den unbekannten Salzburger Lyriker als Strohfeuer. Obwohl anfänglich Feuer und Flamme, vor allem, weil ihn Trakls Gedichte an das von ihm in allem und jedem nachgewiesene Barock (in Wien später nur noch «Bahrock» geheißen) erinnerten, vergaß er ihn in der Folge völlig. Er rührte keinen Finger mehr, was Grete dem ebenso komödiantischen wie bigotten Mann auch nach Georgs Tode nicht verzieh. So schreibt sie einmal aus Salzburg an den Herzensfreund Erhard Buschbeck (den Bahr, als er 1918 Burgtheaterdirektor wurde, als dramaturgischen Sekretär an die Hofbühne mitnahm): «Über Deinen Freund Bahr wirst Du wohl von anderer Seite Nachricht erhalten. Er macht hier zu meinem Ärger alle Kirchen unsicher; schon um $1/2$ 8 rutscht er auf den Knien in der Pfarrkirche herum. Es ist um die Wasserspeib zu kriegen ...»

Am 18. Dezember 1909 sandte Buschbeck das Gesamtmanuskript der Jugenddichtungen an den Verlag Langen. Jubelnd berichtet er dem Freund, der sich gerade in Salzburg aufhielt: «Heute ging der hundertste Subskribent ein.» Das Erzeugnis dieses ersten Versuchs mit einem Verleger war, wie auf Seite 86 mitgeteilt, ein negatives.

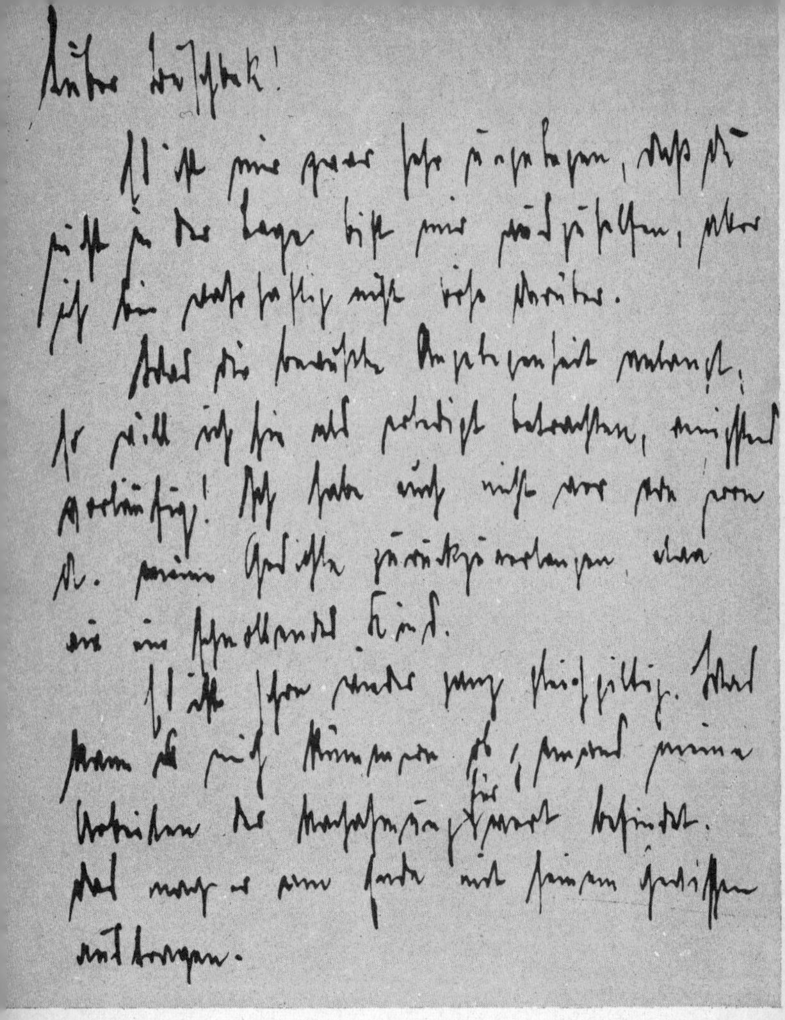

Die «Plagiataffäre». Ein späterer Brief

Buschbecks Gedächtnis war anscheinend nicht das beste, denn er stellte später jene Zeit so dar, als wären Minnich, Schwab und er Trakls einziger Umgang in Wien gewesen: «Mit Literaten oder irgendwelchen Gesellschaftsmenschen verkehrte er niemals.» Das trifft vielleicht auf die allererste Zeit von Trakls Wiener Leben zu. Wie man heute aus Mitteilungen und Briefen weiß, machte Buschbeck den scheuen, verschlossenen Freund nach und nach mit einer ganzen Reihe ungefähr gleichaltriger Dichter und Journalisten bekannt, darunter Emil Alphons Rheinhardt, Paul Stefan (Grün), Albert Ehrenstein,

Arthur Ernst Rutra, Ludwig Ullmann, Robert Michel und Hans Brečka (später Feuilletonredakteur der klerikalen «Reichspost» und unter dem Pseudonym Hans Stiftegger als Erzähler hervorgetreten); auch Rudolf Kassner, Bruno Brehm und andere sind dem Dichter flüchtig begegnet. Richtig ist, daß keiner von ihnen eine nachhaltige Rolle in seinem Leben gespielt hat, wenn man sie mit den späteren Wiener Freunden Loos, Kokoschka und Kraus oder gar mit Ficker, K. B. Heinrich und Röck vergleicht; richtig ist ferner, daß Trakl nie freiwillig mit «Gesellschaftsmenschen» verkehrte und sich sofort, wenn Buschbeck – was häufig vorkam – nicht in Wien war, auf die erprobten Jugendfreunde und Zechgenossen Schwab und Minnich zurückzog.

Einem eigenartigen Umstand, der sich auf eine solche literarische Bekanntschaft bezieht, verdanken wir sogar eines jener seltenen Selbstzeugnisse, in denen Trakl sich freimütig über seine Kunst äußert. Im Frühjahr 1910 hatte der Dichter den gleichaltrigen Wiener Schriftsteller Ludwig Ullmann [1] und dessen Braut Irene – mit dieser verband ihn später eine aufkeimende Freundschaft – kennengelernt und ihm Gedichte, wahrscheinlich zur Verwertung bei Zeitschriften eingehändigt. In einem nichtdatierten Brief, der sich in Buschbecks Nachlaß fand (die ungefähre Datierung – Mitte Juli 1910 – entnehmen wir einer gründlichen Arbeit von Edith Gröbenschütz), berichtet Trakl dem Freund über ein Vorkommnis, *das mich mehr als peinlich berührt hat.*

Gestern hat mir Herr Ullmann ein Gedicht vorgelesen, vorher des längeren ausgeführt, daß seine Sachen den meinigen verwandt wären, etc., und siehe da, was zum Vorschein kam, hatte mehr als Verwandtschaft mit einem meiner Gedichte «Der Gewitterabend». Nicht nur, daß einzelne Bilder und Redewendungen beinahe wörtlich übernommen wurden (der Staub, der in den Gossen tanzt, Wolken ein Zug von wilden Rossen, klirrend stößt der Wind in Scheiben, Glitzernd braust mit einemmale, etc. etc.) sind auch die Reime einzelner Strophen und ihre Wertigkeit den meinigen vollkommen gleich, vollkommen ungleich meine bildhafte Manier, die in vier Strophenzeilen vier einzelne Bildteile zu einem einzigen Eindruck zusammenschmiedet, mit einem Wort bis ins kleinste Detail ist das Gewand, die heiß errungene Manier meiner Arbeiten nachgebildet worden. Wenn auch diesem «verwandten» Gedicht das lebendige Fieber fehlt, das sich eben gerade diese Form schaffen mußte, und das ganze mir als ein Machwerk ohne Seele erscheint, so kann es mir doch als gänzlich

---

1 Ludwig Ullmann (geb. 1887) war zu Trakls Zeit freier Journalist; 1918 gab er zusammen mit Otto Schneider die Flugblätter «Der Anbruch» heraus und wirkte später als Dramaturg, Chefredakteur und Schauspielkritiker in Wien. Wegen seines adjektivisch hypertrophen Stils war «l. u.» eine ständige Zielscheibe von Karl Kraus' Spottlust. Emigrierte 1938 und arbeitete in New York an einer Weltgeschichte des Theaters; nach 1945 schrieb er Kulturberichte für österreichische und deutsche Blätter. Starb 1959 in New York.

Unbekanntem und Ungehörtem nicht gleichgültig sein, vielleicht demnächst irgendwo das Zerrbild meines eigenen Antlitzes als Maske vor eines Fremden Gesicht auftauchen zu sehen! Wahrhaftig, mich ekelt der Gedanke, bereits vor Eintritt in diese papierene Welt, von einem Beflissenen journalistisch ausgebeutet zu werden, mich ekelt diese Gosse voll Verlogenheit und Gemeinheit und mir bleibt nichts übrig, als Tür und Haus zu sperren vor allem Nebelgezücht. Im übrigen will ich schweigen. (Trakls Zorn legte sich bald. Er läßt durch Buschbeck für Ullmanns Verwendung bei Stefan Zweig danken und ihn später wiederholt grüßen; im Februar 1913 dankt er für eine Kritik, *die mich sehr gefreut hat*, und um die gleiche Zeit will er Ullmann einen Abzug des *Helian* auf Büttenpapier schicken usw.)

Aus dem Dokument erhellt, daß Trakl – in so bewußter Form vielleicht zum erstenmal – sich als kritischer Betrachter gegenübersteht; er hat damals, «zu Beginn seiner frühen Reifezeit eine Periode der Bewußtwerdung seiner dichterischen Mittel durchlebt» (Szklenar). In einem kurz darauf gleichfalls an Buschbeck gerichteten Brief ergänzt Trakl die Wahrnehmung der *bildhaften* und *heiß errungenen Manier* und des *lebendigen Fiebers* durch ein weiteres Bekenntnis seiner besonderen Art des Dichtens: ... *Aber ich bin derzeit von allzu viel (was für ein infernalisches Chaos von Rhythmen und Bildern) bedrängt, als daß ich für anderes Zeit hätte, als dies zum geringsten Teile zu gestalten, mich am Ende vor dem, was man nicht überwältigen kann, als lächerlicher Stümper zu sehen, den der geringste äußere Anstoß in Krämpfe und Delirien versetzt. – Kommen dann Zeiten der unsäglichsten Öde zu überdauern! Was für ein sinnlos zerrissenes Leben führt man doch! – Ich habe an Karl Kraus geschrieben, ganz unpersönlich und kalt – werde von ihm wohl nichts zu erwarten haben ...*

Aus dem zuerst zitierten Brief geht überdies hervor, daß einige der frühesten Gedichte des ausgereiften Werkes, zu denen eben *Der Gewitterabend* gehört, bereits im Sommer 1910 vorhanden gewesen sein dürften. Röck hat dieses Gedicht an sechster Stelle in das Buch *Die Dichtungen* (Kurt Wolff, Leipzig 1919) aufgenommen; es bildet dort mit *Verfall, Musik in Mirabell, Frauensegen, Die schöne Stadt, In einem verlassenen Zimmer* und *Geistliches Lied* die Intrada zum Trakl-Werk.

Der Gewitterabend

O die roten Abendstunden!
Flimmernd schwankt am offenen Fenster
Weinlaub wirr ins Blau gewunden,
Drinnen nisten Angstgespenster.

Staub tanzt im Gestank der Gossen.
Klirrend stößt der Wind in Scheiben.
Einen Zug von wilden Rossen
Blitze grelle Wolken treiben.

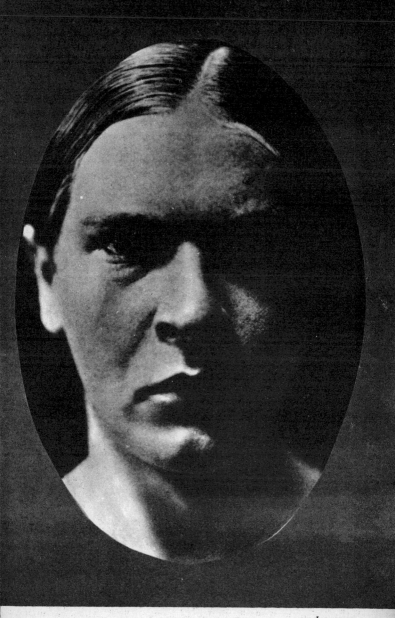

1909 oder 1910

Laut zerspringt der Weiherspiegel.
Möven schrein am Fensterrahmen.
Feuerreiter sprengt vom Hügel
Und zerschellt im Tann zu Flammen.

Kranke kreischen im Spitale.
Bläulich schwirrt der Nacht Gefieder.
Glitzernd braust mit einem Male
Regen auf die Dächer nieder.

Der Gewitterabend zeigt jene für Trakls reifes und Spätwerk so
charakteristische Traum-Technik der alogisch nebeneinandergesetz-
ten oder unterschwellig aufeinander bezogenen Bilder sozusagen
noch in den Kinderschuhen. Hier ist sein Dichten noch weitgehend
manipulierte Wirklichkeit, und in Residuen bleibt sie es natürlich bis
zum Schluß. Aber mit zunehmender Entfremdung von der Realität,
psychisch gekennzeichnet durch Platzangst und anfallsweise Depersonalisationszustände, distanziert sich zwangsläufig das verge-
sellschaftete lyrische Ich immer mehr von der Umwelt und vom Du,
von der Sozietät und dem Bedürfnis, sich mitzuteilen: eine rein auti-
stische Ausdruckswelt entsteht, die etwas Anorganisches hat. Aus
der Gedankenflucht wird Bilderflucht, aus der noch halbwegs ver-
stehbaren Mitteilung ekstatisches, delirantes Gestammel (Dramenfragment!), aus dem immer stärker und immer öfter aufgerissenen
Kontinuum der Visionen lapidare Diskontinuität. Der Rest wäre
Nicht-mehr-Mitteilbares, wäre absolutes Verstummen. Als Trakl
(wahrscheinlich 1911) das umgearbeitete *Klagelied* an Buschbeck
schickte:

Die Freundin, die mit grünen Blumen gaukelnd
Spielt in mondenen Gärten —
O! was glüht hinter Taxushecken!
Goldener Mund, der meine Lippen rührt,
Und sie erklingen wie die Sterne
Über dem Bache Kidron.
Aber die Sternennebel sinken über der Ebene,
Tänze wild und unsagbar.
O! meine Freundin deine Lippen
Granatapfellippen
Reifen an meinem kristallenen Muschelmund.
Schwer ruht auf uns
Das goldene Schweigen der Ebene.
Zum Himmel dampft das Blut
Der von Herodes
Gemordeten Kinder.

fügte er hinzu: *Anbei das umgearbeitete Gedicht. Es ist um so viel*
besser als das ursprüngliche, als es nun unpersönlich ist, und zum

Bersten voll von Bewegung und Gesichten. – Ich bin überzeugt, daß es Dir in dieser universellen Form und Art mehr sagen und bedeuten wird, denn in der begrenzt persönlichen des ersten Entwurfes. – Du magst mir glauben, daß es mir nicht leicht fällt und niemals leicht fallen wird, mich bedingungslos dem Darzustellenden unterzuordnen, und ich werde mich immer und immer wieder berichtigen müssen, um der Wahrheit zu geben, was der Wahrheit ist.

Was Trakl hier «Wahrheit» und «universell» nennt, ist als ein abgekapselt Innerliches, als ein von der Außenwelt nicht mehr kontrollierbares, unabhängiges, unmittelbares Anschauen der Dinge gemeint. Neben diesem absolut Wahren muß auch das absolut Schöne zurückstehen, und es erhebt sich die Frage, ob Trakl sich der absoluten Schönheit seiner Gedichte wirklich bewußt gewesen ist. Man möchte es beinah verneinen. Schönheit kann bis zu einem gewissen Grad alles Leid vergessen machen – Euphonie erzeugt Euphorie. Trakl hat aber gerade in der Zeit, da er an seinen schönsten Dichtungen schrieb und meißelte, am stärksten gelitten. Röck notierte sich einmal aus einem Gespräch den folgenden Satz des Dichters: ... *man tut gut daran, sich gegen vollendete Schönheit zu wehren, davor einem nichts erübrigt als ein blödes Schauen* ...

Das Magister-
diplom

Der Einjährig-Freiwillige

Wie die lyrische Wirklichkeit im Ausmaß des Sichentfremdens von der dinglichen immer mehr entstellt wird, das heißt: realitätsnahe Metaphern durch realitätsferne, die Wirklichkeit vergewaltigende ersetzt werden, zeigen naturgemäß besonders deutlich die zahlreichen Varianten. So wurde in *Delirium*, einem Gedicht vom Januar 1913, das ursprüngliche Bild *Der schwarze Kot, der von den Dächern rinnt* in *Der schwarze Schnee* ... abgeändert, und aus der konkreteren Ortsangabe *In die Mansarde* wurde die «universellere» und stimmungsträchtigere *Ins kahle Zimmer*. Obwohl es schwarzen Schnee nicht gibt und die mystische Verwandlung von etwas sehr Weißem in Schwarzes an die Südpolinselwelt in Poes Roman «Die denkwürdigen Erlebnisse des Arthur Gordon Pym» denken ließe, aus der die Farbe Weiß verbannt ist, weil sie das Ende aller Dinge bedeutet, wird das irreale Bild sofort plausibel, wenn man das ganze Gedicht kennt, in dem zum Beispiel ein Finger in etwas Hartes, Festes, Knöchernes taucht, als sei es ein flüssiges Medium, und das Menschenhaupt zerbröckelt und dennoch «sinnt». «Es mag dem Dichter wohl ein letzter Rest urzeitlichen Zauberwesens im Blute gekreist haben», meint Theodor Sapper in diesem Zusammenhang mit Recht.

> Der schwarze Schnee, der von den Dächern rinnt;
> Ein roter Finger taucht in deine Stirne,
> Ins kahle Zimmer sinken blaue Firne,
> Die Liebender erstorbene Spiegel sind.
> In schwere Stücke bricht das Haupt und sinnt
> Den Schatten nach im Spiegel blauer Firne,
> Dem kalten Lächeln einer toten Dirne.
> In Nelkendüften weint der Abendwind.

Am 27. Juni 1912 trägt Röck in sein Tagebuch einen Ausspruch Trakls ein, wonach man sich nicht mitteilen könne, auch nicht mit Gedichten. *Man kann sich überhaupt nicht mitteilen.* Diese zweifellos todernst gemeinte Bemerkung, die als Epitaph auf eine lange geistige Entwicklung gelten könnte, fiel merkwürdigerweise in die Hauptzeit der lyrischen Entfaltung; Ende Juli dieses Jahres beginnt die Arbeit am *Helian.* Die Grenze zwischen dem Sagbaren und dem Verstummen hat Trakl bis zu seinem Ende nicht überschritten.

Anfang Februar 1910 wird in zwei Tagen das bluttriefende Puppenspiel *Blaubart* gedichtet, das inhaltlich und formal wie ein krasser Rückschritt auf primitivere Entwicklungsstufen anmutet: eine erratische Regression. Vielleicht stammt aus jener Zeit auch das ovale Foto, das Trakl mit nacktem Hals zeigt, und von dem Erwin Mahrholdt sagte, es zeige «das Antlitz eines Verbrechers», und H. G. Falkenberg, es sei vermutlich aufgenommen worden, als Trakl unter der Nachwirkung von Drogen stand. Jedenfalls ist es «grauenerregend ... wobei der brutale Gesamteindruck durch den nackten Hals und Schulteransatz noch erhöht wird» (Spoerri). Uns scheint dieses

Karl Kraus.
Aufnahme von 1911

Lustmörder-Foto etwas Gestelltes zu haben, als hätte Trakl für eine makabre Maskerade posiert. Wer hat es aufgenommen? Gretl?

Der Tod des Vaters in Salzburg (18. Juni 1910, ein Schicksalsdatum) löste, wie von Augenzeugen berichtet, bei Georg und seinen Angehörigen tiefe Erschütterungen aus; darüber hinaus trauerte die halbe Stadt um den redlichen, fröhlichen Menschen und Geschäftsmann. Daß sich in Trakls greifbarer Korrespondenz kein Niederschlag dieses Ereignisses findet, ist befremdend, mag aber dem Umstand zuzuschreiben sein, daß der Dichter sich mitten im Endstadium der Prüfungen befand. Laut Pharmazeuten-Prüfungsprotokoll Nr. 210 der philosophischen Fakultät der Universität Wien wurden Trakls Magisterprüfungen am 28. Juni, 9. Juli und 21. Juli registriert. Das Diplom bescheinigt, daß Herr Georg Trakl sich durch Studien «de physica, de botanice, de chemia et generali et analytica et pharmaceutica, denique de pharmacognosia» die Würde «artis pharmaceuticae Magistrum» erworben habe. Schließlich scheint aber auch die dichterische Arbeit ihn so beschäftigt zu haben, daß sie ihm keine Stunde zum Nachgrübeln ließ, war es doch die Zeit, in der ihn jenes *infernalische Chaos von Rhythmen und Bildern* bedrängte.

Auch sonst häufen sich Geschehnisse, von denen man nicht zu sagen wußte, wie sie ausgehen würden. Grete übersiedelte nach Berlin und war damit fürs erste seiner Fürsorge entrückt. Ende Juli ist Trakl in Salzburg; er bleibt den ganzen August und September zu Hause. Und am 1. Oktober tritt er als Einjährig-Freiwilliger in Wien seinen Präsenzdienst an.

Über jene Zeit sind wir nur spärlich unterrichtet. Es gilt heute als feststehend, daß die alte Buschbecksche Angabe (die dann von späteren Biographen, zum Beispiel Felix Brunner, übernommen wurde), Trakl habe einen Teil des militärischen Aktivdienstes in Innsbruck und den zweiten Teil – ein halbes Jahr – in Wien abgeleistet, unrichtig ist. Nicht nur die Eintragung in seinem Landwehrpaß spricht dagegen; auch Trakls erste Briefe aus Innsbruck (Frühjahr 1912) machen nicht den Eindruck, als kenne er die Stadt von einem früheren Aufenthalt her. Der Landwehrpaß besagt lediglich, daß der «Einj. Freiw. titl. Korporal Pharm. Georg Trakl» vom 1. Oktober 1910 bis zum 30. September 1911 bei der k. u. k. Sanitätsabteilung Nr. 2 in Wien aktiv gedient hat. Die Begünstigung des Einjährigen Präsenz-Dienstes war ihm nach § 28 des W. G. auf eigene Kosten zuerkannt worden.

Nach Ablauf des Freiwilligenjahres wurde Trakl in das nichtaktive Verhältnis mit dem zuständigen Landesschützenergänzungsbezirk Innsbruck versetzt. Möglicherweise war das Gestrüpp des ärarischen Deutsch daran schuld, daß die Versetzung ins nichtaktive Verhältnis, wobei der Name Innsbruck fällt, für die Ableistung eines Teils des Aktivdienstes in Innsbruck genommen wurde.

Es hat den Anschein, daß nach des Vaters Tod und Gretls unerwarteter Übersiedlung nach Berlin Georgs Trunksucht sich verschlimmerte, vom Drogenkonsum ganz zu schweigen. *Schwab war*

Adolf Loos. Zeichnung von Kokoschka

Oskar Kokoschka,
als er an der «Windsbraut» malte
(«Sturm»-Postkarte)

vierzehn Tage in Wien, berichtet er am 20. Mai 1911 an Buschbeck, *und wir haben so unsinnig wie noch nie gezecht und die Nächte durchgebracht. Ich glaube, wir waren alle zwei vollkommen verrückt.* Ein andermal aus Salzburg: *Aber ich weiß schon: ich werde wieder Wein trinken! Amen!* Aus Innsbruck: *Wein, dreimal Wein: Wein, daß der k. u. k. Beamte durch die Nächte tost wie ein brauner, rotbrauner Pan.* Und abermals aus Innsbruck (Oktober 1912): *Vorgestern habe ich 10 (sage! zehn) Viertel Roten getrunken. Um vier Uhr morgens habe ich auf meinem Balkon ein Mond- und Frostbad genommen und am Morgen endlich ein herrliches Gedicht geschrieben, das vor Kälte schebbert.* «Bereits am Nachmittag», so schreibt Spoerri, «pflegte er in den Weinstuben Innsbrucks, bei Jörgele, in der Goethestube, der Goldenen Rose oder Ottoburg ungefähr einen Liter Wein zu konsumieren, wobei er es jedoch auch bei Gelegenheit bis zu zehn Vierteln bringen konnte ... Berauscht hat man Trakl aber nie gesehen, denn dionysische Fähigkeiten zeigte er wohl mehr nur in der Theorie. Im Gegenteil soll er vielfach im Trunke wacher geworden sein, und es ist möglich, daß ihn die lähmende Wirkung des Giftes überfiel, ohne daß es vorher zu in seiner äußeren Haltung sichtbaren Rauscherlebnissen kam.» Daß Trakl kein Freund der Temperenzler, Nichtraucher und sonstigen Gesundheitsapostel war, geht unter anderem aus einem Postkartentext (Salzburg, 29. August 1910) hervor, dessen sanfter Spott sich gegen einen ehemaligen Schulkollegen, den stud. jur. Anton Moritz, Attersee, richtete: *Ich habe in der letzten Zeit um 5 Kilo abgenommen, es geht mir dabei aber recht gut, die allgemeine Nervosität des Jahrhunderts abgerechnet. Hoffentlich können wir bald in Wien ein Wiedersehen bei Mineralwasser, Limonade, Milch und nikotinfreien Zigaretten feiern ...*

Trakl wechselte in Wien häufig seinen Wohnort – das übliche Schicksal des in die Großstadt verschlagenen Provinzstudenten. Im Mai 1911 wohnte er eine Zeitlang auf der Landstraße, Klimschgasse 10, Tür 7 (als Einjähriger durfte er ein Privatquartier haben). Im Oktober 1912, als Trakl einen Posten im Arbeitsministerium anstrebte, soll er im achten oder neunten Bezirk gewohnt haben, und im Juli 1913 – er war damals vorübergehend als Verrechnungsbeamter im Kriegsministerium beschäftigt – zog er zu Schwab in die Stiftgasse 27.

Die Örtlichkeiten, welche Trakl mit seinen Freunden ständig frequentierte, waren hauptsächlich Wirtshäuser in Wohnortnähe. Mehrmals wird der stimmungsvolle Urbanikeller (Am Hof), auch ein Gasthof «Zum silbernen Brunnen» genannt, und Praterlokale scheinen häufig das Ziel stiller Symposien gewesen zu sein; im Prater sind auch Schattenrisse, ihn und Gretl darstellend, von einem Silhouettenschneider nach dem Leben angefertigt worden. Man weiß ferner von Ausflügen der Freunde in die Weinorte der Umgebung, etwa mit der Zahnradbahn aufs Krapfenwaldl und auf den Kahlenberg. Daß Trakl das berühmte Café Central in der Herrengasse, täglicher und nächtlicher Aufenthalt vieler arrivierter oder nichtarrivierter Literaten, immer wieder – wenngleich vielleicht innerlich widerstrebend – mit Buschbeck und einem Wiener Bekannten, Franz Zeis, aufsuchte, um dort Ullmann, Brečka und andere zu treffen, ist ebenso verbürgt, wie daß er mit Adolf Loos, dem einst vielbekämpften Avantgarde-Architekten und Lebensreformer, im Café Museum und mit Kraus im Café Imperial oder in dessen Wohnung in der Lothringer Straße 6 zusammenkam. Und Oskar Kokoschka, der in jenen Tagen in einem Atelier im zweiten Bezirk, Praternähe, hauste, erzählte einmal gesprächsweise, Trakl sei oft zu ihm gekommen: «Wir haben doch ‹Die Windsbraut› [jetzt im Museum Basel] zusammen gemalt, ich habe auch einmal ein Porträt von ihm gesehen. Damals aber, als ich an der ‹Windsbraut› malte, war Trakl täglich um mich. Ich hatte ein höchst primitives Atelier, und er saß stumm hinter mir auf einem Bierfaß. Manchmal redete er dann mit einer dröhnenden Stimme, ohne aufzuhören. Dann schwieg er wieder für Stunden. Wir waren damals zwei Abtrünnige des bürgerlichen Lebens. Ich hatte das Elternhaus verlassen. Es gab Stürme um meine Ausstellungen und Stücke in Wien. Übrigens hat er ‹Die Windsbraut› in einer seiner Dich-

Karl Röck
(Pseudonym: Guido Höld)

Nr. 250.   14. April 1908.   X. Jahr.

Die Fackel

Herausgeber:

KARL KRAUS.

INHALT:

Der alte Tepp. Von Karl Kraus. — Staatliche Kunst-
pflege. Von Karl Hauer. — Sexuelle Aufklärung. Von
Fritz Wittels. — Ö. G. Z. B. D. G. Von Karl Kraus.

Erscheint in zwangloser Folge.

Preis der einzelnen Nummer 30 h.

Nachdruck und gewerbsmäßiges Verleihen verboten; gerichtliche Verfolgung
vorbehalten.

WIEN.
Verlag „DIE FACKEL", III. Hintere Zollamtsstraße 3.

*«Fackel»-Heft
mit einem Beitrag
Karl Hauers*

tungen wörtlich angeführt . . .» Das ist richtig, nur wird der Zusammenhang, wenn ein solcher überhaupt besteht, dem Nichteingeweih-
ten kaum deutlich. In dem Spätgedicht *Die Nacht* heißt es:

> Golden lodern die Feuer
> Der Völker rings.
> Über schwärzliche Klippen
> Stürzt todestrunken
> Die erglühende Windsbraut,
> Die blaue Woge
> Des Gletschers . . .

Wir haben gesagt, daß nach des Vaters Tod die Firma Tobias Trakl
von Frau Maria Trakl-Halick und ihrem Stiefsohn Wilhelm weiter-
geführt wurde; der eigentliche Geschäftsführer war Wilhelm Trakl,
Frau Maria zeichnete pro forma als Chefin. Die regelmäßigen Geld-
zuwendungen kamen jetzt von Wilhelm, der als weitgereister und
gewiegter Kaufmann für die geschäftliche Gebarung der mittlerweile
etwas kleiner gewordenen Familie verantwortlich war. Obwohl die
Sendungen von zu Hause durchaus «standesgemäß» gewesen sein

werden, geriet der Dichter – während des Militärjahres und später in Innsbruck – in immer größere finanzielle Bedrängnis. Häufig mußte er sich nun Geld von den Freunden borgen, um seine Passionen, Alkohol und Drogen, bestreiten zu können. Es wird für Trakl sehr peinlich gewesen sein, dem Stiefbruder oder gar der Mutter mit ständigen Geldforderungen zu kommen. Möglicherweise bezieht sich auch darauf der Passus in einem undatierten Brief (wohl vom Spätherbst 1911): *Meine Verhältnisse haben sich noch immer nicht geklärt, und ich warte so zwischen Hangen und Bangen. Welch ein widerlicher Zustand!*

Je nach der Gemütslage änderte sich Trakls ganzer Lebensstil. Im Grunde war er in den Reifejahren von spartanischer Bedürfnislosigkeit, und wir werden noch erfahren, daß das Bewußtsein, einem saturierten Bürgerhaus und einer privilegierten Klasse anzugehören, ihm mitunter Gewissensbisse verursachte. Im geheimen dürfte er darunter sogar gelitten haben, obwohl die materiellen Vorteile, die sich aus dieser Zugehörigkeit ergaben, speziell in seiner Lage nicht zu verachten waren. Die ungekünstelte, oft spontane Freundlichkeit, die er einfachen Menschen – dem «Volk» – gegenüber an den Tag legte, seine gelegentliche Schroffheit im Verkehr mit Angehörigen der sogenannten besseren Stände lassen auf ein unterminiertes, amorph gewordenes Klassenbewußtsein schließen.

Trotz «mönchischen» Anwandlungen, in denen sein Sühne- und

Gedichtentwurf auf einem Briefumschlag

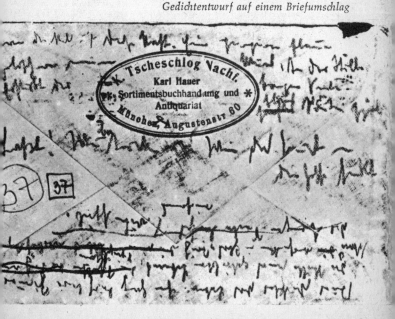

Erhard Buschbeck, Frau Minnich, Georg Trakl

Büßerbedürfnis manifest wird, lebte er aber auch wieder weit über seine Einkommensverhältnisse und hatte daher ständig Geldsorgen. Der übergroße Bedarf an Alkoholika, der, wie Edith Gröbenschütz im Sinne K. B. Heinrichs schreibt, auf die ihm «eigene übergroße Wachheit und seelische Verwundbarkeit» zurückzuführen ist, verschlang eben viel Geld. Wiederholt schreibt er darum an den Intimus Buschbeck, und namentlich im Frühjahr 1913, als er in Innsbruck Militärapotheker ist, wird seine Lage prekär: *Ich bitte Dich d r i n - g e n d mir 50 K zu leihen. Ich wollte Herrn von Ficker darum angehen. Es fällt mir aber wahrhaftig zu schwer.* Drei Tage später wird er noch einmal dringlich, *da ich bereits in absoluter Verlegenheit bin.*

Auch Röck, der den Dichter am 17. Juni 1912 in Innsbruck kennenlernte, notiert bald in sein Tagebuch: «dem Trakl 10 K gepumpt». Da dies anscheinend immer öfter geschah, macht Röck schließlich seinem Unmut in einer Tagebucheintragung vom 26. Oktober 1913 Luft: «Er braucht 200 K monatlich: 2 K pro Tag für Weintrinken und Rauchen. Wie viele Menschen l e b e n mit diesem Geld g a n z.»

Die chronischen Geldnöte und die geänderte Situation im Vaterhaus zwangen Trakl, sich nach dem Militärjahr um eine regelrechte Beschäftigung umzusehen, und es ist ergreifend, wie solche Versuche und Anläufe bis in sein Todesjahr angestrengt fortgesetzt werden, obwohl ihm bald klargeworden sein muß, daß seine seelische Verfassung und auch die Dauerschädigung durch Alkohol und Drogen eine ständige Berufsarbeit nicht mehr zulassen würden. Er versuchte es vom 15. Oktober bis 20. Dezember 1911 an seinem alten Salzburger Arbeitsplatz, in Hinterhubers Engel-Apotheke, als Rezeptarius. Er scheitert – hält die nervliche Belastung des Dienstes in der Offizin nicht aus. Und je klarer ihm das wird, desto tiefer versinkt er wieder in jene depressiven Stimmungen, die ihn schon während der Pubertät überfallen hatten, denen er aber nun nicht mehr zu entkommen vermag.

Die einzige Erholung für Trakl in jenen Tagen war sein Verkehr in der «Salzburger Literatur- und Kunstgesellschaft Pan», wo ihn der Freund Brunetti-Pisano eingeführt hatte. In diesem Kreis von Intellektuellen, dem der verstorbene Kunstwissenschaftler und Pädagoge Ludwig Praehauser eine informative Erinnerung gewidmet hat, lernte Trakl auch den Bohemien Karl Hauer (1875–1919) kennen, einen von der Schwindsucht gezeichneten, schmächtigen, morbiden Menschen mit hohen Geistesgaben. Hauer, der ebenso wie Trakl aus gutbürgerlichen Verhältnissen stammte (sein Vater betrieb in Salzburg eine Großbäckerei), war der Bürgerschreck kat'exochen, ein Skeptiker und Zyniker von hartgeschliffener Intelligenz. Die Streicher-Episode von 1906 wiederholte sich. Jene Wartezeit nämlich, in der Trakl nach dem kläglichen Scheitern bei Hinterhuber seine Reaktivierung zum Militärapothekendienst in die Wege leitete – er war am 1. Dezember 1911 zum Landwehr-Medikamentenakzessisten (etwa Leutnantsrang) ernannt worden –, gehörte zu den zügellosesten Perioden seines Lebens. Er schloß sich Hauer in einer Weise an, die an das Hörigkeitsverhältnis zur Schwester erinnert. «Beide geben sich in diesen Monaten der Bekanntschaft und Ablehnung der übrigen Welt wilden Ausschweifungen, hemmungslosem Alkoholgenuß und vermutlich auch sexuellen Orgien hin», schreibt Schneditz. Andere wieder sind der Ansicht, daß in dem Verhältnis des um zwölf Jahre älteren Hauer zu Trakl etwas von den Beziehungen zwischen Verlaine und Rimbaud zu sehen ist.

Karl Hauer war in den Jahren, da die «Fackel» noch Mitarbeiter duldete, ihr ständiger Beiträger. Er hatte für das Lehramt an Volksschulen studiert, es aber praktisch nie ausgeübt. In seinen Angriffen gegen die Spießermoral entwickelte er eine so vehemente Geistigkeit und dialektische Brillanz, daß diese kultur- und gesellschaftskriti-

Der Medikamentenakzessist

schen Polemiken (zum Teil in die 1911 erschienene Essaysammlung «Von den fröhlichen und unfröhlichen Menschen» aufgenommen) auch heute noch Bedeutung hätten, wenngleich die politischen Anlässe längst versunken sind. Trakl war sich der Zusammenhänge zwischen der sozialen Wirklichkeit und seiner Verfallsphilosophie anscheinend nie klar bewußt (zumindest zog er nie praktische Konsequenzen daraus); jedenfalls nicht so klar wie Hauer, der ein scharfer, objektiver Denker war und von metaphysischer Vernebelung unbeeinflußt. Vermutlich hielten beide ihren chiliastischen, in Wahrheit kleinbürgerlichen «Anarchismus» für etwas, das die soziale Struktur der Gesellschaft verändern könnte. Es war übrigens Hauer, der die Kontakte Trakls mit Kraus und Loos herstellte; im vorletzten Lebensjahr des Dichters sollte eine schöne Freundschaft daraus werden.

Praehauser wirft in seinen Erinnerungen an den «Pan»-Kreis auf Trakls Einstellung zum Elternhaus ein vielsagendes Licht. In dem Salzburger Kaffeehaus, dem Treffpunkt der Mitglieder des Vereins, «saßen dann oft noch zu nachmitternächtlicher Stunde der hoch in den Vierzigern stehende Hans Weber-Lutkow und der Jüngling Trakl beisammen. Die Nervosität der beiden hielt sich die Konkurrenz: während Weber-Lutkow mit zitternder Hand sein Mokkatäßchen an den Mund führte, griff Trakl nach den Zündhölzchen im Behälter, eins nach dem andern zerknickend und so seine Bekenntnisse begleitend, etwa diese – ich meine heute noch seine müde Stimme zu hören: *Das liebste Buch sind mir Goethes ‹Wahlverwandtschaften›, es ist ein so stilles, sanftes Buch.* Dabei aber klang jedes einzelne Wort wie eine verächtliche, wegwerfende Absage an die Wirklichkeit. Erklärend dafür waren manche seiner Äußerungen, die auf eine unselige häusliche Atmosphäre haben schließen lassen. Damit stimmt auch überein sein oft ausgesprochener Wunsch nach *einfachem Leben* und daß ihm *eine Schale Milch mit einem Stück Brot das liebste Abendessen* war.» Daß derlei Anwandlungen von «mönchischer» Askese mit nächtelangen Zechgelagen in rascher Folge wechseln konnten, ist für Trakls ambivalent tingiertes Naturell ebenso bezeichnend wie seine ernsthaften, sogar verbohrten Versuche, im bürgerlichen Leben Fuß zu fassen, und das ständige Sich-fallen-Lassen ins Nichts, beziehungsweise seine Pauschalablehnung des Bürgers und alles Geschäftlichen und Materiellen überhaupt: «Fremd war ihm der sinnlose Macht- und Handelsgeist, der Deutschland zerrüttete, samt dem Sportidealismus und der Glücksgier des Abendlandes. Gegen diese Welt richteten sich auch seine Worte: *Ich wünsche jedem Deutschen, daß er durch das Henkersbeil falle.* Trakl sprach sie nach einer lebhaften Wechselrede auf der Kegelbahn, die Kegelkugel in der Hand.» (Mahrholdt)

Diese Ambivalenz und Zwielichtigkeit seines Wesens spiegeln sogar noch die unterschiedlichen Porträts, welche Freunde oder Zufallsbekannte von ihm entwarfen. Heinrich zum Beispiel überlieferte das folgende Bild des Freundes: «Vornehm von Natur ... bedurf-

Das k. u. k. Garnisonsspital Nr. 10 in Innsbruck. Aufgang zur Apotheke

te er keiner Etikette, um vornehm zu scheinen. So echt, wie in allem, war er daher auch in seinem äußeren Verhalten gegen die Menschen; er hatte eine unbeschreiblich einfache Art zu begrüßen, der Anblick ging mir immer zu Herzen... Dem arbeitenden Volk gab er sich mit einer wahren Leutseligkeit; so streng er bisweilen gegen sogenannte gebildete Menschen sein konnte, so lieb und gut war er allzeit gegen das Volk. Er war also nicht etwa absonderlich nach außen, sondern vielmehr, wie man in der guten Gesellschaft sagen würde, ‹très-comme-il-faut›...» Der Schweizer Schriftsteller Hans Limbach, dem wir eine fesselnde Aufzeichnung über eine Innsbrucker Begegnung mit Trakl, Ficker und Dallago verdanken, gibt von dem Dichter ein fast konträres Porträt: «In diesem Augenblick trat Trakl selber ins Zimmer. Er erschien stehend kürzer und gedrungener, als wenn er saß. Ohne ein Zeichen der Freude, nur einen halblauten Gruß murmelnd, reichte er uns die Hand und setzte sich. Seine Gesichtszüge waren derb, wie bei einem Arbeiter; welchen Eindruck der kurze Hals und die nachlässige Kleidung – er trug keinen Kragen und das Hemd war nur durch einen Knopf geschlossen – noch verstärken mochten. Trotzdem prägte sich in seiner Erscheinung etwas ungemein Würdiges aus. Aber ein finsterer, fast bösartiger Zug gab ihm etwas Faszinierendes wie bei einem Verbrecher. Denn in der Tat: wie eine Maske starrte sein Antlitz; der Mund öffnete sich kaum, wenn er sprach, und unheimlich nur funkelten manchmal die Augen.» Daß dieser Bericht nicht abwegig oder voreingenommen ist, sondern der Wirklichkeit entspricht, geht auch aus Mitteilungen anderer Personen hervor, die mit Trakl zusammen waren. Selbst Ludwig von Ficker, der sich Trakls so annahm wie Isaac Sinclair Hölderlins, bemerkte das «Funkelnd-Böse» in seinem Wesen. Der Dichter habe oft so ungerecht und rücksichtslos geurteilt, daß ein «Feindliches, schwer unterdrückt, in mir aufstand»; Ficker findet die Entschuldigung, daß bei Trakl die Schwere des Worts aus einer Tiefe kam, die nicht mehr zu ihm gehörte. Auf Rudolf Kassner, den Begründer einer neuen (metaphysischen) Physiognomik, wirkte Trakl, als er ihm ein einziges Mal – 1913 im Wiener Prater, in Gesellschaft von Adolf Loos – begegnete, «unausgeschlafen mit eingesunkener Hautfarbe, etwa wie ein unschuldiger viciöser Knabe». Dies fände, meint Spoerri, seine Bestätigung durch Trakls eigenen Ausspruch: *Ich bin ja erst halb geboren* (nach Limbach hätte er einmal behauptet, bis zu seinem zwanzigsten Lebensjahr nichts von seiner Umwelt bemerkt zu haben, außer d e m W a s s e r). Der Tiroler Dichter Josef Georg Oberkofler entsann sich, daß Trakl meist mit steinernem, felsigem Gesicht dasaß, das vor allem des Morgens wie in Kälte erstarrt aussah. Nach einem andern Bericht sprach er mit leiser, eintöniger Stimme, «die wie aus einer Höhle kam»; oft hielt er lange Monologe oder brütete finster vor sich hin, um dann plötzlich aufzulachen oder stoßweise zu reden, wobei er gewöhnlich an dem Gesprächspartner vorbei in die Ferne starrte. Ein weiterer Beobachter sagte aus, daß man sich bei Trakls Anblick unwillkürlich gefragt habe, ob er einem nicht unversehens gefährlich werden könne. Röck, der als einziger unter Trakls Freunden einen scharfen, unbestechlichen Blick gehabt zu haben scheint, hatte zweimal den Verkehr mit dem Dichter abgebrochen, weil ihn dessen schneidende Kälte und negative Urteile – «er kannte keine Art von Gefühlen» – anwiderten. Wahrscheinlich beschreibt aber Röck das wahre (ambivalente) Wesen Trakls am treffendsten, wenn er anmerkt, daß sich sogar in seiner äußeren Erscheinung ein zugleich Tigerwie Nachtigallenhaftes ausprägte.

Trakl war um die Wende von 1911/12 in solcher Geldbedrängnis, daß er sich genötigt sah, seine Lieblingsbücher zu verkaufen, darunter die Werke Dostojev-

Robert Müller. Aufnahme aus dem Ersten Weltkrieg

II. Jahr · Heft 23

Der Brenner

Halbmonatsschrift
herausgegeben von
Ludwig von Ficker

Carl Dallago: Nietzsche und die Landschaft /
Guido Hölb: Traurigkeit im Abend /
Georg Trakl: Vorstadt im Föhn / Otto
Alscher: Die drei Toten/Hugo Neugebauer:
Die Witwe/Josef G. Oberkofler: Gedichte/
Hugo Neugebauer: Die Sphinx (Gastspiel
Wedekind) Oskar Vonwiller: Bemerkungen/
Carl Dallago: Im Park / Hartmann:
Brixner Chronik XVII / Karikaturenfolge 47:
Max von Esterle: Frank Wedekind.

Brenner-Verlag-Innsbruck

Das «Brenner»-Heft vom 1. Mai 1912 mit Trakls Erstveröffentlichung in der Zeitschrift

skijs, die ihn so lange begleitet hatten. Dieser Umstand ist aus zwei Gründen interessant: erstens sagt er uns, wie schlimm es um den Dichter bereits stand, der Betäubungsmittel dringender nötig hatte als Dinge, an denen sein Herz mit allen Fasern hing; zweitens ist uns dadurch eine Liste erhalten geblieben, die zwecks Veräußerung der restlichen Bücherhabe — knapp vor der Übersiedlung von Salzburg nach Innsbruck — angelegt worden sein dürfte. Aus ihr wird ersichtlich, welche Autoren Trakl so schätzte, daß er sich ihre Werke anschaffte. Die offene Frage, was Trakl in seiner Reifezeit las, ist damit zum Teil beantwortet.

In der Zusammenstellung finden sich neben den großen, bekannten Romanen Dostojevskijs auch die politischen Schriften des Dichters; neben den Hauptwerken Nietzsches Weiningers «Geschlecht und Charakter»; von Maeterlinck alle wesentlichen Dramen und auch die Gedichte; von Carl Spitteler «Olympischer Frühling» sowie «Prometheus und Epimetheus»; Rilkes «Neue Gedichte»; einige Stücke von Shaw, unter ihnen «Candida», «Mensch und Übermensch»; von Wilde unter anderem die «Zuchthausballade», «Das Bildnis des Dorian Gray», «Die Herzogin von Padua» und eine Aphorismensammlung («Weisheiten»); von Schnitzler «Anatol», «Der einsame Weg», «Marionetten», «Liebelei» und «Der Reigen»; von Hofmannsthal «Elektra» und «Theater in Versen». Ergänzend dazu ist Buschbecks Brief vom 29. Juli 1913 aufschlußreich, wonach Trakl Werke zum Thema Geist der Gotik und in diesem Zusammenhang über altdeutsche Malerei suchte. Buschbeck gab dem Freund auch Ratschläge, wie er zu den Schriften der deutschen Mystiker Eckhart, Tauler und Seuse käme. Wenn man außerdem noch erfährt, daß Dallago ihn an die Werke Kierkegaards heranführte, daß er Hölderlin und Tolstoj mit Leidenschaft und Ehrfurcht las, Claudius liebte und selbstverständlich auch die Essays von Karl Kraus kannte (dessen Vorlesungen er in Wien — eine auch in Innsbruck — besuchte), so kann man sich über seine literarische Bildung ein ungefähres Bild machen.

Ende März erhält Trakl die Verständigung, daß er als «k.u.k. Medikamentenbeamter» in den Aktivstand übernommen ist und ab 1. April der Apotheke des k.u.k. Garnisonsspitals Nr. 10 in Innsbruck zur Ableistung eines sechsmonatigen Probedienstes zugeteilt sei. Damit hatte die Wartezeit ein Ende. Ein neues Kapitel beginnt, eine neue Zeit der Prüfung – und auch diese wird nicht bestanden.

Wie Buschbeck in seinen Erinnerungen schrieb, wohnte Trakl in Innsbruck östlich des Bahnhofs, in der Nähe einer Kaserne, «in einem kommunen neuen Haus, das zwischen seinen Feuermauern allein, ohne Nachbarschaft, dastand, mit Ausblick auf ein Maisfeld». Die entsetzliche Trostlosigkeit dieses Lebens und Hausens wurde nur noch durch den anstrengenden Dienst in der ärarischen Apotheke übertroffen. *Ich glaube nicht*, beklagt er sich Ende April bei Buschbeck, *daß ich hier jemanden treffen könnte, der mir gefiele, und die Stadt und Umgebung wird mich, ich bin dessen sicher, immer abstoßen. Allerdings glaube auch ich, daß ihr mich eher in Wien aufscheinen sehen werdet, wohl als ich selber will. Vielleicht geh ich auch nach Borneo. Irgendwie wird sich das Gewitter, das sich in mir ansammelt, schon entladen. Meinetwegen und von Herzen auch durch Krankheit und Melancholie.*

Doch der Getreue war in Wien schon drauf und dran, dem fernen Freund wenigstens über die harte Anfangszeit hinwegzuhelfen. Er hatte dem jungen Wiener Dichter Robert Müller [1] Gedichte Trakls zum Lesen gegeben, und der hatte sie mit begeisterten Worten an Ludwig von Ficker zum Abdruck im «Brenner» weitergeleitet. Eines von ihnen, *Vorstadt im Föhn*, erschien tatsächlich schon in der Nummer vom 1. Mai.

Auf dieses Gedicht und den oben zitierten Brief Trakls beziehen sich die folgenden Antwortzeilen Buschbecks vom 13. Mai: « ... Der ‹Brenner› ist ein sehr sympathisches Blatt ... wird in Wien ziemlich gelesen und der Kulturbuchhändler Hugo Heller erklärte mir neulich sogar, daß es das beste österreichische Blatt sei, das einzige, das man lesen könne ... Das Gedicht hatte mein lieber Freund Robert Müller an den Herausgeber des ‹Brenner›, Ludwig von Ficker, geschickt, der sich darüber sehr gefreut hat und es sofort erscheinen ließ. Herr v. Ficker schrieb auch, Du sollst ihn doch einmal besuchen. Mach das doch. Sag aber dann, daß Du Robert Müller kennst, weil der geschrieben hat, Du seist ein Freund von ihm ...»

Aber nicht nur dieser erste Gedichtabdruck im «Brenner» war für

---

1 Robert Müller, geb. 1887, endete 1924 durch Freitod. Revolutionärer Expressionist, scharf profilierter Erzähler und Essayist. Vor dem Ersten Weltkrieg Mitarbeiter des «Brenner» und der Wiener «Ruf»-Hefte, später Beiträger führender deutscher Zeitschriften des Expressionismus, der «Neuen Rundschau» usf. Hauptwerke: «Tropen», «Der Barbar», «Macht», «Camera obscura», «Das Inselmädchen», «Gentleman und Bolschewik», «Die Politiker des Geistes». Müller wurde von Karl Kraus in «Literatur», einer «Magischen Operette» (Antwort auf Werfels «Spiegelmensch») als Harald Brüller karikiert.

Trakl wichtig (sollten doch von nun ab alle seine reifen Gedichte in der Reihenfolge ihres Entstehens in den mutigen gelben Heften erscheinen), noch mehr war es die bald darauf erfolgte Begegnung des Dichters mit Ficker. Das erste Auftauchen Trakls im «Brenner»-Kreis notiert Karl Röck in seinem Journal unter dem 22. Mai. Es war wohl eines der bedeutsamsten Ereignisse in Trakls Leben, denn wenn der Ruhelose, von Erinnyen Gehetzte je eine wirkliche Zuflucht gehabt hat, dann ist es das Mühlauer Heim Fickers, die Rauch-Villa, gewesen oder das Schloß Hohenburg bei Igls, dessen Eigentümer Fickers Bruder Rudolf war.

«Es war», schreibt Ficker, «im Café Maximilian, im ersten Stock. Wieder einmal hatte ich mich, bald nach Mittag, dort eingefunden, um am sogenannten Brenner-Tisch Freunde zu treffen. Kaum hatte ich mich zu ihnen gesetzt, als mir in einiger Entfernung ein Mensch auffiel, der zwischen zwei Fenstern, die auf die Maria-Theresien-Straße hinausgingen, allein auf einem Plüschsofa saß und mit offenen Augen vor sich hin zu sinnen schien. Die Haare kurz geschoren, mit einem Stich ins Silbrige, das Gesicht von unbestimmbarem Altersausdruck: so saß dieser Fremde da, in einer Haltung, die unwillkürlich anziehend wirkte und gleichwohl Distanziertheit verriet. Doch merkte ich schon, auch er sah, wenn auch scheinbar in sich gekehrt, mit prüfendem Blick wiederholt zu uns herüber, und, kaum war ich aufgetaucht, dauerte es nicht sehr lange, daß mir der Ober seine Karte übergab: Georg Trakl. Erfreut stand ich auf – denn kurz vorher (Mai 1912) hatte ich sein Gedicht *Vorstadt im Föhn* veröffentlicht –, begrüßte ihn und bat ihn an unseren Tisch.»

Stetig wiederkehrende Angstzustände und Ekelgefühle – «Ekel und Angst werden ihm unüberwindbar», schrieb Buschbeck im «Requiem» –, auch eine tiefe leibseelische Niedergeschlagenheit machen ihm den Dienst in der Militärspitalsapotheke zur Hölle. Schon bei Hinterhuber in Salzburg hatte er, wie berichtet wird, einmal an einem einzigen Vormittag aus Angst vor den Kunden sechs Hemden durchgeschwitzt – überall und von jedem fühlt er sich nun bedroht und verfolgt, und solche Anfälle steigern sich von Tag zu Tag. Die Gegenwart vieler Menschen jagt ihm Schrecken ein. Buschbeck schreibt («Georg Trakl – ein Requiem»): «Er meidet das Restaurant aus Furcht vor dem Kellner, das Fahren wegen Beklemmung über die Mitfahrenden; aus dem Fenster kann er die Feuermauer nicht mehr sehen, sie scheint ihm ein grinsendes Nichts; er haßt den Tag, der ihm zu deutlich geworden... Vorherrschend in ihm ist das Gefühl des Fallens...»

Am 1. Oktober 1912, also nach Beendigung des halbjährigen Probedienstes, wurde Trakl auf Grund zweier Gutachten seiner Vorgesetzten in den Heeresdienst übernommen. Aber schon vier Wochen später beantragt er seine Versetzung in die Reserve. Welche Gründe er hiefür hatte, kann nur vermutet werden. Wahrscheinlich war es sein miserabler Gemütszustand, der ihn zwang, freiwillig und vorausahnend zu verzichten. Wenn man jedoch Röck folgen will, so verlor Trakl die Stelle gezwungenermaßen, und zwar soll der Anlaß ein ebenso banaler wie lächerlicher gewesen sein: Trakl hatte eine heftige Auseinandersetzung mit einem Offizier, der ihn bezichtigte, auf den Fußboden gespuckt zu haben, worüber der Dichter sich maßlos empörte. Wie immer dem war: dem Ansuchen wurde stattgegeben und Trakl am 30. November in die Reserve zurückversetzt.

Rührige Freunde, so Buschbeck und Robert Müller in Wien und die «Brenner»-Leute in Innsbruck, hatten mittlerweile mit einer neuerlichen Buchsubskription begonnen. Trakl schickte am 10. Oktober die durch Innsbrucker Subskribenten ergänzte Liste an Buschbeck: *Ich möchte Dir auch den Subskriptionsbogen zurückschicken. Der Erfolg ist nicht gerade übermäßig.* Und einige Tage später: *100 Kamele, die subskribieren!* Dann etwa im November: *Beiliegend der magere Subskriptionsbogen meiner Schwester*

Die Rauch-Villa in Mühlau, Trakls Refugium. Im ersten Stockwerk die «Loggia», in der der Dichter mit Vorliebe arbeitete

(gemeint ist Grete Langen in Berlin), *der mich wie ein Dokument des schrecklichsten Unglücks ansieht, ich weiß nicht warum.* Aufforderungen zur Subskription des Trakl-Gedichtbuchs waren in «Fackel» und «Brenner» erschienen.

Diese zweite Gedichtsammlung, unter dem Titel *Dämmerung und Verfall* von Buschbeck wieder bei Albert Langen eingereicht, wurde – wie die erste – abgelehnt, womit der bekannte Münchner Verlag weder Wagemut noch Spürsinn bewies. In dem an Buschbeck gerichteten Brief vom 19. März 1913, von Korfiz Holm mitunterzeichnet, heißt es: «... übereinstimmend sind die Trakl'schen Gedichte als sehr talentvoll befunden worden, wenngleich sämtliche Beurteiler außer dem der ersten Instanz auch mancherlei Einwände hatten. Leider hat sich auf Grund dieser Urteile in unserem Kuratorium die nötige Einstimmigkeit dafür, das Werk in Verlag zu nehmen, nicht ergeben ...»

Im «Brenner»-Heft vom 1. Oktober 1912 brachte Ficker den *Psalm, Karl Kraus zugeeignet*, ein Gedicht von 37 Langzeilen, das an etlichen Stellen Erinnerungen an Rimbauds «Enfance» nach der Ammerschen Übertragung aufweist. (Es handelt sich hier um den sogenannten Psalm I, denn im Nachlaß des Dichters fand sich ein davon unabhängiges, gleichfalls *Psalm* betiteltes Gedicht von nur 16 Langzeilen, das nunmehr als Psalm II figuriert.) Nachstehend die Schlußstrophe:

Es ist ein leeres Boot, das am Abend den schwarzen Kanal
* heruntertreibt.*
In der Düsternis des alten Asyls verfallen menschliche Ruinen.
Die toten Waisen liegen an der Gartenmauer.
Aus grauen Zimmern treten Engel mit kotgefleckten Flügeln.
Würmer tropfen von ihren vergilbten Lidern.
Der Platz vor der Kirche ist finster und schweigsam, wie in den
* Tagen der Kindheit.*
Auf silbernen Sohlen gleiten frühere Leben vorbei
Und die Schatten der Verdammten steigen zu den seufzenden
* Wassern nieder.*
In seinem Grab spielt der weiße Magier mit seinen Schlangen.

Schweigsam über der Schädelstätte öffnen sich Gottes goldene Augen.

Dazu eine beinah ebenso schöne, von Trakl verworfene Strophe, in der einige der obigen Bilder vorgebildet erscheinen (vielleicht sind sie aber auch parallel mit den andern entstanden). Die Strophe wurde ebenfalls erst im Nachlaß entdeckt:

Den Schlafenden erscheinen Engel mit weißen, zerfetzten Flügeln.
Unter Eichen schreiten Einsame mit brennenden Stirnen.
Im schwarzen Moorland schweigen vergangene Vegetationen.
Es ist ein Flüsterwind, Gott, der traurige Stätten verläßt.
Die Kirchen sind verstorben. Würmer nisten sich in den Nischen ein.
Der Sommer hat das Korn verbrannt. Die Hirten sind fortgezogen.
Wo immer man geht, rührt man leise ein früheres Leben.
Die Mühlen und Bäume gehen leer im Abendwind.
In der zerstörten Stadt richtet die Nacht schwarze Zelte auf.

Wie eitel ist alles.

Die Beziehungen zu Kraus gestalteten sich enger. Mit der Widmung «Georg Trakl zum Dank für den Psalm» erschien in der «Fackel» die folgende Prosa: «Siebenmonatskinder sind die einzigen, deren Blick die Eltern verantwortlich macht, so daß diese wie ertappte Diebe dasitzen neben den Bestohlenen. Sie haben den Blick, der zurückfordert, was ihnen genommen wurde, und wenn ihr Denken aussetzt, so ist es, als suchte es den Rest, und sie starren zurück in die Versäumnis. Andere gibt es, die denkend solchen Blick annehmen, aber den Blick, der dem Chaos erstatten möchte, was sie zu viel be-

Ludwig von Ficker. Büste von Josef Humplik

kommen haben. Es sind die Vollkommenen, die fertig wurden, als es zu spät war. Sie sind mit dem Schrei der Scham auf eine Welt gekommen, die ihnen nur das eine, erste, letzte Gefühl beläßt: Zurück in deinen Leib, o Mutter, wo es gut war!» In diesen Zeilen drückt sich nicht nur tiefes Verständnis für das Besondere von Trakls geistiger Existenz aus, sondern auch Kraus' pessimistische Einstellung zu einer Welt, in der dem «Vollkommenen» nur die Flucht zurück in den Mutterleib bleibt. Trakls Reaktion war ein Telegramm: *Ich danke Ihnen einen Augenblick schmerzlichster Helle. In tiefster Verehrung Ihr ergebener G. Trakl.*

Zwei Gedichte / von Georg Trakl

Nähe des Todes

O der Abend, der in die finsteren Dörfer der Kindheit geht.
Der Weiher unter den Weiden
Füllt sich mit den verpesteten Seufzern der Schwermut.

O der Wald, der leise die braunen Augen senkt,
Da aus des Einsamen knöchernen Händen
Der Purpur seiner verzückten Tage hinsinkt.

O die Nähe des Todes. Laß uns beten.
In dieser Nacht lösen auf lauen Kissen
Vergilbt von Weihrauch sich der Liebenden schmächtige
                                        Glieder.

Abendlied

Am Abend, wenn wir auf dunklen Pfaden gehn,
Erscheinen unsere bleichen Schatten vor uns.

Wenn uns dürstet,
Trinken wir die weißen Wasser des Teichs,
Die Süße unserer traurigen Kindheit.

Erstorbene ruhn wir unterm Hollundergebüsch,
Schaun den grauen Möven zu.

Frühlingsgewölke steigen über die finstere Stadt,
Die der Mönche edlere Zeiten schweigt.

Da ich deine schmalen Hände nahm
Schlugst du leise die runden Augen auf.
Dieses ist lange her.

Doch wenn dunkler Wohllaut die Seele heimsucht,
Erscheinst du Weiße in des Freundes herbstlicher Landschaft.

Abdruck zweier Gedichte im «Brenner»

Nach seiner Versetzung in die Reserve hatte sich der Dichter um
eine Anstellung im Arbeitsministerium beworben — es war ein
Schreiberposten, der aber wenigstens die Aussicht bot, nicht unter
den Augen vieler Menschen Dienst machen zu müssen. Als ihm die
Anstellung zugesprochen wird, teilt er es sogleich Buschbeck mit:
*Ich werde Dir nun doch noch meine Gedichte persönlich nach Wien
mitbringen, da ich mit 1. Dezember ins Arbeitsministerium berufen*

wurde. Dieser Mitteilung folgt am 12. November eine weitere: ...
*Ich habe sehr schlimme Tage hinter mir. Es wird vielleicht in Wien
noch schlimmer werden. Es wäre leichter hier zu bleiben, aber ich
muß doch fort gehen.*

Buschbeck wartete vergebens auf den Freund. Statt seiner kam aus
Salzburg die Nachricht, Trakl werde sich noch bis 1. Dezember zu
Hause aufhalten, weil er einen vierwöchigen Aufschub vom Ministerium erwirkt habe. Dieser Aufschub hat historische Bedeutung: in
jenem Dezember wurde Trakls innerlich größtes Gedicht, der *Helian*,
das noch in Innsbruck begonnen worden war, weitgehend vorange-
trieben. An Röck schreibt er auf einer Ansichtskarte, die den St. Se-
bastiansfriedhof zeigt: ... *Das Edle hat hier* (in Salzburg) *schon den
Lorbeer um die weiße Schläfe, aber der Ergriffene folgt dem Lebenden nach, denn auch da ist Güte und Gerechtigkeit.* Und ebenfalls
noch aus Salzburg schickt er Buschbeck das Gesamttyposkript der
Sammlung *Dämmerung und Verfall* (für Albert Langen): *Ich habe
zwei Tage daran gearbeitet, und es Dir, ohne es nach einem besonderen Gesichtspunkt zu ordnen, überschickt ... Falls Du eine andere
Anordnung der Gedichte für angezeigt halten solltest, bitte ich Dich,
sie nur nicht chronologisch vorzunehmen ...* Dann ist er, möglicherweise nach einem kurzen Innsbrucker Intermezzo, in Wien.

Es war Mitte Dezember, und die Arbeit machte kaum Fortschritte.
Vermutlich lernte er diesmal auch Robert Müller kennen, dessen
persönliche Bekanntschaft Buschbeck in Aussicht gestellt hatte. (Weitere Trakl-Spuren haben sich bei Müller nicht finden lassen.) Ende
Dezember scheint sich aber in Wien Unfaßbares abgespielt zu haben.
Trakl stellte sich am 31. Dezember im Ministerium vor und verbrachte dort ganze zwei Stunden. Einen Tag später, am 1. Januar 1913,
schrieb er bereits das Entlassungsgesuch. Karl Borromäus Heinrich
erklärte dazu: «... die Unmöglichkeit, in Wien einen *Helian* zu vollenden, trieb ihn wieder nach Innsbruck zurück.» Vielleicht hat Trakl
selbst es dem Freunde gegenüber so dargestellt. Nur zweimal noch
macht er Versuche, in einem Brotberuf zu verwurzeln – dann gibt
er es endgültig auf. Die zwischendurch auftauchenden Auswanderungspläne gehen wohl eher auf den Instinkt zurück, eine radikale
Änderung des Milieus und der Lebensweise würde eine seelische
Genesung in sich bergen.

Er kehrte nach Innsbruck zurück. In Salzburg machte er halt, um
Buschbeck zu bitten, dieses neuerliche Scheitern seiner Pläne der
Familie, vor allem dem Stiefbruder, plausibel zu machen. (Wilhelm
nahm dann tatsächlich die schlechte Nachricht, wie Buschbeck schreibt,
«sehr gefaßt» entgegen.) In der Mühlauer Zuflucht gesteht er sofort dem Freund: *Ich bin wie ein Toter an Hall vorbeigefahren, an
einer schwarzen Stadt, die durch mich durchgestürzt ist, wie ein Inferno durch einen Verfluchten. – Ich geh in Mühlau durch lauter
schöne Sonne und bin noch sehr taumelnd. Das Veronal hat mir
einigen Schlaf vergönnt unter der Franziska Kokoschkas ...*

Im Januar 1913 – in Fickers Wohnung in der Rauch-Villa – wurde

Helian vollendet: der deutschsprachigen Dichtung hatte eine ihrer größten Sternstunden geschlagen. Am 1. Februar 1913 erschien das Gedicht im Brenner:

In den einsamen Stunden des Geistes
Ist es schön, in der Sonne zu gehn
An der gelben Mauer des Sommers hin.
Leise klingen die Schritte im Gras; doch immer schläft
Der Sohn des Pan im grauen Marmor.

Abends auf der Terrasse betranken wir uns mit braunem Wein.
Rötlich glüht der Pfirsich im Laub;
Sanfte Sonate, frohes Lachen.

Schön ist die Stille der Nacht.
Auf dunklem Plan
Begegnen wir uns mit Hirten und weißen Sternen.

Wenn es Herbst geworden ist,
Zeigt sich nüchterne Klarheit im Hain.
Besänftigte wandeln wir an roten Mauern hin
Und die runden Augen folgen dem Flug der Vögel.
Am Abend sinkt das weiße Wasser in Graburnen.

Und der Schluß:

Die Stufen des Wahnsinns in schwarzen Zimmern,
Die Schatten der Alten unter der offenen Tür,
Da Helians Seele sich im rosigen Spiegel beschaut
Und Schnee und Aussatz von seiner Stirne sinken.

An den Wänden sind die Sterne erloschen
Und die weißen Gestalten des Lichts.

Dem Teppich entsteigt Gebein der Gräber,
Das Schweigen verfallener Kreuze am Hügel,
Des Weihrauchs Süße im purpurnen Nachtwind.

O ihr zerbrochenen Augen in schwarzen Mündern,
Da der Enkel in sanfter Umnachtung
Einsam dem dunkleren Ende nachsinnt,
Der stille Gott die blauen Lider über ihn senkt.

Links: Entwürfe, ursprünglich «Psalm» überschrieben, später unter dem Titel «De profundis» veröffentlicht. Beispiel einer weitgehenden Nachahmung des Prosagedichts «Enfance» aus Arthur Rimbauds «Illuminations» in der Übertragung von K. L. Ammer

Die Freunde begrüßten das Gedicht, das tatsächlich nur an hölderlinschen Formen zu messen ist, enthusiastisch. «Je tiefer sich mir der *Helian* erschließt», schrieb Ludwig von Ficker an Trakl (der sich gerade in Salzburg aufhielt), «und je mehr ich ihm auf den Grund zu blicken glaube, desto inniger fühle ich ihn als eine der erschütterndsten Offenbarungen, welche die deutsche Lyrik aufzuweisen hat. Die Gestalt dieser Dichtung mutet wie erstarrte Ewigkeit an...» Und Karl Borromäus Heinrich rief aus: «Ja, den *Helian* werden sie lesen. Vorher muß vieles zugrunde gehen, nicht nur, was die Zeitgenossen lesen, sondern auch das allermeiste von dem, was sie tun...»

Ficker erneuerte in jenen innerlich wie äußerlich so bewegten Tagen die Einladung, «wann immer überhaupt» Trakl wolle, zu ihm nach Mühlau oder als Gast von Rudolf und Paula von Ficker in das Schloß Hohenburg zu ziehen. Frau Maria Trakl war nämlich gezwungen, die Liquidation des Geschäfts durchzuführen, und Georg wollte in dieser mißlichen Lage nicht abseits stehen – er war sogleich nach Hause geeilt. Ficker aber sah tiefer und richtiger: «Sollte Ihnen die Last der Verhältnisse, die Sie zu Hause vorfanden, zu drückend werden... so wissen Sie ja, daß Sie sich nicht erst anzumelden brauchen.» Worauf Trakl antwortete: ... *Immer tiefer empfinde ich, was der «Brenner» für mich bedeutet, Heimat und Zuflucht im Kreise einer edlen Menschlichkeit. Heimgesucht von unsäglichen Erschütterungen, von denen ich nicht weiß, ob sie mich*

Schloß Hohenburg bei Igls, Trakls zweite Tiroler Zufluchtsstätte

zerstören oder vollenden wollen, zweifelnd an allem meinem Beginnen und im Angesicht einer lächerlich ungewissen Zukunft, fühle ich tiefer, als ich es sagen kann, das Glück Ihrer Großmut und Güte, das verzeihende Verständnis Ihrer Freundschaft. – Es erschreckt mich, wie sehr sich in der jüngsten Zeit ein unerklärlicher Haß gegen mich mehrt und in den kleinsten Geschehnissen des täglichen Lebens in fratzenhafte Erscheinung tritt. Der Aufenthalt ist mir hier bis zum Überdruß verleidet, ohne daß ich Kraft zu dem Entschluß aufbringe, fortzugehen.

In Salzburg scheint er es wieder zeitweilig im Apothekendienst versucht zu haben; die Bemerkung: Ich werde zwar kaum nach Wien kommen können, da ich von den 30 K, die ich für den Apothekendienst erhalten habe, 5 K für Dringliches verausgabt habe, deutet darauf hin. Am 1. April fährt Trakl nach Innsbruck. Er bittet Buschbeck, die vom Verlag Langen abgewiesene Gedichtsammlung an die Adresse Fickers zu senden; er wolle sie dort noch einmal gründlich und gewissenhaft durchsichten.

*Trakl mit der Schloßherrin
Paula von Ficker*

Ficker hatte nämlich die Absicht geäußert, das Manuskript als Buch im Brenner-Verlag erscheinen zu lassen, doch kam ihm ein anderer zuvor. Der junge deutsche Verleger Kurt Wolff fragte mit Brief vom 1. April bei Trakl an, ob dieser ihm einen Band Gedichte in Verlag geben wolle.

Die Korrespondenz dürfte von Wolff zuerst unter dem alten Firmennamen Ernst Rowohlt Verlag, Leipzig, geführt worden sein [1], denn Trakl erwähnt ihn – von Buschbeck beharrlich «Rohwolt» ge-

---

1 Kurt Wolff, bekanntlich einer der klassischen Verleger des deutschen Expressionismus, hatte laut Anzeige im «Börsenblatt für den Deutschen Buchhandel» vom 18. Februar 1913 die Firma Ernst Rowohlt Verlag, Leipzig, deren alleiniger Besitzer er nach dem Ausscheiden Ernst Rowohlts am

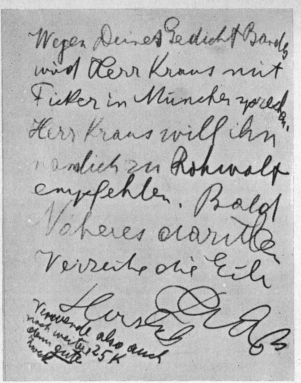

Buschbeck und der Verlag «Rohwolt» (Inhaber Kurt Wolff)

schrieben – in einem vom 5. April aus Innsbruck datierten Brief:
*Heute erhielt ich vom Verlag «Rohwolt» einen sehr freundlichen An-
trag wegen meiner Gedichte. Ich nehme ihn mit vieler Freude an . . .*

Aus der Freude wurde bald Ärger, ja Verdruß, als Trakl erfuhr,
daß Wolff die Gedichtsammlung (für die ein Pauschalhonorar von
400 Kronen angeboten worden war) nicht in dem geplanten vollen
Umfang, sondern vorerst bloß in einer wesentlich kleineren, vom
Verlagslektor Franz Werfel besorgten Auswahl – Honorar: 150
Kronen – herauszubringen gedachte, und zwar als Heft der Bücherei
«Der jüngste Tag». Werfel hatte, wie er Trakl mitteilte, die Gedichte mit großer Bewunderung gelesen, auch schrieb er von «der tiefen Bewegung, die ich durch Sie empfing» – doch konnte dies nicht
darüber hinwegtäuschen, daß die Auswahl eine unerwartet knappe

---

1. November 1912 geworden war, unter der neuen Bezeichnung Kurt Wolff
Verlag ins Leipziger Handelsregister eintragen lassen.

war. Trakl reagierte mit einer Schärfe, die in Anbetracht der Uner-
fahrenheit des Dichters im Umgang mit Verlegern verblüffen muß.
Sein Telegramm lautete: ... *Sie machen mir darin – und zwar mit
einer Nonchalance, die meine Zustimmung als nebensächlich voraus-
zusetzen scheint – die Mitteilung, daß Sie zunächst eine Auswahl-
publikation meiner Gedichte in einer Sammlung Der jüngste Tag vor-
bereiten und daß dieses Heft voraussichtlich in vier Wochen erscheinen wird. Damit bin ich selbstverständlich in keiner Weise einverstanden und ich verbitte mir, daß vor Erscheinen des Gesamtbandes
meiner Gedichte, der allein Gegenstand unserer Vereinbarungen
war, irgendeine Teilausgabe erscheint, die von mir nie vorgesehen
war ...*

Nach einem weiteren Schriftwechsel kam es zum Kompromiß. Die
schlicht *Gedichte* betitelte, nun aber erweiterte Sammlung sollte als
broschierter Doppelband in der erwähnten Reihe «Der jüngste Tag»
veröffentlicht werden; als solcher, mit der Nummer 7/8, ist die Erst-
ausgabe von Trakls Lyrik auch faktisch erschienen. Die Auslieferung
an den Buchhandel erfolgte im Juli-August 1913, der Ladenpreis für
den Doppelband (49 Gedichte auf 72 Druckseiten) betrug 1 Mark 60.
Der Verlag stellte in Aussicht, «auf diese kleine Veröffentlichung
im Herbst die Publikation Ihres gesamten Buches folgen zu lassen».
Es dauerte leider länger. Dieses erste große Buch (Titel: *Sebastian
im Traum*) hat Trakl nicht mehr erlebt; im Frühjahr 1914 las er
zwar noch die Bürstenabzüge und änderte so manches in der Fahne,
doch ist das Werk postum erst 1915, mit dem Copyright-Vermerk
von 1914, erschienen. Man weiß aber, daß trotz der anfänglichen
Mißhelligkeit dem Dichter auch der schmucke schwarze Auswahl-
band mit dem grünen Schildchen Freude bereitete.

Für Trakl hebt jetzt eine Zeit an, die etwas von jenen wirren Zeit-
rafferszenen aus frühen Stummfilmtagen hat. Seine Versuche, irgendwo Fuß zu fassen, werden unstet und fieberhaft. Im Februar 1913
erkundigt er sich bei Buschbeck und Schwab, ob er als Apotheker im
Wiener Allgemeinen Krankenhaus unterkommen könne; ein Jahr
darauf (März 1914) läßt er Auskünfte über die Möglichkeit einho-
len, in dem neuerstandenen albanischen Staat – einem Operettenfür-
stentum fast lehárscher Prägung – als Militärapotheker Verwendung
zu finden; und am 8. Juni desselben Jahres fragt er bei der Königlich-Niederländischen Kolonialverwaltung an, ob Aussicht bestehe,
als österreichischer Apotheker in Holländisch-Indien angestellt zu
werden. Ruhelos reist er zwischen Innsbruck und Salzburg hin und
her. Das väterliche Geschäft wird aufgelöst.

Für Mitte Juni 1913 erwartet er Grete in Salzburg, von der er
weiß, daß sie in unglücklicher Ehe lebt – doch sie kommt nicht. Im
Juli – er ist gerade Gast auf Schloß Hohenburg – erkundigt er sich
neuerlich nach ihr, und zwar bei Buschbeck, der die Ferien in Salzburg verbringt. *Manches löst sich in traurigen Spaziergängen* hatte er schon im März an Ficker geschrieben, und *mir fällt vieles wahrhaftig recht schwer.* Nun aber ist er ein gebrochener Mann, denn al-

les gerät ihm daneben. So versäumt er Adolf Loos, den er *den herrlichen Loos-Luzifer* nennen wird, bei dessen Durchreise auf dem Bahnhof. Mißgeschick folgt auf Mißgeschick – dazu die beschämende Abhängigkeit von zu Hause und von Freunden! Immer wieder klingt abgründige Verzweiflung in seinen Briefen auf, und die Selbstbezichtigungen nehmen kein Ende. *Zu wenig Liebe, zu wenig Gerechtigkeit und Erbarmen, und immer zu wenig Liebe; allzuviel Härte, Hochmut und allerlei Verbrechertum – das bin ich. Ich bin gewiß, daß ich das Böse nur aus Schwäche und Feigheit unterlasse und damit meine Bosheit noch schände. Ich sehne den Tag herbei, an dem die Seele in diesem armseligen von Schwermut verpesteten Körper nicht mehr wird wohnen wollen und können, an dem sie diese Spottgestalt aus Kot und Fäulnis verlassen wird, die ein nur allzu getreues Spiegelbild eines gottlosen verfluchten Jahrhunderts ist. Gott, nur einen kleinen Funken reiner Freude – und man wäre gerettet; Liebe – und man wäre erlöst . . .* so schreibt er am 26. Juni an Ficker, der immer mehr zum Vertrauten seiner Seele und zum Beichtvater wird. Ficker versucht, in behutsamer und doch energischer Weise auf den Unglücklichen einzuwirken: «Nie wieder dürfen Sie sich anklagen! Hören Sie! . . . Fällt es Ihnen aber leichter als anderswo, sich gerechter zu beurteilen, dann kommen Sie nur immer, wann Sie wollen!»

Trakl weiß nicht, ob er wieder zum Militär zurück soll oder nicht. Wieder erhofft er sich von einer Änderung der Lebensumstände die Rettung – oder wenn schon nicht Rettung, so doch Linderung. Er bittet Ficker, sich bei einem «Brenner»-Mitarbeiter, dem Hauptmann Robert Michel, den Trakl in Wien kennengelernt hatte, zu verwenden, daß er in diesem Falle nach Wien versetzt würde oder nach Innsbruck. Am 8. Juli schickt er von Salzburg aus an Ficker *eine neue Fassung des Stundenliedes – ganz ins Dunkle und Verzweifelte geraten.* Ins Dunkle und Verzweifelte wies sein Leben. *Meine Abreise nach Wien habe ich auf morgen verschoben, da ich seit zwei Tagen an heftigen Schwindelanfällen leide.* Und vier Tage später: *In aller Eile teile ich Ihnen mit, daß ich Ende dieser Woche nach Wien einrücken muß. Wollte Gott der Gang in dieses Dunkel wäre schon angetreten . . .*

In Wien arbeitet er, vom 15. Juli bis 12. August 1913, als Beamter im Kriegsministerium («Beamter hat er nie sein wollen», sagte einmal Fritz Trakl). *Ich bekleide in Wien ein unbesoldetes Amt,* so schreibt er verbittert an Ficker, *das reichlich ekelhaft ist und wundere mich täglich mehr, daß man für das Addieren, das ich schwerfällig genug wieder zulerne, von mir keine Kaution verlangt.* Er suchte Begegnungen mit Kraus und Loos, die ihm als Leitsterne einer geistig kompromißlosen Lebensführung vorschweben. Ficker hatte im «Brenner» vom 15. Juni – im Rahmen einer Rundfrage der Zeitschrift über Karl Kraus – seine Apostrophe *Karl Kraus* erscheinen lassen:

Weißer Hohepriester der Wahrheit,
Kristallne Stimme, in der Gottes eisiger Odem wohnt,

Zürnender Magier,
Dem unter flammendem Mantel der blaue Panzer des Kriegers klirrt.

und wird im Oktober das Adolf Loos gewidmete Gedicht *Sebastian im Traum* veröffentlichen, eine der schönsten Offenbarungen der Trakl-schen Seele, mit Erinnerungen an Vaterhaus und Kindheit:

. . .

Frieden der Seele. Einsamer Winterabend,
Die dunklen Gestalten der Hirten am alten Weiher;
Kindlein in der Hütte von Stroh; o wie leise
Sank in schwarzem Fieber das Antlitz hin.
Heilige Nacht.

. . .

Freude; da in kühlen Zimmern eine Abendsonate erklang,
Im braunen Holzgebälk
Ein blauer Falter aus der silbernen Puppe kroch.

. . .

Rosige Osterglocke im Grabgewölbe der Nacht
Und die Silberstimmen der Sterne,
Daß in Schauern ein dunkler Wahnsinn von der Stirne des
Schläfers sank.

. . .

Loos hatte sich wenige Wochen vorher bemüht – daher wohl das eilig arrangierte Rendezvous am Salzburger Bahnhof –, für Trakl im Handelsmuseum in Wien eine Stelle ausfindig zu machen («bei sechs-stündiger Arbeitszeit nur 80 Kronen monatlich»). Mit dem Instinkt des feinnervigen Kulturmenschen witterte Loos das Amorphe von Trakls Existenz. Ein Jahr später, am 27. Juni 1914 (Trakl hatte ihm gerade einen Bürstenabzug des Buches *Sebastian im Traum* geschickt, worauf Loos ausrief: «Das wird wieder ein herrliches Buch!»), sollte er dem Dichter schreiben: «Leben Sie wohl, lieber Trakl! Bleiben Sie der Welt gesund. Betrachten Sie sich als Gefäß des heiligen Gei-stes, das niemand, auch nicht der Georg Trakl zerstören darf.» Es sind – am Vorabend des Attentats von Sarajewo und vier Monate vor Trakls Tod – denkwürdige Worte.

Loos und seine englische Frau, die von Peter Altenberg hymnisch angeschwärmte ehemalige Tänzerin Bessie B., waren allsommerlich in Venedig, meist mit Altenberg zusammen, den Loos auch diesmal, und zwar schon im Mai, in die Lagunenstadt «transportiert» hatte, wie er schrieb. Kraus wollte in seinem Automobil nachkommen, und

Schwere Krise. Spätherbst 1913

auch das Ehepaar Ficker hatte zugesagt, um die gleiche Zeit in Venedig zu sein. Und Trakl war dringend gebeten worden, hinzukommen.

Mitte August erhält Buschbeck wie aus heiterem Himmel eine Ansicht des Urbani-Kellers mit den Zeilen: *Lieber! Die Welt ist rund. Am*

Samstag falle ich nach Venedig hinunter. Immer weiter – zu den Sternen. (Wieder dieses fatale Gefühl des Fallens!) Es ist die letzte Nachricht an den Getreuen.

Trakls einzige Vergnügungsreise im Leben – wenn man von einem

Programm der einzigen
öffentlichen Vorlesung

Ausflug mit Ficker an den Gardasee absieht. In Venedig wohnte man verstreut, die einen in der Stadt, die andern (Altenberg, Kraus, das Ehepaar Loos) draußen auf dem Lido. Ficker erinnert sich an heitere, unbeschwerte Tage; die Stimmung unter der so ungleichartigen «Fackel»-«Brenner»-Gesellschaft – ein größerer Gegensatz als der zwischen Trakl und Altenberg war kaum denkbar – soll gut gewesen sein. Man genoß das Meer und die Sonne und eine zwanglose Geselligkeit im berühmten Café Florian auf dem Markusplatz oder in der American Bar des Hotels Danieli – niemand ahnte, daß es der letzte Friedenssommer sein würde. Ficker fuhr mit Kraus – über Udine und das Tal von Longarone – zurück; Frau Cissi von Ficker war vorausgefahren. Welchen Weg Trakl bei der Heimreise nahm, ist unbekannt. Die andern blieben.

Die Ferien hatten im ganzen zwölf Tage gedauert. Das Ergebnis war ein einziges, von Verfall durchtöntes Gedicht: ... *Schwärzlicher Fliegenschwarm / Verdunkelt den steinernen Raum / Und es starrt von der Qual / Des goldenen Tags das Haupt / Des Heimatlosen*...

In Wien scheint es dann zu einem furchtbaren Zusammenbruch gekommen zu sein. Auf die Fröhlichkeit der Sonnentage – wie das Beispiel zeigt, vermochte Trakl nicht mehr, sie ins Gedicht einzuverwandeln – folgte ein Inferno, das bis heute mysteriös geblieben ist. Am 11. November schreibt der Dichter an Ficker: *Meine Angelegenheiten sind ganz ungeklärt. Ich habe jetzt zwei Tage und zwei Nächte geschlafen und habe heute noch eine recht arge Veronalvergiftung. In meiner Wirrnis und all' der Verzweiflung der letzten Zeit weiß ich nun gar nicht mehr, wie ich noch leben soll. Ich habe hier wohl hilfsbereite Menschen getroffen; aber mir will es erscheinen, jene können mir nicht helfen und es wird alles im Dunklen enden*... *Kraus läßt vielmals grüßen, ebenso Loos*. Am nächsten Tag bittet er den Freund, das *Kaspar Hauser Lied* mit der Widmung *Für Bessie*

Loos zu versehen, wobei er hinzufügt: *Ich habe in der letzten Zeit ein Meer von Wein verschlungen, Schnaps und Bier. Nüchtern.*

Das grausigste Dokument des Seelenschmerzes aus jenen krisenhaften Tagen, zugleich ein Dokument der Angst vor dem heraufdämmernden Wahnsinn, ist der folgende Brief, den Ficker mit «November 1913» überschreibt: *... und es haben sich sonst in den letzten Tagen für mich so furchtbare Dinge ereignet, daß ich deren Schatten mein Lebtag nicht mehr loswerden kann. Ja, verehrter Freund, mein Leben ist in wenigen Tagen unsäglich zerbrochen worden und es bleibt nur mehr ein sprachloser Schmerz, dem selbst die Bitternis versagt ist ... Vielleicht schreiben Sie mir zwei Worte; ich weiß nicht mehr ein und aus. Es* (ist) *ein so namenloses Unglück, wenn einem die Welt entzweibricht. O mein Gott, welch ein Gericht ist über mich hereingebrochen. Sagen Sie mir, daß ich die Kraft haben muß noch zu leben und das Wahre zu tun. Sagen Sie mir, daß ich nicht irre bin. Es ist steinernes Dunkel hereingebrochen. O mein Freund, wie klein und unglücklich bin ich geworden ...* Erschütternd der fahrige, an die flackernden Linien eines Kardiogramms erinnernde Duktus.

Den Anlaß zu diesem Verzweiflungsausbruch hat Trakl nie preisgegeben. Ficker deutete einmal an, daß er vielleicht mit Gretes gescheiterter Ehe und ihrer Schwangerschaft zusammenhängen könne. Tatsächlich hatte die Schwester im darauffolgenden März eine Fehlgeburt mit so katastrophalen Folgen, daß Georg Hals über Kopf nach Berlin reiste.

Mit allen Kräften betreibt er bei militärischen Stellen (im Kriegsministerium durch Hauptmann Michel) seine Reaktivierung. *Ich kehre vorbehaltlos wieder zum Militär zurück, d. h. wenn man mich noch nimmt ... Ich komme Samstag oder Sonntag nach Innsbruck, um von dort meine Aktivierung beim Militär in die Wege zu leiten ...* Und Anfang Dezember ist er auch wirklich in Innsbruck, um mit Ficker und Röck das Programm einer Vorlesung aus eigenen Schriften – es ist die einzige öffentliche seines Lebens – vorzubereiten. Das Programm der Lesung, die am 10. Dezember 1913 als IV. literarischer Abend des «Brenner»[1] im Innsbrucker Musikvereins-Saal stattfand, bestritt außer Trakl (Hauptmann) Robert Michel. Michel war durch einen Roman und realistische Erzählungen aus Böhmen und dem Grenzerleben in Bosnien und der Herzegowina bereits bekannt geworden. Das Publikum und die Zeitungen zeigten sich interessiert. Trakls schlichtes, verinnerlichtes, gebetartiges Sprechen der Gedichte wurde da und dort hervorgehoben, der *Helian* nach Gebühr gewürdigt und zu enträtseln versucht.

---

1 Die vorangegangenen drei literarischen Abende wurden von Karl Kraus (4. Januar 1912), Theodor Däubler (22. November 1912) und wiederum von Kraus (1. Januar 1913) bestritten. Kraus las dann ein drittes Mal, im Januar 1914, in Innsbruck. Trakl ist Kraus auch im Mühlauer «Brenner»-Kreis begegnet, ebenso Theodor Däubler. Dem Schöpfer des «Nordlicht»-Epos war Trakl schon deshalb nahe, weil zwischen Däubler und Buschbeck eine enge Freundschaft bestand.

Vollkommen ist die Stille dieses goldenen Tags.
Unter alten Eichen
erscheinst du, Elis, ein Ruhender mit runden Augen.

Ihre Bläue spiegelt den Schlummer der Liebenden.
An deinem Mund
verstummten ihre rosigen Seufzer.

Am Abend zog der Fischer die schweren Netze ein.
Ein guter Hirt
führt seine Herde am Waldsaum hin.
O! wie gerecht sind, Elis, alle deine Tage.

Ein heiterer Sinn
wohnt in der Winzer Jünkvom Gesang,
der blauen Stille des Ölbaums.

Bereitet fanden im Haus die Hungernden Brot und Wein.

Typoskript der vorletzten Fassung von «Elis» mit handschriftlichen Änderungen für den Abdruck im «Brenner»

Doch der starke Impuls des Vorleseabends und die daraufhin über einige Zeit sich erstreckende Sichtungsarbeit für eine endgültige Drucklegung der Dichtungen – Röck notiert unter dem 10. Dezember, er habe Trakl im Kaffeehaus gebeten, die chronologische Reihenfolge festzulegen, und der Dichter hätte dies «aus dem Gedächtnis» getan – waren nur scheinbare Unterbrechungen der Schmerzspirale. Trunkenheitsexzesse unter Ausschluß der Freunde und Betäubungsakte nehmen trotzdem überhand. *In diesen Tagen rasender Betrunkenheit und verbrecherischer Melancholie . . .* beginnt ein Brief vom 13. Dezember an Kraus. Es war überhaupt ein Winter, in dem befremdende Zeichen sich anmelden.

Die religiöse Atmosphäre des «Brenner»-Kreises, durch Dallago, Ficker und Heinrich gegeben, hatte Trakl wieder auf sein Christentum sich besinnen lassen, das er mehrmals verloren oder verdrängt, niemals aber verworfen hatte. *O wie leise stand in dunkler Seele das Kreuz auf* heißt es in *Sebastian im Traum.* Manchen Äußerungen Trakls ist zu entnehmen, daß er das Christentum als geistige Revolte, als extremes Ausgesetztsein, ja als heiligen Aussatz, als Brandmal ansah, als eine letzte Bewährungsprobe, die dem abendländischen Menschen noch gewährt sei. Trakls Christentum darf keineswegs mit jener Glaubensgewißheit verwechselt werden, die sich im Besitz der gratia Dei und aller Gnadenmittel wähnt. «Der Gott, den er sucht, hat sich verborgen und setzt seinen Hilferufen das Schweigen eines leeren Himmels entgegen», bemerkt Wilhelm Graßhoff. Ähnlich wie in Kafkas absurder Theologie, ordnet auch Trakl sein Dasein auf einen Gott hin, der die Erde verlassen hat: *jemand hat diesen schwarzen Himmel verlassen (Unterwegs).* In Trakls Welt gibt es daher keine Gnade. (Kafka notierte einmal analog, es gäbe zwar Gnade, aber nicht für uns.) Gott schweigt in der Trakl-Welt. Und es schweigen auch seine Boten, die Engel. «Der Engel des Traklschen Gedichts ist kein christlicher Engel», schreibt Friedrich Georg Jünger; und an einer andern Stelle seines Trakl-Essays sagt Jünger: «Ist es aber so, daß Gott schweigt, dann ist alles Christliche ein Vergangenes. Es ist mitbetroffen von dem Vergehen, dem das Erscheinende unterworfen ist.»

Eine Welt, der Gott sich entzogen hat, läßt – in theologischer Sicht – den Menschen allein. Es ist eine eisige, erstarrte Denkwelt, deren Aspekte Trakl in den gotischen Eistürmen der Tiroler Hochgebirgslandschaft gespiegelt sah. Die stille Ekstatik, das verzückte Sprechen, die sprachliche Höhe seiner an die Eisriesenwelt der Alpen grenzenden vorletzten und letzten Schöpfungen, wo Lyrik, Prosa und Drama wie zur Urzeit ineinanderfließen, sind Ausdruck eines Menschen, der sich völlig allein gelassen weiß und daher die Last der irdischen Existenz allein zu tragen hat. (Jeder Trost war hilflos.) In seinem das Nichts durchbohrenden Gefühle – möchte man Carlos variieren – einer integralen, tagtäglich als gewiß erfahrenen Gnadenlosigkeit bricht er immer wieder, wenn die Nerven reißen, in Wut und Verzweiflung aus; und in dieses Zustandsbild passen die unheimlichen Aggressions- und Selbstaggressionsakte, dazu gehört seine Verwesungsbesessenheit, in deren Motivik Graßhoff «die Chiffren eines altchristlichen Schuld- und Sündenbewußtseins» erblicken will.

Nur ganz wenigen – immer weniger – Menschen eröffnet sich der Dichter in jenem letzten und bittersten Lebensjahr. Doch dem Tier ist er nahe: *Des Unbewegten Odem. Ein Tiergesicht / Erstarrt vor Bläue, ihrer Heiligkeit.* Mit seinen besonders geschärften, aufgerauhten Sinnen erleidet er die Geschundenheit der dem Menschen ausgelieferten Kreatur fast körperlich. Mahrholdt erzählt: «Vor einem Kalbskopf, der bei einem bäuerlichen Kirchweihfest, wo es mit Musik und Tanz hoch herging, als Preis ausgesetzt war, sagte er, am ganzen Leibe zitternd: *das ist unser Herr Christus.*» Hier spricht sich ein Christentum aus, das aus franziskanischen, ja urtümlichen Tiefen und Katakomben aufbrach: fremdartig, prälogisch, paradox.

Zu bemerken ist, daß sich sogar Trakls Handschrift dieser schmerzlich-gestrengen Gedankenwelt unterordnet: sie wird immer zackiger, immer gotischer; das vormals, etwa bis zum Frühjahr 1912, flott geschwungene lateinische «T» des Namenszuges wird plötzlich zu einem gesteilten Kurrentbuchstaben, der wie eine Peitsche oder ein Galgen aufragt: das Schriftsymbol der Züchtigung und des Urteils.

Ein Gespräch zwischen Trakl, Dallago und Ficker, das im Januar 1914 stattfand und von dem bereits erwähnten Schweizer Schriftsteller Hans Limbach aufgezeichnet wurde, gewährt Einblicke und Einstiege in Trakls damalige Gedankenwelt. Im Laufe dieses von seiten Trakls aggressiv geführten Gesprächs bekannte der Dichter: *Ich habe kein Recht, mich der Hölle zu entziehen* – knappster Ausdruck einer unheilbaren Selbstbestrafungsphantasie. Auf die Frage Dallagos: «So glauben Sie also auch, daß alles Heil von ihm [Christus] komme? Sie verstehen das Wort ‹Gottes Sohn› im eigentlichen Sinne?», antwortete er: *Ich bin Christ.* Und als Dallago weiter provoziert: «Wie erklären Sie sich denn solche unchristliche Erscheinungen wie Buddha oder die chinesischen Weisen?», sagte Trakl: *Auch die haben ihr Licht von Christus bekommen.* Limbach merkt an, daß die Zuhörer nach dieser (übrigens eines Schatov würdigen) Antwort verstummten, um über die Tiefe des Paradoxes nachzusinnen. Doch Dallago konnte sich noch nicht zufriedengeben. «Und die Griechen? Glauben Sie denn auch, daß die Menschheit seitdem viel tiefer gesunken ist?» Trakl: *Nie war die Menschheit so tief gesunken, wie jetzt nach der Erscheinung Christi – sie k o n n t e gar nicht so tief sinken!* Später wandte sich der Disput Dostojevskij und seinen Gestalten zu. Limbach fährt fort: «Soviel ich mich erinnere, sprach er aus Anlaß von Sonja das schöne Wort aus – wieder mit wild funkelnden Augen –: *Totschlagen sollt' man die Hunde, die behaupten, das Weib suche nur Sinnenlust! Das Weib sucht i h r e G e r e c h t i g k e i t, so gut, wie jeder von uns!* – Auch von Tolstoj sprach er mit hoher Ehrfurcht: *Pan, unter dem Kreuze zusammenbrechend,* nannte er ihn.»

Was Trakl hier über Tolstoj sagte – gilt es nicht auch für ihn?

DAS SCHLACHTHAUS

Im Januar wird *Traum und Umnachtung* niedergeschrieben, eine Prosaphantasie von bedrückender Schönheit und in Aussage und Form echt schizophrenen Halluzinationen beängstigend verwandt [1]; sie stellt eine Art Abrechnung mit dem verfluchten Geschlecht dar, und gleich der Anfang führt uns ins Vaterhaus:

Carl Dallago

Am Abend ward zum Greis der Vater; in dunklen Zimmern versteinerte das Antlitz der Mutter und auf dem Knaben lastete der Fluch des entarteten Geschlechts. Manchmal erinnerte er sich seiner Kindheit, erfüllt von Krankheit, Schrecken und Finsternis, verschwiegener Spiele im Sternengarten, oder daß er die Ratten fütterte im dämmernden Hof. Aus blauem Spiegel trat die schmale Gestalt der Schwester und er stürzte wie tot ins Dunkel.

Nachts brach sein Mund gleich einer roten Frucht auf und die Sterne erglänzten über seiner sprachlosen Trauer. Seine Träume erfüllten das alte Haus der Väter. Am Abend ging er gerne über den verfallenen Friedhof, oder er besah in dämmernder Totenkammer die Leichen, die grünen Flecken der Verwesung auf ihren schönen Händen. An der Pforte des Klosters bat er um ein Stück Brot; der Schatten eines Rappen sprang aus dem Dunkel und erschreckte ihn. Wenn er in seinem kühlen Bette lag, überkamen ihn unsägliche Tränen. Aber es war niemand, der die Hand auf seine Stirn gelegt hätte. Wenn der Herbst kam, ging er, ein Hellseher, in brauner Au. O, die Stunden wilder Verzückung, die Abende am grünen Fluß, die Jagden. O, die Seele, die leise das Lied des vergilbten Rohrs sang; feurige Frömmigkeit. Stille sah er und lang in die Sternenaugen der Kröte, befühlte mit erschauernden Händen die Kühle des alten Steins und besprach die ehrwürdige Sage des blauen Quells. O, die silbernen Fische und die Früchte, die von verkrüppelten Bäumen fielen. Die Akkorde seiner Schritte erfüllten ihn mit Stolz und Menschenverachtung . . .

---

1 Zum Beispiel jener unvergeßlichen Aufzeichnung eines Geisteskranken, die Dr. Walter Kipper, damals Sekundararzt der Czernowitzer Landesirrenanstalt, 1928 Karl Kraus übermittelt hatte und dieser in der «Fackel» Nr. 781–786, S. 95–96, im Rahmen eines polemischen Aufsatzes («Aus Redaktion und Irrenhaus») abdruckte.

O des verfluchten Geschlechts. Wenn in befleckten Zimmern jegliches Schicksal vollendet ist, tritt mit modernden Schritten der Tod in das Haus. O, daß draußen Frühling wäre und im blühenden Baum ein lieblicher Vogel sänge. Aber gräulich verdorrt das spärliche Grün an den Fenstern der Nächtlichen und es sinnen die blutenden Herzen noch Böses . . .

Bis zuletzt das Strafgericht über ihn und die Seinen hereinbricht:

O der Verwesten, da sie mit silbernen Zungen die Hölle schwiegen. Also erloschen die Lampen im kühlen Gemach und aus purpurnen Masken sahen schweigend sich die leidenden Menschen an. Die Nacht lang rauschte ein Regen und erquickte die Flur. In dorniger Wildnis folgte der Dunkle den vergilbten Pfaden im Korn, dem Lied der Lerche und der sanften Stille des grünen Gezweigs, daß er Frieden fände. O, ihr Dörfer und moosigen Stufen, glühender Anblick. Aber beinern schwanken die Schritte über schlafende Schlangen am Waldsaum und

Trakl-Karikatur von Esterle

Das
Selbstporträt

das Ohr folgt immer dem rasenden Schrei des Geiers. Steinige Öde
fand er am Abend, Geleite eines Toten in das dunkle Haus des Vaters. Purpurne Wolke umwölkte sein Haupt, daß er schweigend über
sein eigenes Blut und Bildnis herfiel, ein mondenes Antlitz; steinern
ins Leere hinsank, da in zerbrochenem Spiegel, ein sterbender Jüngling, die Schwester erschien; die Nacht das verfluchte Geschlecht verschlang.

Die im Grunde Entsetzen erregende Traumdichtung veröffentlichte Ficker in Heft 8/9 des «Brenner» vom Februar 1914. Am 1. Januar
war unter anderem das Gedicht *An die Verstummten* erschienen, dessen Schlußbild zum Größten gehört, was die neuere Dichtung hervor-
gebracht hat:

    O, der Wahnsinn der großen Stadt, da am Abend
    An schwarzer Mauer verkrüppelte Bäume starren,
    Aus silberner Maske der Geist des Bösen schaut;
    Licht mit magnetischer Geißel die steinerne Nacht verdrängt.
    O, das versunkene Läuten der Abendglocken.

Hure, die in eisigen Schauern ein totes Kindlein gebärt.
Rasend peitscht Gottes Zorn die Stirn des Besessenen,
Purpurne Seuche, Hunger, der grüne Augen zerbricht.
O, das gräßliche Lachen des Golds.

Aber stille blutet in dunkler Höhle stummere Menschheit,
Fügt aus harten Metallen das erlösende Haupt.

Die nächsten Wochen und Monate sind ein Katarakt von dunklen Ereignissen. Was zum Beispiel zwischen dem 15. und 25. März in Berlin wirklich geschehen ist, wird man nie wissen – es sei denn, weitere Briefe fänden sich, die das Vakuum ausfüllen. Dort war nämlich aus Gretls latenter Tragödie eine akute geworden; alles drängte zur Katastrophe. Trakl fuhr nach Berlin.

Zwei Briefe von seiner Hand geben nur dürftigen Aufschluß darüber, daß Frau Langen nach einem Abortus darniederlag. Am 19. März schreibt er an K. B. Heinrich: *Meine Schwester hat vor wenigen Tagen eine Fehlgeburt gehabt, die mit außerordentlich vehementen Blutungen verbunden war. Ihr Zustand ist ein so besorgniserregender, um so mehr, als sie seit fünf Tagen keine Nahrung zu sich genommen hat, daß vorläufig nicht daran zu denken ist, daß sie nach Innsbruck kommt.* Und zwei Tage später an Ficker: *Meine arme Schwester ist noch immer sehr leidend. Ihr Leben ist von einer so herzzerreißenden Traurigkeit und zugleich braven Tapferkeit, daß ich mir bisweilen sehr gering davor erscheine; und sie verdiente es wohl tausendmal mehr als ich, im Kreise guter und edler Menschen zu leben, wie es mir in solch übergroßem Maß in schwerer Zeit vergönnt war. – Ich gedenke wohl noch etliche Tage in Berlin zu bleiben, denn meine Schwester ist den ganzen Tag allein und meine Gegenwart für sie doch von einigem Nutzen.*

Trakl lernte im Kreise des «Sturm»-Herausgebers Herwarth Walden, in dem Grete und ihr Mann verkehrten, Waldens frühere Gattin Else Lasker-Schüler kennen. Wenn man den Versen dieser großen Lyrikerin glauben darf – sie schrieb im ganzen drei Gedichte auf Trakl –, haben die beiden auch über Religion gestritten: «Aber immer wie zwei Spielgefährten.» Trakl widmete ihr das stark von Hölderlin beeinflußte Gedicht *Abendland*, dessen erste Strophe lautet: *Mond, als träte ein Totes / Aus blauer Höhle, / Und es fallen der Blüten / Viele über den Felsenpfad. / Silbern weint ein Krankes / Am Abendweiher, / Auf schwarzem Kahn / Hinüberstarben Liebende.*

Sonst weiß man bloß, daß Trakl in düsterster Stimmung in Innsbruck eintraf. Vom Bahnhof weg begab er sich ins Atelier des Malers Max von Esterle, der zum Mitarbeiterstab des «Brenner» gehörte. Der Künstler hatte den Dichter für die Zeitschrift karikiert und auch ein Exlibris für ihn entworfen. Es stellt einen bei Tisch sitzenden Mann dar, der den wie unter einer schweren Last tiefgebeugten Kopf in die Hand stützt. Die Darstellung läßt an einen Traklschen

Theodor Däubler (1914)

Vers denken: *Schaudernd unter herbstlichen Sternen / Neigt sich jährlich tiefer das Haupt.*

In Esterles Atelier soll nun, nach einer Mitteilung Fickers, Trakl den Pinsel ergriffen und sich so gemalt haben, wie er sich einmal, nachts aus dem Schlaf aufschreckend, im Spiegel gesehen hatte. Augen, Mund und Nase sind dunkle Höhlen, das Gesicht ist wie verwest, größtenteils blaugrün, mit scharlachenen Flecken auf den Wangen. Der Mund aufgerissen, wie lautlos schreiend. Braunrote Pinselstriche auf der Stirn. Das Haar und kuttenähnliche Gewand sind bräunlich, vor gelbgrünem Hintergrund. Es heißt, das Bild habe ursprünglich ein schmales Längsformat gehabt, das braune Büßerhemd wäre da besser zu sehen gewesen. Nach Fickers Datierung ist das Porträt Ende März 1914 unter den Nachwehen des zermürbenden Besuchs bei der Schwester entstanden. Wie kann es aber dann schon Hans Limbach gesehen haben, der es in dem erwähnten Bericht genau beschreibt? Limbach war im Januar 1914, zusammen mit Dallago aus Südtirol kommend, zu kurzem Besuch in Innsbruck eingetroffen, um Karl Kraus lesen zu hören.

Um Trakls schreckliche Depressionen womöglich noch zu verschlimmern, lehnte um diese Zeit ein literarisch beflissener ehemaliger Schulkamerad, der sehr vermögend war, des Dichters Bitte um geldliche Unterstützung mit höflichem

Morgenblatt.

Reichspost.

Unabhängiges Tagblatt für das christliche Volk Oesterreich-Ungarns.

Nr. 352 — Wien, Mittwoch den 29. Juli 1914 — XXI. Jahrgang

An meine Völker!

Es war Mein sehnlicher Wunsch, die Jahre, die Mir durch Gottes Gnade noch beschieden sind, Werken des Friedens zu weihen und Meine Völker vor den schweren Opfern und Lasten des Krieges zu bewahren.

Im Rate der Vorsehung ward es anders beschlossen.

Die Umtriebe eines haßerfüllten Gegners zwingen Mich, zur Wahrung der Ehre Meiner Monarchie, zum Schutze ihres Ansehens und ihrer Machtstellung, zur Sicherung ihres Besitzstandes nach langen Jahren des Friedens zum Schwerte zu greifen.

Mit rasch vergeltendem Undank lohnte das Königreich Serbien, das von den ersten Anfängen seiner staatlichen Selbständigkeit bis in die neueste Zeit von Meinen Vorfahren und Mir gehegt und gefördert worden war, ihm vor Jahren den Weg offener Feindseligkeit gegen Oesterreich-Ungarn betreten.

Als Ich nach drei Jahrzehnten segensreicher Friedensarbeit in Bosnien und der Herzegowina Meine Herrscherrechte auf diese Länder erstreckte, hat diese Meine Verfügung im Königreiche Serbien, dessen Rechte in keiner Weise verletzt wurden, Ausbrüche zügelloser Leidenschaft und erbittertsten Hasses hervorgerufen. Meine Regierung hat damals von dem schönen Vorrechte des Stärkeren Gebrauch gemacht und in äußerster Nachsicht und Milde von Serbien nur die Verkleinerung seines Heeres auf den Friedensstand und das Versprechen verlangt, in Hinkunft die Bahn des Friedens und der Freundschaft an Meiner Seite zu wandeln.

Von gleichem Geiste der Nachsicht geleitet, hat sich Meine Regierung, als Serbien vor zwei Jahren in einen Kampf mit dem türkischen Reiche begriffen war, auf die Wahrung der wichtigsten Lebensbedingungen der Monarchie beschränkt. Dieser Haltung hatte Serbien in erster Linie die Erreichung des Kriegszweckes zu verdanken.

Die Hoffnung, daß das serbische Königreich die Langmut und friedensliebe Meiner Regierung würdigen und sein Wort einlösen werde, hat sich nicht erfüllt.

Immer höher lodert der Haß gegen Mich und Mein Haus empor, immer unverhüllter tritt das Streben zutage, untrennbare Gebiete Oesterreich-Ungarns gewaltsam loszureißen.

Ein verbrecherisches Treiben greift über die Grenze, um im Süden der Monarchie die Grundlagen staatlicher Ordnung zu untergraben, das Volk, dem Ich in landesväterlicher Liebe Meine volle Fürsorge zuwende, in seinem Treuen zum Herrscherhause und zum Vaterlande wankend zu machen, die heranwachsende Jugend irrezuleiten und zu frevelhaften Taten des Wahnsinnes und des Hochverrates aufzureizen. Eine Reihe von Mordanschlägen, eine planmäßig vorbereitete und durchgeführte Verschwörung, deren furchtbares Gelingen Mich und Meine treuen Völker ins Herz getroffen hat, bildet die weithin sichtbare blutige Spur jener geheimen Machenschaften, die in Serbien ins Werk gesetzt und geleitet wurden.

Diesem unerträglichen Treiben muß Einhalt geboten, den unausgesetzten Herausforderungen Serbiens ein Ende bereitet werden, soll die Ehre und Würde Meiner Monarchie unversehrt erhalten und ihre staatliche, wirtschaftliche und militärische Entwicklung vor beständigen Erschütterungen bewahrt bleiben.

Vergebens hat Meine Regierung noch einen letzten Versuch unternommen, dieses Ziel mit friedlichen Mitteln zu erreichen, Serbien durch ernste Mahnung zur Umkehr zu bewegen.

Serbien hat die maßvollen und gerechten Forderungen Meiner Regierung zurückgewiesen und es abgelehnt, jenen Pflichten nachzukommen, deren Erfüllung im Leben der Völker und Staaten die natürliche und notwendige Grundlage des Friedens bildet.

So muß Ich denn daran schreiten, mit Waffengewalt die unerläßlichen Bürgschaften zu schaffen, die Meinen Staaten die Ruhe im Innern und den dauernden Frieden nach außen sichern sollen.

In dieser ernsten Stunde bin Ich Mir der ganzen Tragweite Meines Entschlusses und Meiner Verantwortung vor dem Allmächtigen voll bewußt.

Ich habe alles geprüft und erwogen.

Mit ruhigem Gewissen betrete Ich den Weg, den Mir die Pflicht Mir weist.

Ich vertraue auf Meine Völker, die sich in allen Stürmen stets in Einigkeit und Treue um Meinen Thron geschart haben und für ihr Ehre, Größe und Macht bisher zu jedweden Opfern immer bereit waren.

Ich vertraue auf Oesterreich-Ungarns tapfere und von hingebungsvoller Begeisterung erfüllte Wehrmacht.

Und Ich vertraue auf den Allmächtigen, daß Er Meinen Waffen den Sieg verleihen werde.

Franz Josef m. p.

Stürgkh m. p.

Hohn ab. Zu dem demütigenden Schritt hatte sich Trakl entschlossen, um die Not der in Berlin verlassen lebenden Schwester zu lindern. Die Abweisung verwundete Trakl so tief, daß er trotz dem Drängen der Freunde, es mit einem Gesuch an die Schiller-Stiftung zu versuchen, alle weiteren Bemühungen als aussichtslos aufgab. In jenen schweren April- und Maitagen waren Spaziergänge und Gespräche mit dem gerade auf der Durchreise nach Italien in Innsbruck weilenden Theodor Däubler und ein Ausflug mit Ficker nach Torbole am Gardasee die einzige Freude. Als Erinnerung an einen stillen, friedevollen Abend in dem malerischen Gardasee-Ort schrieb er das dem Freund und Mentor zugeeignete neunzeilige Gedicht *Gesang einer gefangenen Amsel*, das mit dem tröstlich-erlösenden Bild ausklingt: *Strahlender Arme Erbarmen / Umfängt ein brechendes Herz.*

Im Mai entstand das namenlose Dramenbruchstück und kurz darauf die teilweise mit diesem korrespondierende, erst postum im «Brenner»-Jahrbuch 1915 veröffentlichte Prosa *Offenbarung und Untergang*. Dieses letzte Prosagedicht Trakls und das Dramenfragment haben nicht nur in der Stimmung viel Einheitliches; auch einige textliche Entsprechungen bezeugen, daß die beiden Dichtungen innerlich zusammenhängen, zum Beispiel:

Dramenfragment:

Spätprosa:

... *Aus verwesender Bläue trat die bleiche Gestalt der Schwester und also sprach ihr blutender Mund: Stich schwarzer Dorn. Ach noch tönen von wilden Gewittern die silbernen Arme mir. Fließe Blut von den mondenen Füßen, blühend auf nächtigen Pfaden, darüber schreiend die Ratte huscht. Aufflackert ihr Sterne in meinen gewölbten Brauen; und es läutet leise das Herz in der Nacht. Einbrach ein roter Schatten mit flammendem Schwert in das Haus, floh mit schneeiger Stirne. O bitterer Tod ...*

... *Stich, schwarzer Dorn. Ach, noch tönen von wildem Gewitter die silbernen Arme. Wie weiß sind sie geworden von nächtigem Wege. O das Schreien der Ratten im Hof, der Duft der Narzissen. Rosiger Frühling nistet in den schmerzenden Brauen ... Tier brach ins Haus mit keuchendem Rachen. Tod! Tod! ...*

... *Und es sprach eine dunkle Stimme aus mir: Meinem Rappen brach ich im nächtigen Wald das Genick, da aus seinen purpurnen Augen der Wahnsinn sprang; die Schatten der Ulmen fielen auf mich, das blaue Lachen des Quells und die schwarze Kühle der Nacht, da ich ein wilder Jäger aufjagte ein schneeiges Wild; in steinerner Höhle mein Antlitz erstarb ...*

... *Meinem Rappen brach ich im Wald das Genick, da der Wahnsinn aus seinen purpurnen Augen brach. Der Schatten der Ulmen fiel auf mich, das blaue Lachen des Wassers. Nacht und Mond! Wo bin ich. Einbrech ich in süßen Schlummer, umflattert mich silbernes Jägerpaar! Fremde Nähe nachtet um mich ...*

Knapp vor dem Hereinbruch der europäischen Katastrophe schien sich Trakls Lage, zumindest seine materielle, plötzlich zum Besseren zu wenden. Ludwig von Ficker hatte Mitte Juli von einem Mäzen den Betrag von 100 000 Kronen zur Verteilung an würdige und bedürftige österreichische Künstler erhalten; davon zweigte Ficker zunächst für Rilke und Trakl je 20 000 Kronen ab. Die ansehnliche Summe hätte Trakls Existenz für ein paar Jahre sichergestellt.

Der großzügige Spender war ein Ficker damals Unbekannter. Er

Im Viehwaggon zur Front

hieß Ludwig Wittgenstein, hatte bei Bertrand Russell in Cambridge und Gottlob Frege in Jena Philosophie und Logik studiert und stand weltanschaulich dem positivistischen «Wiener Kreis» nahe. Als einer der Söhne eines sehr reichen Vaters war ihm nach dessen Tod ein bedeutendes Vermögen zugefallen, und da sei es Sitte – so schrieb er an Ficker –, eine gewisse Summe für wohltätige Zwecke auszugeben. Der nachmals berühmt gewordene Verfasser des «Tractatus logico-philosophicus» (1921 und 1922) war mit der Wahl der vorgeschlagenen Dichter ohne weiteres einverstanden. Rilkes Dichtungen kannte er, die Trakls nicht. Als er sie kennengelernt hatte, gestand er freimütig: «Ich verstehe sie nicht; aber ihr T o n beglückt mich. Es ist der Ton der wahrhaft genialen Menschen.»

Eine merkwürdige Verkettung von Umständen wollte es, daß der Kriegsfreiwillige Wittgenstein seinen Benefiziar um ein Haar in der Krakauer Etappe kennengelernt hätte. Der junge Philosoph wurde nämlich dem Militärkommando Krakau zugeteilt, befand sich jedoch, als Trakl gegen Ende Oktober im Irrentrakt des Garnisonsspitals Nr. 15 in Krakau interniert war, an Bord eines Weichselschiffes auf Erkundungsfahrt. Trakl, von Ficker entsprechend unterrichtet, hatte noch Wittgenstein schriftlich gebeten, ihn im Spital zu besuchen. Diese Feldpostkarte sollte das einzige Lebenszeichen des Dichters an seinen Wohltäter bleiben. Drei Tage nach Trakls Tod kehrte Wittgenstein zu seiner Krakauer Dienststelle zurück – da aber war der Dichter schon begraben.

Trakl kam nicht mehr in den Genuß der Schenkung. Als er in Begleitung Fickers bei einer Innsbrucker Bank einen Teil des Guthabens abheben wollte, packte ihn plötzlich solche Angst, daß er in Schweiß gebadet davonlief. Über das Geld verfügte er später anderweitig. Am 27. Oktober, sechs Tage vor seinem Tod, schrieb er an Ficker: *Zum Schlusse will ich noch beifügen, daß im Fall meines Ablebens, es mein Wunsch und Wille ist, daß meine liebe Schwester Grete, alles, was ich an Geld und sonstigen Gegenständen besitze, zu eigen haben soll . . .*

Am 28. Juli erklärte Österreich-Ungarn Serbien den Krieg. Die nervöse Spannung, nach dem Attentat auf das Thronfolgerpaar aufs höchste gestiegen, wich mit einemmal leichtsinniger Siegeszuversicht. Am 1. August erklärte das Deutsche Reich Rußland den Krieg, vierundzwanzig Stunden später folgte die Kampfansage an Frankreich. Am 4. August brach England die Beziehungen zu Deutschland ab, am 6. August folgte die Kriegserklärung der Monarchie an Rußland. Im Laufe einer Woche stand ganz Europa in Flammen.

Trakl scheint den Krieg zuerst innerlich bejaht zu haben – nicht aus Mut oder Übermut, sondern weil er sich davon das Ende seiner Schwierigkeiten erhoffte, vielleicht das Ende überhaupt. Auch darf man nicht vergessen, daß er einer kaisertreuen, patriotischen Bürgerfamilie entstammte und der Taumel der Begeisterung ansteckend wirkte. Von Politik und ihren komplizierten Verflechtungen mit Wirt-

Feldpostkarte an die Mutter

schaft und Sozialstruktur verstand er so gut wie nichts; dies läßt sich durch manche seiner naiv-verallgemeinernden Äußerungen belegen. Es war daher nur selbstverständlich, daß er, wie auch seine Brüder Gustav und Fritz, der Mobilmachungsorder mit zustimmendem Herzen gehorchte.

Am 24. August rückte Trakl im alten Rang eines Medikamentenakzessisten mit einer Sanitätskolonne von Innsbruck aus ins Feld. Ficker erinnert sich, daß es eine helle, stille Mondnacht war, «als auf dem Hauptbahnhof von Innsbruck Trakl, eine rote und bei jedem Abschiedsnicken fast gespenstisch mitnickende Nelke auf der Mütze, den Viehwaggon bestieg, der ihn, den Lebenden und in dieser Stunde Heiteren, für immer uns entführte». Kurz zuvor hatte Trakl dem Freund – «wie zu persönlicher Orientierung» – schweigend eine Aufzeichnung überreicht: *Gefühl in den Augenblicken totenähnlichen Seins: Alle Menschen sind der Liebe wert. Erwachend fühlst du die Bitternis der Welt; darin ist alle deine ungelöste Schuld; dein Gedicht eine unvollkommene Sühne.* Als Ficker fragend aufsah, soll er hinzugefügt haben: *Aber freilich – kein Gedicht kann Sühne sein für eine Schuld.*

Was dann, bis Ende Oktober, mit Trakl geschehen ist, läßt sich nur aus den damals üblichen kargen Mitteilungen auf Feldpostkarten rekonstruieren. Am 26. August hatte er noch aus Wien an Ficker geschrieben; doch schon die nächste Karte trug die Feldpostnummer 65. Beide Male erkundigte sich der Dichter nach seinem Buch *Sebastian im Traum*, von dem er irrtümlich annahm, es sei bereits erschienen. Dann kommt eine weitere (undatierte) Karte mit dem Aufdruck K. u. k.

Feldspital 7/14: *Heute geht es nach Galizien. In unsrer ursprünglichen Bestimmungsstation hatten wir kaum eine Stunde Aufenthalt. Die Fahrt war außerordentlich schön. Wir werden wahrscheinlich noch drei Tage auf der Bahn verbringen müssen.*

Galizien! Hier, und zwar im östlichen Teil dieses Kronlandes, hatte die k. u. k. Heeresleitung gleich zu Beginn der Feindseligkeiten zwei vernichtende Niederlagen einstecken müssen. Die Dritte Armee unter dem Oberbefehl eines völlig unfähigen Kavalleriegenerals und die Zweite Armee waren zwischen dem 26. und 30. August von der russischen «Dampfwalze» dicht um Lemberg zusammengedrängt und bis auf den Gródek-Abschnitt zurückgeworfen worden. Lemberg wurde am 1. September geräumt. Obwohl die zahlenmäßige und taktische Überlegenheit der Russen gerade an dieser Front außer jedem Zweifel stand, befahl der Generalstabschef Freiherr Conrad von Hötzendorf die Eröffnung von Angriffsoperationen zwecks Wiedergewinnung der Stadt. Diese Prestige-Offensive kostete viel Blut und endete mit einem neuerlichen, noch schlimmeren Fiasko; aus dem blindlings befohlenen Angriff wurde ein allgemeiner Rückzug, der nur deshalb nicht in wilde Flucht ausartete, weil die Russen sehr langsam nachrückten. Am 11. September – Trakls Feldspital dürfte die Truppenbewegungen mitgemacht haben – nahm Conrad die Front in die Karpaten und hinter die Wislocka zurück. Damit war Ostgalizien in Feindeshand.

Das Kriegsgeschehen hatte sich schon in Trakls Gedicht *Menschheit* visionär angesagt:

> *Menschheit vor Feuerschlünden aufgestellt,*
> *Ein Trommelwirbel, dunkler Krieger Stirnen,*
> *Schritte durch Blutnebel; schwarzes Eisen schellt;*
> *Verzweiflung, Nacht in traurigen Gehirnen . . .*

Nun war die Vision grausigste Wirklichkeit geworden und wurde in einem gleichsam zerbrochenen hölderlinschen Spiegel manifest:

Im Osten

> *Den wilden Orgeln des Wintersturms*
> *Gleicht des Volkes finstrer Zorn,*
> *Die purpurne Woge der Schlacht,*
> *Entlaubter Sterne.*

> *Mit zerbrochnen Brauen, silbernen Armen*
> *Winkt sterbenden Soldaten die Nacht.*
> *Im Schatten der herbstlichen Esche*
> *Seufzen die Geister der Erschlagenen.*

> *Dornige Wildnis umgürtet die Stadt.*
> *Von blutenden Stufen jagt der Mond*
> *Die erschrockenen Frauen.*
> *Wilde Wölfe brachen durchs Tor.*

Die Nachrichten Trakls aus dem Felde waren, der Militärzensur wegen, knapp und farblos gehalten. Der Mutter – es sollte sein letzter Gruß an sie sein – schrieb er: *Seit einer Woche reisen wir kreuz und quer in Galizien herum und haben bis jetzt noch nichts zu tun gehabt.* An Ficker: *Wir haben vier Wochen angestrengtester Märsche durch ganz Galizien hinter uns. Seit zwei Tagen rasten wir in einer kleinen Stadt Westgaliziens inmitten eines sanften und heiteren Hügellandes und lassen es uns nach all' den großen Ereignissen der jüngsten Zeit in Frieden wohl sein. Morgen oder übermorgen marschieren wir weiter.* Und nun folgen zwei Sätze, die etwas mehr von dem verraten, was der Dichter wirklich erlebt hatte: *Es scheint sich eine neue große Schlacht vorzubereiten. Wolle der Himmel uns diesmal gnädig sein.* Auch Adolf Loos erhält – Mitte Oktober – eine Feldpostkarte mit den wenigen, aber vielsagenden Zeilen: *Nach monatelanger Kreuzfahrt durch ganz Galizien sende ich Ihnen die herz-*

lichsten Grüße. Ich war einige Tage recht krank, ich glaube vor unsäglicher Trauer. Heute bin ich froh, weil wir beinahe sicher nach Norden marschieren werden und in einigen Tagen vielleicht schon in Rußland einrücken werden. Die herzlichsten Grüße an Herrn Kraus...

Mitte Oktober war ein Tiroler Militärarzt dem Dichter flüchtig begegnet – in der Etappe, in Limanowa. «Viele Kolonnen, Feldspitäler, unentwirrbar», zeichnete später dieser Dr. Friedrich Plahl seine Eindrücke nach. «Ein Gasthaus, von einem jüdischen Haushalt geführt. Da lernte ich Trakl kennen. Er schien etwas gedunsen und unstet. Die Stimme heiser. Er wohnte nicht bei seinem Feldspitale, sondern hatte ein Privatzimmer gemietet.» Es wurde über Literatur geredet, Trakl empfahl dem Kameraden Verlaine und Rimbaud. «Er... war ganz in Stimmung. Es sind mir weiter keine Einzelheiten geblieben, nur eine allgemeine warme Gesamtstimmung.»

Gegen Ende Oktober trifft plötzlich bei Ficker eine unheilvolle Nachricht aus Krakau ein. Die Karte trägt den Ortsvermerk: *Garnisonsspital Nr. 15, Abt. 5. – Verehrter Freund! Ich bin seit fünf Tagen hier im Garnisonsspital zur Beobachtung meines Geisteszustandes. Meine Gesundheit ist wohl etwas angegriffen und ich verfalle recht oft in eine unsägliche Traurigkeit. Hoffentlich sind diese Tage der Niedergeschlagenheit bald vorüber. Die schönsten Grüße an Ihre Frau und Ihre Kinder. Bitte telegraphieren Sie mir einige Worte. Ich wäre so froh, von Ihnen Nachricht zu bekommen...*

«Auf diese Karte hin», so sagte Ficker später, «aus der hervorging, daß kein einziger der Freundesgrüße Trakl im Felde erreicht hatte, reiste ich nach Krakau.»

Ficker hat in seinem Erinnerungsbuch jenen zweitägigen Besuch (25. und 26. Oktober 1914) mit aller Genauigkeit geschildert. Es stellte sich in Gesprächen mit dem Patienten (oder als solchen Behandelten) heraus, daß er unter den Nachwirkungen eines schweren, an der Front erlittenen Schocks einen von Kameraden vereitelten Selbstmordversuch unternommen und vierzehn Tage danach – eben in Limanowa – die Abkommandierung ins Krakauer Garnisonsspital erhalten hatte; nicht etwa zur Dienstleistung als Apotheker, wie er zuerst annahm, sondern zur Beobachtung seines Geisteszustandes.

In der Schlacht um Gródek war Trakls Sanitätskolonne zum ersten Male eingesetzt worden. Ohne ärztlichen Beistand mußte er in einer Scheune, nahe dem Rynek, dem großen Markt, an die hundert Schwerverwundete betreuen. Zwei Tage und zwei Nächte hörte er nichts als das Stöhnen und Jammern der Gemarterten. Immer wieder wurde er von dem oder jenem angefleht, der Qual doch ein Ende zu machen. Einer, den ein Schuß in die Blase getroffen, jagte sich vor Trakls Augen eine Kugel durch den Kopf – blutige Gehirnteile klebten an der Wand. Da wurde ihm schwarz vor den Augen, und er eilte ins Freie; doch dort ragten kahle, gespenstische Bäume in den Himmel und an jedem schaukelte ein Gehenkter – Ruthenen, die als Spione oder Russophile hingerichtet worden waren; wie man Trakl erzählte, hatte der zuletzt an die Reihe Gekommene sich selber den Strick um den Hals gelegt.

Auf dem Rückzug, beim Nachtmahl in einem Dorf, sprang der von den Gesichten dieses Infernos Gepeinigte plötzlich auf und stürzte mit den Worten, er könne so nicht mehr weiterleben, hinaus; Kameraden entwanden ihm die Waffe. *Ich fürchte*, sagte er nun zu Fikker, *wegen jenes Vorfalls vor ein Kriegsgericht gestellt und hingerichtet zu werden. Verzagtheit, wissen Sie, Mutlosigkeit vor dem Feind. Ich muß darauf gefaßt sein.* Und er beharrte bei dieser Wahnidee – die Atmosphäre war auch zu bedrohlich, zu unheimlich. Sein Zimmer, im Erdgeschoß des Psychiatrie-Traktes gelegen, glich einer Gefängniszelle. Er fühlte sich nicht als Patient, sondern als Delinquent. Aus den oberen Stockwerken drangen die Schreie der Irren. Und der Zimmergenosse, ein an Delirium tremens leidender Leutnant von den Windischgrätz-Dragonern, machte das alles noch unerträglicher. Die einzige ihm nahe Seele war sein Bursche Mathias Roth, ein Bergarbeiter aus Hallstadt. Der schlief jede Nacht am Fußende seines Bettes auf dem Fußboden.

Wie sich zeigte, waren Trakls neurotische Ängste nicht ganz unbegründet. Der Spitalskommandant, ein tschechischer Oberstabsarzt namens Nikolaus Toman, verhielt sich zugeknöpft, als Ficker um die Herausgabe des Patienten bat. Und der Assistenzarzt, ein Pole, der Trakl unter Beobachtung hatte, erklärte sich für diesen Fall von «Genie und Irrsinn» besonders zu interessieren, hatte er doch bei der Briefzensur Verse des Dichters gelesen, die ihm nicht geheuer vorgekommen waren.

Am nächsten Tag ist Trakl apathisch, in sich gekehrt. *Wollen Sie hören, was ich im Feld geschrieben – es ist blutwenig.* Und er liest, auf dem Eisenbett liegend, während der Windischgrätz-Dragoner sich ungehalten und gelangweilt in seinem Bett der Wand zukehrt, dem Freund zwei erschütternde Gedichte vor: *Klage* und *Grodek*. Dann greift er nach einem Reclam-Bändchen – Dichtungen von Johann Christian Günther, dem «wilden» Günther – und spricht mit leiser,

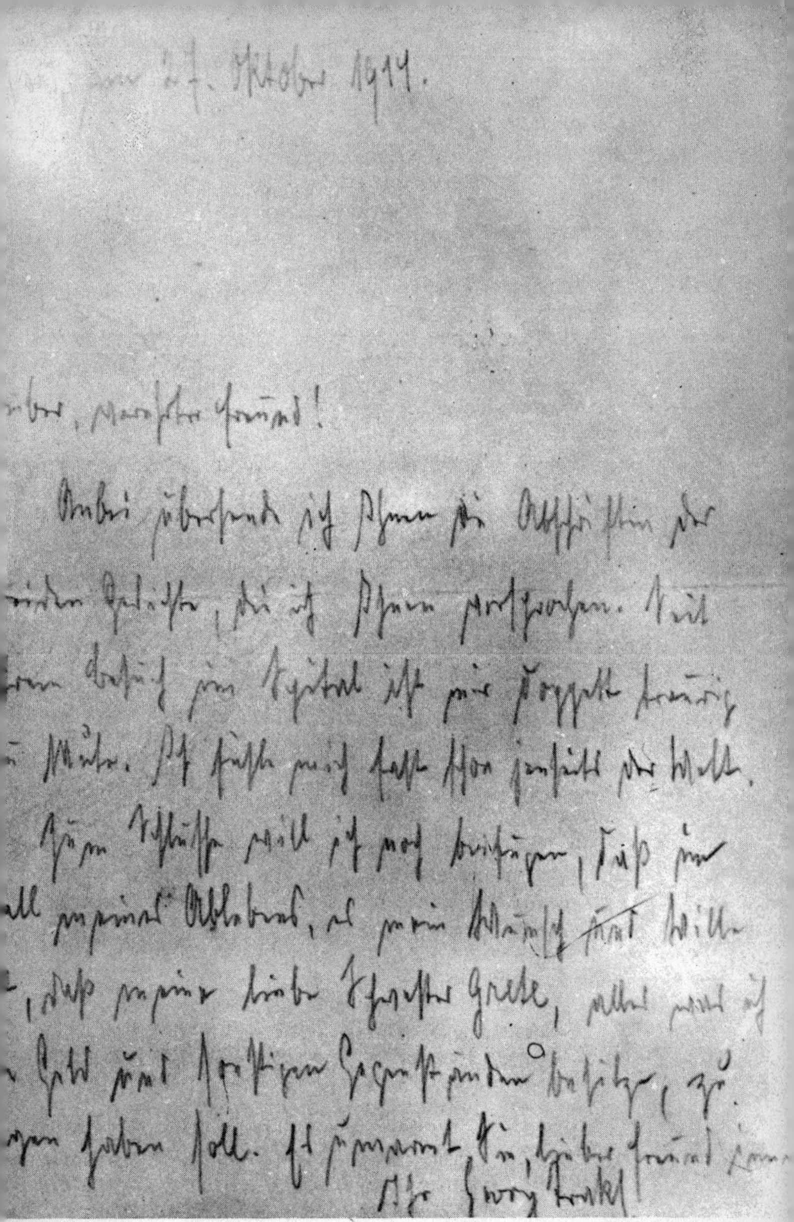
…am 27. Oktober 1914.

…ber, verehrter Freund!

Anbei übersende ich Ihnen die Abschriften der
…iden Gedichte, die ich Ihnen versprochen. Seit
…rem Besuch im Spital ist mir doppelt traurig
…u Mute. Ich fühle mich fast schon jenseits der Welt.
Zum Schlusse will ich noch beifügen, daß im
…ll meines Ablebens, es mein Wunsch und Wille
…, daß meine liebe Schwester Grete, alles was ich
…n Geld und sonstigen Gegenständen besitze, zu
…gen haben soll. Es umarmt Sie, lieber Freund innig…
Ihr Georg Trakl

Der letzte Brief

eindringlicher Stimme ein paar der tiefpessimistischen Strophen dieses genialen Barocklyrikers, der ihm in der Lebenstragik ähnelte und jung starb. Eines dieser Gedichte schließt mit der Zeile: «Oft ist ein guter Tod der beste Lebenslauf».

Beklommen verabschiedet sich Ficker, denn er hatte herausbekommen, daß Trakl tödliche Gifte bei sich verborgen hielt. Ficker spricht ihm Trost zu; er werde sogleich von Wien aus seine Versetzung nach Innsbruck ins Werk setzen. Als er mit einem «Auf baldiges Wiedersehen» von dem Freunde scheidet, liegt dieser regungslos, entgegnet kein Wort. «Sah mich nur an. Sah mir noch nach ... Nie werde ich diesen Blick vergessen.»

In Innsbruck treffen noch zwei (vom 27. Oktober datierte) Briefe Trakls und eine Feldpostkarte ein. Dem einen Brief liegt – neben der verbesserten Anfangsstrophe des Sonetts *Traum des Bösen* – die neue vierstrophige Fassung des ursprünglich sechsstrophigen Gedichts *Menschliches Elend* von 1911 bei; Trakl hatte den Titel in *Menschliche Trauer* umgeändert. Merkwürdigerweise wurde diese zweite und endgültige, um vieles stärkere Fassung, in der sich das gewaltige, aus der Irrsinnsatmosphäre des galizischen Schlachthauses empfangene Bild findet: *Es scheint, man hört der Fledermäuse Schrei / Im Garten einen Sarg zusammenzimmern,* erst in die vierte Auflage (1939) der *Dichtungen* aufgenommen.

Der zweite Brief enthielt die Sätze: *Seit Ihrem Besuch im Spital ist*

Österreichische Ulanenpatrouille in Gródek

mir doppelt traurig zu Mute. Ich fühle mich fast schon jenseits der Welt. Zwei Gedichte sind beigeschlossen – die letzten von Trakls Hand, in einer nun letztverbindlichen Fassung:

Klage

Schlaf und Tod, die düstern Adler
Umrauschen nachtlang dieses Haupt:
Des Menschen goldnes Bildnis
Verschlänge die eisige Woge

An

Herrn Wilhelm Trakl

in

__München__

Mandstraße 5 Parterre

In Erledigung geehrter Zuschrift vom 11. XI. 1914 wird Ihnen mitgeteilt, daß Ihr Bruder Milit. Arbzs. Georg Trakl im hiesigen Spitale wegen Geistesstörung (Dement. praec.) in Behandlung stand, am 2. November nach einem Selbstmordversuch durch Cocainvergiftung (das Medikament hat er voraussichtlich von der Feldapotheke wo er früher tätig war, mitgebracht und so aufbewahrt, daß trotz sorgfältiger Untersuchung bei ihm nicht gefunden wurde), unternommen hat und trotz allermöglichen raschesten Hilfe nicht mehr gerettet werden konnte. Derselbe starb am 3. November um 9ʰ abends und wurde von hiesigen Rakoviczer Friedhof beerdigt.

Krakau, am 15. November 19

[Unterschrift]

Der Ewigkeit. An schaurigen Riffen
Zerschellt der purpurne Leib.
Und es klagt die dunkle Stimme
Über dem Meer.
Schwester stürmischer Schwermut
Sieh ein ängstlicher Kahn versinkt
Unter Sternen,
Dem schweigenden Antlitz der Nacht.

Grodek

Am Abend tönen die herbstlichen Wälder
Von tödlichen Waffen, die goldnen Ebenen
Und blauen Seen, darüber die Sonne
Düstrer hinrollt; umfängt die Nacht
Sterbende Krieger, die wilde Klage
Ihrer zerbrochenen Münder.
Doch stille sammelt im Weidengrund
Rotes Gewölk, darin ein zürnender Gott wohnt,
Das vergossne Blut sich, mondne Kühle;
Alle Straßen münden in schwarze Verwesung.
Unter goldnem Gezweig der Nacht und Sternen
Es schwankt der Schwester Schatten durch den
    schweigenden Hain,
Zu grüßen die Geister der Helden, die blutenden
    Häupter;
Und leise tönen im Rohr die dunkeln Flöten des
    Herbstes.
O stolzere Trauer! ihr ehernen Altäre,
Die heiße Flamme des Geistes nährt heute ein
    gewaltiger Schmerz,
Die ungebornen Enkel.

Auffällig ist, daß Trakl das Gedicht *Klage* zur Gänze und von *Grodek* die ersten sechs Zeilen in der Lateinschrift seiner Jugendzeit (mit Bleistift) aufgezeichnet hatte. Vielleicht, um mit der schwerer leserlichen Kurrentschrift bei den Beamten der Militärzensur, die oft Nichtdeutsche waren, keine Unannehmlichkeiten zu haben.

Die Feldpostkarte, gleichfalls nicht datiert, hatte Trakl vor Fickers Besuch geschrieben; dieser erinnerte sich, daß der Dichter sie ihm zum Lesen gegeben hatte: *... Da ich bis heute noch kein Lebenszeichen erhalten habe nehme ich an, daß Sie meine Feldpostkarten nicht erhalten haben. Ich verlasse nach vierzehntägigem Aufenthalt im hiesigen Garnisonsspital Krakau. Wohin ich komme, weiß ich noch nicht.*

Die offizielle Todesnachricht

Meine neue Adresse will ich Ihnen baldmöglichst mitteilen . . . Was konnte Trakl veranlaßt haben, sie abzuschicken? Betroffen drehte Fikker die Karte um. Da stand von fremder Hand und mit unleserlicher Unterschrift: «Herr Trakl ist im Garnisonsspital Krakau eines plötzlichen Todes (Lähmung?) gestorben. Ich war sein Zimmernachbar.» Die Karte trug den Poststempel Prag – 9. 11. 1914.

Auf eine Anfrage nach den näheren Umständen von Trakls Tod – Georgs Halbbruder Wilhelm hatte sie an das Garnisonsspital in Krakau gerichtet – kam von dort die folgende Auskunft zurück: «. . . wird Ihnen mitgeteilt, daß Ihr Bruder Medik.-Akzessist Georg Trakl im hiesigen Spitale wegen Geistesstörung (Dement. praec.) in Behandlung stand, am 2. November nachts einen Selbstmordversuch durch Kokainvergiftung (das Medikament hat er wahrscheinlich von der Feldapotheke, wo er früher tätig war, mitgebracht und so aufbewahrt, daß trotz sorgfältiger Untersuchung bei ihm nichts gefunden wurde) unternommen hat und trotz aller möglichen ärztlichen Hilfe nicht mehr gerettet werden konnte. Derselbe starb am 3. November um 9 Uhr abends und wurde im hiesigen Rakoviczer Friedhofe beerdigt. Krakau, am 15. November 1914. Dr. . . . (Stabsarzt).»

Die Daten stimmen mit dem Sterberegister des Spitals genau überein. Nur hatte der polnische Schreiber statt Trakl «Frankl» verstanden und in die Altersrubrik «37» statt 27 Jahre eingetragen.

Bei Trakls Begräbnis war allein sein treuer Bursche, jener Bergarbeiter Mathias Roth, anwesend, von dem sich ein rührendes Dokument der Liebe und Menschlichkeit erhalten hat – als wollten hier alle einfachen Menschen, zu denen Trakl im Leben gut gewesen war, mit einer herzlichen Danksagung von ihm Abschied nehmen. Der Brief, «ein schönes Bild der Rechtschreibung des Herzens», wie Ficker sagt, war an diesen gerichtet; er enthielt einen kleinen Zeitirrtum. Ficker schreibt: «Trakl muß die Weisung, mit der er den Burschen zuletzt entließ, schon am 2. (nicht erst am 3.) November abends ge-

Das Sterberegister mit dem unrichtigen Namen und Alter

	Imię i nazwisko zmarłego (ej)	Data śmierci	Wick zmarłego (ej)	Wyznanie zmarłego (ej)	Stan zmarłego (ej)	Zatrudnienie zmarłego (ej)	Miejsce
Liczba bieżąca	Przy dzieciach nieżywo urodzonych lub zmarłych przed nadaniem imienia, płeć dziecka i nazwisko ślubnego ojca względnie nieślubnej matki	Rok, miesiąc, dzień, godzina	Przy dzieciach nieżywo urodzonych ...	Przy dzieciach nieżywo urodzonych ... religii wyznanie ślubnego ojca wzgl. nieśl. matki	Wolny, małżeński, wdowi, rozwiedziony ...	Przy dzieciach ... 14-tu zatrudnienie ślubnego ojca ... lub nieślubnej matki	Dzie Ul Nr.
3796	V. *Georg* V. *Frankl*	miesiąc XI. 3 dzień 9 ...	lat 37 ...	*zwang*	wolny małżeński od wolny rozwiedziony	*akcessista med.*	*Spit. garn.*
	V. *Jan* V.	miesiąc XI. dzień ...	lat 26 ...	*gr. kat.*	wolny małżeński od ...	*żołnierz ...*	*Szpit.*

geben haben. Denn wie Roth selbst erzählte, ist Trakl einen vollen Tag (eben den ganzen 3. November über) in Bewußtlosigkeit gelegen. Ärzte und Wärter hatten dem Burschen den Zutritt in die Zelle verwehrt, aber Roth konnte noch am Abend des 3. November durch das Guckloch wahrnehmen, daß das Herz des Herrn, der auf dem Rücken ausgestreckt mit geschlossenen Augen dalag, noch immer mächtig schlug, daß seine Brust sich mühsam hob und senkte. Erst am darauffolgenden Morgen hatte Trakl ausgerungen; sein Leichnam lag mit einem Leintuch zugedeckt im Bett.»

Der Brief Roths lautet (gekürzt): «... Mir nähmlich erbarmt halt mein Herr immer und daß werde ich ihn meinen Leben nimmer vergessen ... Hätte ich doch früher Ihren werthen Namen gewußt ich hätte Ihnen Sofort Thelegrafirt schon wie er nimer Wach wurde ... Ich denke immer und immer an meinen Werthen lieben guten Herrn daß er so elendig und auf Solche Weise zugrunde gehen mußte? Also den 3. Abends war er noch so gut und Brüderlich sagte er noch um halb 7 Uhr bringen Sie mir Morgen um 7-1/2 einen Schwarzen und ich Soll Schlafen gehn. Und den 4. wars anders mein lieber Herr brauchte keinen Schwarzen mehr. Denn bei der Nacht hat ihn der liebe Gott zu sich gerufen. Euer mit Thrauernder vom meinen Liebenden Herrn als Bursche Mathias Roth.»

Auch von Wittgenstein traf die bestätigende Mitteilung ein: «Alles was ich über das Ende des armen Trakl erfahren habe, ist dies: Er ist drei Tage vor meiner Ankunft an Herzlähmung gestorben. Es widerstrebte mir, mich auf diese Nachricht hin noch weiter nach Umständen zu erkundigen, wo doch das einzig Wichtige schon gesagt war.»

1925 wurden Trakls Gebeine nach Tirol übergeführt, an das er bis zuletzt in Dankbarkeit gedacht hatte – *Nochmals die herzlichsten Grüße – an Tirol, Sie und alle Teuren –*, und am 7. Oktober auf dem stillen Friedhof der Gemeinde Mühlau bei Innsbruck zur ewigen Ruhe bestattet. Die Grabrede hielt Ludwig von Ficker.

Miejsce zamieszkania	Przyczyna śmierci	Kto leczył zmarłego (ą)	Czy ślubne, rytualne, nieślubne	W jaki sposób w dzieciństwie karmione	Data dokonania oględzin zmarłego	Gdzie należy przewieźć zwłoki	Kiedy zwłoki należy pogrzebać	Stopień zamożności

Das Grab in Mühlau

Unter den nachgelassenen Papieren des Dichters fand sich jenes schon einmal erwähnte, *An Novalis* überschriebene Gedicht, das, wie Erhard Buschbeck sagte, in seltsamer Schickung für ihn selber gelten darf und füglich als Epitaph über seiner letzten Ruhestätte stehen könnte:

> *In dunkler Erde ruht der heilige Fremdling.*
> *Es nahm von sanftem Munde ihm die Klage der Gott,*
> *Da er in seiner Blüte hinsank.*
> *Eine blaue Blume*
> *Fortlebt sein Lied im nächtlichen Haus der Schmerzen.*

ZEITTAFEL

1887 3. Februar: Georg Trakl wird in Salzburg als viertes von sechs Kindern des Eisenhändlers Tobias Trakl und seiner Frau Maria geboren.

1892 8. August: Trakls Lieblingsschwester Grete kommt zur Welt. Ab September Besuch der katholischen «Übungsschule» der k. k. Lehrerbildungsanstalt und der evangelischen Religionslehre.

1896 Beginn einer lebenslangen Freundschaft mit Erhard Buschbeck.

1897 Im September Eintritt in das humanistische Staatsgymnasium am Salzburger Universitätsplatz.

1900 Wiederholung der vierten Klasse wegen ungenügender Leistungen in Latein und Mathematik. Klavierunterricht durch den Komponisten August Brunetti-Pisano. Erwachen einer Schwärmerei für die Musikromantik: Chopin, Liszt, die Russen – später für Wagner.

1904 Beginn dichterischer Tätigkeit. Unter dem Einfluß von Lenau, Baudelaire, Verlaine, George, Hofmannsthal entstehen Verse (darunter *Der Heilige*) und lyrische Feuilletons. Zusammenschluß mit Gleichgestimmten im Dichterverein «Apollo» (später «Minerva»). Nietzsche- und Dostojevskij-Verehrung beginnt. Erste Chloroform-Absencen.

1905 Abbruch des Gymnasialstudiums in der Siebenten wegen nichtgenügender Leistungen in Latein, Griechisch und Mathematik. 18. September: Eintritt als Lehrling in Carl Hinterhubers Apotheke «Zum Weißen Engel». 26. September: Abmeldung vom Gymnasium. Freundschaft mit dem Bühnendichter Gustav Streicher; unter dessen Einfluß Versuche als Dramatiker (Vorbilder: Ibsen, Strindberg, Maeterlinck).

1906 31. März: Aufführung des Einakters *Totentag* im Salzburger Stadt-Theater – Achtungserfolg. Einladung des «Salzburger Volksblattes» zu gelegentlicher Mitarbeit. 12. Mai: Publizistisches Debüt mit der lyrischen Skizze *Traumland*. 15. September: Premiere des Einakters *Fata Morgana* im Stadt-Theater. Durchfall des Stückes.

1907 Enttäuschung über den Mißerfolg lähmt schöpferische Arbeit. Allmähliches Vertrautwerden mit starken Rauschgiften (Morphium und Veronal). Vermutlich gegen Jahresende Beginn der Niederschrift von Rohentwürfen zur dreiaktigen Tragödie *Don Juans Tod* (die später, angeblich 1912, vernichtet wird).

1908 26. Februar: Vorzeitige Ablegung der Tirocinalprüfung mit gutem Erfolg. Weitere Lyrik entsteht. Ende September Übersiedlung nach Wien und Aufnahme des viersemestrigen Universitätsstudiums der Pharmazie. Trakl lernt die Rimbaud-Übersetzung von K. L. Ammer kennen, die ihn lange Zeit stark beeinflussen wird.

1909 Großteils in Wien, fallweise in Salzburg. Vorexamina werden am 20. März, 13. und 16. Juli mit genügendem Erfolg bestanden. Erneut dichterischer Aufschwung – *Ich habe gesegnete Tage hinter mir* (Brief an Buschbeck vom 11. Juni). Ab September ist Grete Trakl Schülerin an der Wiener Musikakademie und bei Paul de Conne. Sichtung der Jugendgedichte, die zum Jahresende Buschbeck – dieser ist ab Herbst Jusstudent an der Wiener Universität – zwecks Verlegersuche übergeben werden. 17. Oktober: Publizistisches Debüt in einer hauptstädtischen Tageszeitung – auf Empfehlung Hermann Bahrs veröffentlicht «Neues Wiener Journal» drei Jugendgedichte: *Einer Vorübergehenden*, *Vollendung* und *Andacht*. Kurz darauf Besuch bei Bahr in Ober-St. Veit. 18. Dezember: Buschbeck bietet die Jugendgedichte dem Verlag Albert Langen in München an.

1910 Anfang Februar Niederschrift des Puppenspiels *Blaubart*. 18. Juni: Tod des Vaters. Endgültiger Durchbruch zur reifen Form und Entstehung der frühesten Gedichte des gültigen Werkes, darunter *Verfall, Die schöne Stadt, Der Gewitterabend*. Rigorosen am 28. Juni, 9. und 21. Juli, Trakl sponiert zum Magister der Pharmazie. Mitte Juli: Der Dichter wird sich seiner *heiß errungenen Manier* klar bewußt, mit der er *ein infernalisches Chaos von Rhythmen und Bildern* zu bewältigen sucht. Grete Trakl übersiedelt nach Berlin. 1. Oktober: Antritt des Präsenzdienstes als Einjährig-Freiwilliger bei der k. u. k. Sanitätsabteilung Nr. 2 in Wien.

1911 Bis 30. September Sanitätsdienst in Wien. Nach Beendigung des Freiwilligenjahres wird der «Einj. Freiw. titl. Korporal-Pharmazeut Georg Trakl» in das nichtaktive Verhältnis mit dem zuständigen Landesschützenergänzungsbezirk Innsbruck versetzt. Beginn schwerdepressiver Anfälle und Perioden. Vom 15. Oktober bis 20. Dezember Rezeptarius in der Engel-Apotheke in Salzburg. Umgang mit Mitgliedern der «Salzburger Literatur- und Kunstgesellschaft Pan», Freundschaft mit dem Kulturkritiker und «Fackel»-Mitarbeiter Karl Hauer. Trunkenheitsexzesse. Am 1. Dezember Ernennung zum Landwehrmedikamentenakzessisten (Leutnantsrang). Materieller Notstand.

1912 März: «Der Ruf, ein Flugblatt an junge Menschen» (Wien) bringt *Heiterer Frühling*. Mitgliedschaft beim «Akademischen Verband für Literatur und Musik» in Wien. Vom 1. April an Ableistung eines sechsmonatigen Probedienstes als Landwehrmedikamentenakzessist in der Apotheke des Garnisonsspitals Nr. 10 in Innsbruck, um beim Militär reaktiviert zu werden. Robert Müller empfiehlt Trakl dem Herausgeber der Innsbrucker Halbmonatsschrift «Der Brenner», Ludwig von Ficker. 1. Mai: *Vorstadt im Föhn* erscheint im «Brenner». Bald darauf persönliche Bekanntschaft mit Ficker und Mitarbeitern des «Brenner»: Carl Dallago, Karl Borromäus Heinrich, Karl Röck; mit den zwei letzteren engste Freundschaft bis zum Tode. 17. Juli: Grete Trakl heiratet in Berlin den Buchhändler Arthur Langen. Im Herbst Bemühungen der Freunde, eine erste Sammlung der reifen Dichtungen (Titel: *Dämmerung und Verfall*) im Wege einer öffentlichen Subskription herauszubringen; Aufforderungen dazu in «Fakkel» und «Brenner». Hauptzeit großer dichterischer Entfaltung, starke Beeinflussung durch Hölderlins Dichtungen. *Traum des Bösen, De profundis, Menschheit, Drei Blicke in einen Opal* usf. entstehen. Platzangst im Dienst und Depersonalisationszustände. 1. Oktober: *Psalm* erscheint im «Brenner». Nach Ablauf des Probehalbjahres und auf Grund von Gutachten der Vorgesetzten Übernahme in den Heeresdienst; am 30. Oktober beantragt Trakl seine Versetzung in die Reserve – zum 30. November wird dem Ansuchen stattgegeben. Wieder große seelische Leidenszeit. Buschbeck bietet dem Verlag Albert Langen die Gedichtsammlung *Dämmerung und Verfall* an. Trakl soll am 1. Dezember einen Posten im Wiener Arbeitsministerium antreten, erwirkt vierwöchigen Aufschub. In Salzburg und Wien Weiterarbeit am *Helian*. In Wien Kontakte mit Karl Kraus, Adolf Loos und Oskar Kokoschka. Vorstellung im Arbeitsministerium am 31. Dezember.

1913 1. Januar: Trakl schreibt sein Entlassungsgesuch (der Dienst hatte am Tag zuvor nur zwei Stunden gedauert). Rückkehr nach Innsbruck und Vollendung des *Helian,* der am 1. Februar im «Brenner» erscheint. Von Mitte Februar bis Anfang April in Salzburg: *wieder eine Kette von Krankheit und Verzweiflung.* 19. März: Der Verlag Albert Langen lehnt die angebotenen Gedichte ab. Zuflucht in schwerer Seelennot bei Ficker in Innsbruck-Mühlau und bei dessen Bruder auf Schloß Hohenburg bei Igls. Trakl erkundigt sich über Buschbeck nach einer Arbeitsmöglichkeit im Wiener Allgemeinen Krankenhaus. 1. April: Anfrage des jungen Leipziger Verlegers Kurt Wolff nach Gedichten. Trakl schickt Gesamtmanuskript; hierauf – unter anfänglichem Protest des Dichters – knappe Auswahl durch Franz Werfel. 15. April: Ficker veröffentlicht *Nachtlied.* Die *Elis*-Gedichte erscheinen am 1. Mai und 1. Juli im «Brenner», *Karl Kraus* am 15. Juni. Anfang Juli hält sich Trakl in Salzburg auf und ist vom 15. Juli bis 12. August im Wiener Kriegsministerium als Beamter tätig. Ende Juli: Auslieferung der *Gedichte,* Kurt Wolff Verlag (Bücherei «Der jüngste Tag» Nr. 7/8), an den Buchhandel. Dritte Augustwoche: Trakl reist nach Venedig, wo er sich mit Karl Kraus, Adolf und Bessie Loos, Peter Altenberg, Ludwig und Cissi von Ficker trifft; zwölftägiger Aufenthalt und Rückkehr nach Wien. Am 1. Oktober erscheint *Sebastian im Traum,* am 15. *Verwandlung des Bösen* im «Brenner». Schwere seelische Krise: *mein Leben ist in wenigen Tagen unsäglich zerbrochen worden und es bleibt nur mehr ein sprachloser Schmerz.* Innsbruck, 10. Dezember: Einzige öffentliche Vorlesung Trakls, gemeinsam mit Robert Michel. Ab Mitte Dezember: Chronologische Reihung der reifen Dichtungen durch Trakl und Röck. Später Gruppierung der Gedichte nach Schauplätzen und Lebenssphären durch Röck allein.

1914 *Traum und Umnachtung* wird vollendet und erscheint am 1. Februar im «Brenner». Im ersten Januarheft sind *An einen Frühverstorbenen, Anif, Abendländisches Lied, Die Sonne* und *An die Verstummten* abgedruckt. Gespräch mit Hans Limbach. Am 1. März erscheint *Siebengesang des Todes.* Trakl versucht, als Militärapotheker im neuerstandenen albanischen Staat unterzukommen. Anfang März: Beginn der Satzarbeit an dem Gedichtbuch *Sebastian im Traum* (Kurt Wolff). Zwischen 15. und 25. März ist Trakl in Berlin-Wilmersdorf bei seiner schwerkranken Schwester Grete (Langen); Begegnungen mit Else Lasker-Schüler. Rückkehr nach Innsbruck in völliger Zerrüttung. Das Selbstporträt entsteht. Am 1. April erscheint *Gesang des Abgeschiedenen* im «Brenner», am 1. Mai *Abendland.* Mitte April Begegnung mit Theodor Däubler in Innsbruck. Um der Schwester zu helfen, wendet sich Trakl an einen ehemaligen Schulfreund um Unterstützung; dieser lehnt am 25. Mai brüsk ab. Anfälle schwerster Verzweiflung. Im Mai Niederschrift des «Dramenfragments der Spätzeit». Mit Ficker einige Tage in Torbole am Gardasee. Ende Mai: Korrektur der Bürstenabzüge von *Sebastian im Traum* (letzte editorische Arbeit). Auswanderungspläne: Trakl erkundigt sich am 8. Juni bei der Königlich-Niederländischen Kolonialverwaltung nach einer Apothekeranstellung in Holländisch-Indien. *Offenbarung und Untergang* entsteht. 28. Juni: Das Attentat von Sarajewo. Zwischen Juni und Oktober werden die sieben letzten Gedichte geschrieben. Ficker zweigt von der Geldspende eines Mäzens (Ludwig Wittgenstein) 20 000 Kronen für Trakl ab. 28. Juli: Österreich-Ungarn erklärt Serbien den Krieg. 6. August: Abbruch der Beziehungen zu Rußland. 24. August: Trakl rückt als Medikamentenakzessist mit einer Innsbrucker Sanitätskolonne ins Feld und wird dem k. u. k. Feldspital 7/14 zugeteilt. Weite Märsche der Truppe im Raum von Lemberg. Bis 11. September wird Ostgalizien geräumt, die österreichische Front in die Karpaten zurückgenommen. Auf dem Rückzug von Gródek verhindern Kameraden einen Selbstmordversuch Trakls. Mitte Oktober: Der Dichter erhält in Limanowa die Abkommandierung nach Krakau zur Beobachtung seines Geisteszustandes. 25. und 26. Oktober: Ficker besucht Trakl in der Psychiatrischen Abteilung des Krakauer Garnisonsspitals Nr. 15. 27. Oktober: Dem Freund werden die zwei letzten Gedichte, *Klage* und *Grodek*, nachgeschickt. Am 3. November in den Abendstunden stirbt Trakl an einer Überdosis Kokain (Herzlähmung). 6. November: Bestattung auf dem Rakoviczer Friedhof in Krakau.

1915 Frühjahr: Im «Brenner»-Jahrbuch 1915 werden die sieben letzten Gedichte sowie *Offenbarung und Untergang* veröffentlicht. Das Gedichtbuch *Sebastian im Traum* erscheint mit dem Copyright-Vermerk 1914 bei Kurt Wolff in Leipzig.

1917 21. November: Grete Langen-Trakl endet durch eigene Hand.

1919 *Die Dichtungen*, erste Gesamtausgabe der gültigen Gedichte in der Anordnung von Karl Röck (Kurt Wolff Verlag, Leipzig), werden ausgeliefert.

1925 Überführung von Trakls Gebeinen nach Tirol. 7. Oktober: Beisetzung auf dem Friedhof der Gemeinde Mühlau bei Innsbruck.

1939 Die Jugenddichtungen erscheinen, von Erhard Buschbeck herausgegeben, unter dem Titel *Aus goldenem Kelch* bei Otto Müller, Salzburg und Leipzig.

ZEUGNISSE

ELSE LASKER-SCHÜLER

Seine Augen standen ganz fern.
Er war als Knabe einmal schon im Himmel.

Darum kamen seine Worte hervor
Auf blauen und auf weißen Wolken.

Wir stritten über Religion,
Aber immer wie zwei Spielgefährten,

Und bereiteten Gott von Mund zu Mund.
Im Anfang war das Wort.

Des Dichters Herz, eine feste Burg,
Seine Gedichte: Singende Thesen.

Er war wohl Martin Luther.

Seine dreifaltige Seele trug er in der Hand,
Als er in den heiligen Krieg zog.

– Dann wußte ich, er war gestorben –

Sein Schatten weilte unbegreiflich
Auf dem Abend meines Zimmers.

1915

RAINER MARIA RILKE

Trakl's Gestalt gehört zu den linoshaft mythischen; instinktiv faß
ich sie in den fünf Erscheinungen des *Helian*. Greifbarer hat sie wohl
nicht zu sein, war sie es wohl nicht aus ihm selbst . . .

Inzwischen habe ich den *Sebastian im Traum* bekommen und viel
darin gelesen: ergriffen, staunend, ahnend und ratlos; denn man be-
greift bald, daß die Bedingungen dieses Auftönens und Hinklingens
unwiederbringlich einzige waren, wie die Umstände, aus denen eben
ein Traum kommen mag. Ich denke mir, daß selbst der Nahstehende
immer noch wie an Scheiben gepreßt diese Aussichten und Einblicke
erfährt, als ein Ausgeschlossener: denn Trakl's Erleben geht wie in
Spiegelbildern und füllt seinen ganzen Raum, der unbetretbar ist,
wie der Raum im Spiegel. (Wer mag er gewesen sein?)
      Aus Briefen an Ludwig von Ficker. 1915

Ihn, der ein starker Trinker und Drogenesser war, verließ nie seine edle, geistig ungemein gestählte Haltung; es gibt keinen Menschen, der ihn im Zustand der Trunkenheit jemals auch nur hätte schwanken oder vorlaut werden gesehen, obschon sich seine so milde und wie um eine unsägliche Verstummtheit kreisende Art des Sprechens in vorgeschrittener Nachtstunde beim Wein oft seltsam verhärten und ins Funkelnd-Böse zuspitzen konnte. Aber darunter hat er oft mehr gelitten als die, über deren Köpfe hinweg er die Dolche seiner Rede in die schweigende Runde blitzen ließ; denn er schien in solchen Augenblicken von einer Wahrhaftigkeit, die sein Herz förmlich bluten machte ...

Mitteilung an Kurt Pinthus. 1919

ALBERT EHRENSTEIN

In *Sebastian im Traum* singt er sein monotones Lied bereits mit so großer Inbrunst, daß Unterschiede nicht mehr vorhanden sind und nur die Prosastücke in diesem ekstatischen Buche einen Weg hinaus über die unübertreffliche Vollkommenheit der Gedichte andeuten. Die düster-prophetischen Prosavisionen lassen eine nun zerstörte Entwicklungsfähigkeit gewaltig ahnen. Aber man ließ diesen stillen Dichter, der mehr Suicid als Cid war, als Kriegsfreiwilligen auf das Mordfeld! Nun ist er ganz still geworden. In Salzburg geboren, in Krakau gestorben – dazwischen liegt das alte Österreich. Einige in Wien und Innsbruck und Berlin kannten ihn. Wenige wissen, wer er war; wenige wissen um sein Werk: daß keiner in Österreich je schönere Verse schrieb als Georg Trakl.

Den ermordeten Brüdern. 1919

THEODOR DÄUBLER

Mein letzter Ausflug mit dem Dichter zarter Traurigkeit führte von Innsbruck, auf lenzlichem Weg, durch Dörfer nach Hall. Damals lernten wir uns eigentlich kennen; er sagte oft Kindern, die wir trafen, behutsame Worte, sonst sprach er ununterbrochen vom Tod. Als wir uns am Abend lassen mußten, war mir's, als hielte ich ein Filigrangeschenk von Georg Trakl in der Hand: sanfte Silben spürte ich, sorgsam zueinandergeblumt, klar als Wortsinn einzig ihm und mir. Vor dem Styx besann ich mich genau des Satzes: *Die Todesart ist gleichgültig: der Tod ist so furchtbar, weil ein Sturz, daß alles, was ihm vorausgehen oder folgen mag, geringfügig bleibt. Wir fallen in ein Unfaßbar-Schwarzes. Wie könnte das Sterben, die Sekunde zur Ewigkeit, kurz sein?* Ich fragte ihn: «Faßt uns darum bei abgründigen Gesprächen, auf steilen Stellen, im Leben wie an hohen Orten, Schwindel?» Er nickte: *Ja!* Nur wenige Monate später hatte Georg Trakl den ihm gebotenen Sturz nicht gescheut. Spruch und Sprung ereigneten sich im Frühjahr und Herbst des Totenjahres 1914. Plötzlich schreckte ich weg vom Styx: Also der Satz ins schwarze Wasser! Ohne ein Zerschellen?

Athen. 1921

JOSEF LEITGEB

Das Werk Georg Trakls ist das Bild einer völlig geschlossenen, in sich selbst beruhenden Welt. Müßte man ihr einen Namen geben, man könnte sie nur die Trakl-Welt nennen, so sehr ist sie eine Schöpfung, mit keiner andern im Bereich der deutschen Dichtung vergleichbar. Er allein hat sie erschaffen, aus dem Stoff der unsrigen zwar, aber wie er den verwandelte, mit seinem Wesen tränkte, ihn im Worte formte, das ergab ein durchaus Neues und Unwiederholbares. Es liegt inselhaft in der deutschen Dichtung und ist weder mit der älteren noch mit der gleichzeitigen Lyrik wirklich verbunden. Die Einflüsse Baudelaires und Rimbauds, auf die von manchen verwiesen wird, dringen nirgends tiefer unter die Oberfläche.

Die Trakl-Welt. 1950

MARTIN HEIDEGGER

Der mehrdeutige Ton des Traklschen Gedichtes kommt aus einer Versammlung, das heißt aus einem Einklang, der, für sich gemeint, stets unsäglich bleibt. Das Mehrdeutige dieses dichtenden Sagens ist nicht das Ungenaue des Lässigen, sondern die Strenge des Lassenden, der sich auf die Sorgfalt des *gerechten Anschauens* eingelassen hat und diesem sich fügt.

Oft können wir dieses in ihm selber durchaus sichere mehrdeutige Sagen, das den Dichtungen Trakls eignet, schwer gegen die Sprache anderer Dichter abgrenzen, deren Vieldeutigkeit aus dem Unbestimmten einer Unsicherheit des poetischen Umhertastens stammt, weil ihr das eigentliche Gedicht und sein Ort fehlen. Die einzigartige Strenge der wesenhaft mehrdeutigen Sprache Trakls ist in einem höheren Sinne so eindeutig, daß sie auch aller technischen Exaktheit des bloß wissenschaftlich-eindeutigen Begriffes unendlich überlegen bleibt.

Georg Trakl. Eine Erörterung seines Gedichtes. 1952

FRIEDRICH GEORG JÜNGER

Wenn das Leben des Christen sich darin zeigt, daß er einer Konfession angehört, daß er sich zu seiner Kirche hält und ihrem Dogma und Brauch gemäß lebt, dann kann Trakl kein Christ genannt werden. Christ ist er als Nachkomme christlicher Ahnen, Christ wie jeder, der im Abendland aufgewachsen und durch die Schule des Christentums hindurchgegangen ist. Er ist als Kind . . . getauft und konfirmiert worden, und damit endet für ihn wie für viele andere seine Beziehung zur Kirche. Er meidet alles, was in Glauben und Leben bürgerliche Gegenwart geworden ist, und schließt sich damit aus der Gegenwart aus. In dieser Gegenwart schweigt Gott. Seine goldenen Augen öffnen sich *schweigsam über der Schädelstätte*. Es scheint, daß er schweigend und teilnahmslos diese Schädelstätte betrachtet.

Trakls Gedichte. 1964

*Die Bücher kosten nur noch
ein Fünftel ihres früheren Preises . . .*

... schrieb der Bischof von Aleria 1467 an Papst Paul II. Das war Gutenberg zu verdanken.

Heute, 500 Jahre später, kosten Taschenbücher nur etwa ein Fünftel bis ein Zehntel des Preises, der für gebundene Ausgaben zu zahlen ist. Das ist der Rotationsmaschine zu verdanken und zu einem Teil auch — der Werbung: Der Werbung für das Taschenbuch und der Werbung im Taschenbuch, wie zum Beispiel dieser Anzeige, die Ihre Aufmerksamkeit auf eine vorteilhafte Sparform lenken möchte.

BIBLIOGRAPHIE

1. Bibliographien

BAYERTHAL, ERNST: Trakl-Bibliographie. In: BAYERTHAL, Georg Trakls Lyrik. Mainz 1926

ELLERMANN, HEINRICH: Georg Heym, Ernst Stadler, Georg Trakl. Drei Frühvollendete. Versuch einer geistesgeschichtlichen Bibliographie. In: Imprimatur, Jg. 5, 1934

MEYKNECHT, WERNER: Trakl-Bibliographie. In: MEYKNECHT, Das Bild des Menschen bei Georg Trakl. Quakenbrück 1935

KOSSAT, ERNST: Trakl-Bibliographie. In: KOSSAT, Wesen und Aufbauformen der Lyrik Georg Trakls. Hamburg 1939

FEILECKER, GERTRUDE: Trakl-Bibliographie. In: FEILECKER, Die Wirklichkeit des Todes im Werk Georg Trakls. Innsbruck 1947

TOMMISSEN, PIET: Voorlopige Traklbibliografie. In: ADRIAAN de ROOVER, Notities bij het werk van Georg Trakl. Antwerpen 1955

RITZER, WALTER: Trakl-Bibliographie. Salzburg 1956

DIETZ, LUDWIG: Zur Druck- und Textgeschichte der Dichtungen Georg Trakls. In: Jahrbuch der deutschen Schillergesellschaft, Jg. 6, 1962

2. Werke

a) Gesamtausgaben

Die Dichtungen. [Erste Gesamtausgabe.] Anordnung und Überwachung der Drucklegung bes. von KARL RÖCK. Leipzig (Wolff) 1919

Die Dichtungen. Vorwort von LUDWIG VON FICKER. Zwickau (Ullmann) 1928

Die Dichtungen. Vorwort von LUDWIG VON FICKER. [Dritte Auflage der Gesamtausgabe.] Salzburg (Müller) 1938

Die Dichtungen. Gesamtausgabe. Mit einem Anhang: Zeugnisse und Erinnerungen. Hg. von KURT HORWITZ. Zürich (Die Arche) 1946

b) Auswahlsammlungen und Einzelausgaben

Gedichte. Leipzig (Wolff) 1913 (Bücherei Der jüngste Tag. 7/8)

Sebastian im Traum. Leipzig (Wolff) 1915

Der Herbst des Einsamen. München (Wolff) 1920 (Stundenbücher. 1)

Gesang des Abgeschiedenen. Leipzig (Insel) 1933 (Insel-Bücherei. 436)

Aus goldenem Kelch. Die Jugenddichtungen. Hg. und Vorwort von ERHARD BUSCHBECK. Salzburg (Müller) 1939

Drei Gedichte. [In ein altes Stammbuch. De profundis. Nachtlied I.] Basel (Linder) 1945

Offenbarung und Untergang. Die Prosadichtungen. Salzburg (Müller) 1947

Nachlaß und Biographie. Gedichte, Briefe, Bilder, Essays. Hg. von WOLFGANG SCHNEDITZ. Salzburg (Müller) 1949

Helian. Frankfurt a. M. und Bern (Ars librorum) 1963

3. Übersetzungen

Básně. Přeložil: Bohuslav Reynek. Stará Říše 1917: Frant. Obzina in Viškov
Cugetul Românesc. Übersetzer: Oscar Walter Cisek und Jon Pillat. Bukarest 1922
Šebastian v snu. Přeložil: Bohuslav Reynek. Upravil Josef Čapek. Vyškov na Moravě: Frant. Obzina 1924
25 de Poeme din Georg Trakl. Übersetzer: Stefan Baciu. Jassy (Verlag «Frize») 1938
An anthology of German poetry 1880–1940. Übersetzer: Jethro Bithell. London (Methuen) 1941
Caratteri della letteratura italiana e straniera. Vol. 1: Poesia moderna straniera. Übersetzer: Leone Traverso. Rom (Edizione di prospettive) 1942
Hymner och visor. Übersetzer: Johannes Edfelt. Stockholm (Bonnier) 1942
Anthologie de la poésie allemande des origines à nos jours. Übersetzer: René Lasne und Georg Rabuse. Paris (Stock) 1943
New road. Directions in European art and letters. Übersetzer: Ernst Sigler. London (Grey Walls Press) 1946
Poesie. Dichtungen [Italienisch und deutsch]. Übersetzer: Leone Traverso. Mailand (Cederna, 1949: Gualdoni)
Marmor och törne. Lyriska tolkningar. Übersetzer: Johannes Edfelt. Stockholm (Bonnier) 1949
Decline. 12 poems by Georg Trakl. Übersetzer: Michael Hamburger. Saint Ives (The Latin Press Guido Morris) 1952
Twentieth century German verse. Selection. Übersetzer: Herman Salinger. Princeton 1952
Arubireo. Übersetzer: Yoshimura Hakuji. Tokio (Katsumata) 1952
Purpurmolnet. Lyriska tolkningar. Übersetzer: Johannes Edfelt. Stockholm (Bonnier) 1955
Rêve et folie & autres poèmes. Übersetzer: Henri Stierlin. Paris (Guy Lévis Mano) 1956
Twenty poems by Georg Trakl. Übersetzer: James Wright und Robert Bly. Madison (The Sixties Press) 1961
Századunk osztrák lirája. Budapest (Európa Könyvkiadó) 1963
Georg Trakl. Opere poetiche. Poeti e procatori tedeschi II. Introduzione, testo e versione: Ida Porena. Rom (Edizioni dell'Ateneo Roma) 1964

4. Zeugnisse und biographisches Material

Bondy, Barbara: «Ein Kind wie wir anderen auch . . .». Unterhaltung mit dem Bruder Georg Trakls. In: Die Neue Zeitung, 2. Februar 1952
Brehm, Bruno: Erinnerung an Georg Trakl. In: Wiener Neueste Nachrichten, 19. November 1933
Brunner, Felix: Der Lebenslauf und die Werke Georg Trakls. Wien 1932 [Diss.]
Bericht über den Nachlaß Georg Trakls. In: Monatsschrift für Kultur und Politik, Jg. 2 / 1937, H. 2
Buschbeck, Erhard: Georg Trakl. Berlin 1917
Georg Trakl. Ein Requiem. München 1920
Georg Trakls Werdejahre. In: Erinnerung an Georg Trakl. Innsbruck 1926 – Neuausg.: Salzburg 1959
Mimus austriacus. Aus Buschbecks nachgelassenem Werk. Wien 1962
Cordan, Wolfgang: Ein Dichter und sein Bild. In: Die Tat, 6. Mai 1950
Däubler, Theodor: Der Styx. In: Der Brenner, Folge 7 / 1922

EHRENSTEIN, ALBERT: Den ermordeten Brüdern. Zürich 1919

FICKER, LUDWIG VON: Georg Trakl. In: KURT PINTHUS, Menschheitsdämmerung. Berlin 1920 – Neuausg.: Hamburg 1959 (Rowohlts Klassiker. 55/56)
  Lebensdaten und Begegnungen. In: Erinnerung an Georg Trakl. Innsbruck 1926 – Neuausg.: Salzburg 1959
  Das Vermächtnis Georg Trakls. [In: Frühlicht über den Gräbern.] In: Der Brenner, Folge 18 / 1954
  Erinnerungen an Georg Trakl. In: Études germaniques 15 / 1960

FISCHER, FRIEDRICH JOHANN: Die Trakl-Handschriften im Salzburger Museum Carolino Augusteum. In: Jahresschrift des Salzburger Carolino Augusteum Museums Bd. 4. 1958
  Die Abstammung und Herkunft Georg Trakls. In: Anzeiger der Österreichischen Akademie der Wissenschaften, Jg. 97 / 1960–61

HEINRICH, KARL BORROMÄUS: Die Erscheinung Georg Trakls. In: Erinnerung an Georg Trakl. Innsbruck 1926 – Neuausg.: Salzburg 1959

KLIER, HEINZ: Als Militär-Apotheker an der Front. (Begegnung mit Georg Trakl in Galizien.) In: Salzburger Volksblatt, 28. Dezember 1914

LIMBACH, HANS: Begegnung mit Georg Trakl. In: Erinnerung an Georg Trakl. Innsbruck 1926 – Neuausg.: Salzburg 1959

LINDENBERG, WLADIMIR: Die Unvollendeten. Lebensläufe früh verstorbener Dichter. Hamburg 1948

MAHRHOLDT, ERWIN: Der Mensch und Dichter Georg Trakl. In: Erinnerung an Georg Trakl. Innsbruck 1926 – Neuausg.: Salzburg 1959

MORRIËN, ADRIAAN: Gesprek met de broer van Georg Trakl. In: Litterair Paspoort, Jg. 10 / 1952, Nr. 55

PLAHL, FRIEDRICH: Begegnung mit Georg Trakl in Limanowa. In: Erinnerung an Georg Trakl. Innsbruck 1926 – Neuausg.: Salzburg 1959

PRAEHAUSER, LUDWIG: «Pan». Erinnerungen. In: Pegasus. Salzburger Dichteralmanach 1952

RAWSKI, KONRAD: Georg Trakl. Ein Gedenkblatt zum 40. Todestag von einem Kriegskameraden. In: Österreichische Apotheker-Zeitung, Jg. 8 / 1954, F. 44

SCHNEDITZ, WOLFGANG: Georg Trakl. Nachlaß und Biographie. (Gedichte, Briefe, Bilder, Essays.) Salzburg 1949
  Georg Trakl in Zeugnissen der Freunde. Salzburg 1951
  Kokoschkas Erinnerungen an Trakl. In: Die Presse, 21. Oktober 1950
  Georg Trakls Lieblingsschwester. In: Welt und Wort, Jg. 7 / 1952

SZKLENAR, HANS: Ein vorläufiger Bericht über den Nachlaß Georg Trakls. In: Euphorion Bd. 54. 1960
  Bericht über den Nachlaß Georg Trakls. In: Text und Kritik, H. 4 / 1964
  Georg Trakl. Ein biographischer Abriß. In: Text und Kritik, H. 4 / 1964

ULLMANN, LUDWIG: Georg Trakl gestorben. In: Wiener Allgemeine Zeitung, 13. November 1914
  Georg Trakl gestorben. In: Wiener Mittags-Zeitung, 17. November 1914

VIERTEL, BERTHOLD: Georg Trakl. In: Die Schaubühne, Jg. 12 / 1916, H. 29
  Georg Trakl. In: Masken, Jg. 20 / 1926, H. 3

WIEGLER, PAUL: Leben Georg Trakls. In: Die Literatur, Jg. 28 / 1925/26
  Sebastian im Traum. In: Die Literarische Welt, Jg. 5 / 1929, Nr. 19

MOHLER, HANS: Offenbarung und Untergang. Georg Trakls galizischer Aufenthalt. Erzählung. St. Gallen 1950
RIEMERSCHMID, WERNER: Trakl. Erzählung. Wien 1947

6. Deutung und Kritik

BALTHASAR, HANS URS VON: Apokalypse der deutschen Seele. In: BALTHASAR, Studien zu einer Lehre von letzten Haltungen. Bd. 3. Salzburg 1939
BARTH, EMIL: Georg Trakl zum Gedächtnis seines fünfzigsten Geburtstages. Mainz 1937
Georg Trakl. Krefeld 1948
BASIL, OTTO: Der Abgesandte Friedrich Hölderlins. In: Neues Österreich, 2. Februar 1957
Trakls Vorläufer und Nachläufer. In: Wort in der Zeit, Jg. 5 / 1959, F. 10
Diorama d'une agonie. In: Cahiers du Sud, 49/1961, Nr. 366
Panorama vom Untergang Kakaniens. In: Das große Erbe. Graz und Wien 1962
BAYERTHAL, ERNST: Georg Trakls Lyrik. Analytische Untersuchung. Mainz 1926
BIRK, GÜNTHER: Die Frömmigkeit in den Dichtungen Georg Trakls. Eine phänomenologische Studie. Göttingen 1948 [Diss.]
BLEISCH, ERNST GÜNTHER: Georg Trakl. Genius der Deutschen. Mühlacker 1964
BÖSCHENSTEIN, BERNHARD: Wirkungen des französischen Symbolismus auf die deutsche Lyrik der Jahrhundertwende. In: Euphorion Bd. 58 / 1964, H. 4
BRAUN, FELIX: Georg Trakl. In: Deutsche Geister. Wien 1925
Georg Trakl. In: Das musische Land. Innsbruck 1952
BRION, MARCEL: Un grand poète autrichien: Georg Trakl. In: Le Monde, 3. März 1949
BUCH, KARL WILHELM: Mythische Strukturen in den Dichtungen Georg Trakls. Göttingen 1954 [Diss.]
COELLN, HERMANN VON: Sprachbehandlung und Bildstruktur in der Lyrik Georg Trakls. Heidelberg 1960 [Diss.]
COLLEVILLE, MAURICE: Georg Trakl. In: Études germaniques 7/1952
Du nouveau sur Trakl. In: Etudes germaniques 11/1956
DEMMER, ILSE: Georg Trakl. Wien 1933 [Diss.]
DIETZ, LUDWIG: Die lyrische Form Georg Trakls. Salzburg 1959
EPINEY-BURGARD, GEORGETTE: Georg Trakl où la métamorphose du mal. In: Études germaniques 7/1952
EYKMAN, CHRISTOPH: Die Funktion des Häßlichen in der Lyrik Heyms, Trakls und Benns. Zur Krise der Wirklichkeitserfahrung im deutschen Expressionismus. Bonn 1964 (Bonner Arbeiten zur Deutschen Literatur. 11)
FALK, WALTER: Leid und Verwandlung. Rilke, Kafka, Trakl und der Epochenstil des Impressionismus und Expressionismus. Salzburg 1961
FALKENBERG, HANS-GEERT: Zu einer neuen Trakl-Ausgabe. In: Hochland, Jg. 44 / 1951/52, H. 4
FEILECKER, GERTRUDE: Die Wirklichkeit des Todes im Werk Georg Trakls. Innsbruck 1947 [Diss.]
FISCHER, URSULA: Die Sprache Georg Trakls als Ausdruck seiner geschichtlichen und geistigen Stellung. Kiel 1948 [Diss.]
FOCKE, ALFRED: Georg Trakl. Liebe und Tod. Wien 1955
FREIBERG, SIEGFRIED: Georg Trakl. In: Der Kreis, Jg. 7 / 1930, H. 3
Georg Trakl [Rundfunkvorlesung]. Radio Wien, 4. November 1934

GEBSER, JEAN: Der grammatische Spiegel. Neue Denkformen im sprachlichen Ausdruck. Zürich 1944

GOLDMANN, HEINRICH: Gestalten und Vorgänge der Psyche in den Dichtungen Georg Trakls. Wien 1954 [Diss.]
Katabasis. Eine tiefenpsychologische Studie zur Symbolik der Dichtungen Georg Trakls. Salzburg 1957

GRASSHOFF, WILHELM: Georg Trakls Alphabet der Träume. In: Frankfurter Allgemeine Zeitung, 11. Mai 1957

GRIMM, REINHOLD: Georg Trakls Verhältnis zu Rimbaud. In: Germanisch-romanische Monatsschrift Bd. 9. 1959

GRÖBENSCHÜTZ, EDITH: Zur Datierung im Werk Georg Trakls. In: Euphorion Bd. 58. 1964

GUTTENBRUNNER, MICHAEL: Georg Trakl. In: Deutsche Rundschau, Jg. 83 / 1957

HABECKER, SONJA: Frauenbild und Liebe in Georg Trakls Werk. München 1958 [Diss.]

HAECKEL, HANNS: Verfall und Verfallenheit. In: Zeitschrift für deutsche Philologie Bd. 78. 1959

HEIDEGGER, MARTIN: Georg Trakl. Eine Erörterung seines Gedichtes. In: Merkur, Jg. 7 / 1953, H. 3
[Dazu: EGON VIETTA: Georg Trakl in Heideggers Sicht. In: Die Pforte, Jg. 5 / 1953, H. 51/52
W. H. REY: Heidegger – Trakl. Einstimmiges Zwiegespräch. In: Deutsche Vierteljahrsschrift für Literaturwissenschaft und Geistesgeschichte, Jg. 30 / 1956]
Georg Trakl. In: Nouvelle Revue Française, 6/1958, No. 61, 62
Die Sprache im Gedicht. In: Unterwegs zur Sprache. Pfullingen 1959
[Dazu: WALTER FALK: Heidegger y Trakl. In: Filologia moderna, 4. August 1961]

HELD, WOLFGANG: Mönch und Narziss. Hora und Spiegel in der Bild- und Bewegungsstruktur der Dichtungen Georg Trakls. Freiburg i. B. 1960 [Diss.]

HERMAND, JOST: Der Knabe Elis. Zum Problem der Existenzstufen bei Georg Trakl. In: Monatshefte für deutschen Unterricht, deutsche Sprache und Literatur, vol. 51 / 1959

HESELHAUS, CLEMENS: Kreuz und Droge. In: Frankfurter Allgemeine Zeitung, 5. Februar 1955
Gesang des Abgeschiedenen. In: Die deutsche Lyrik. Hg. v. BENNO VON WIESE. Bd. 2. 1956

HÖLLERER, WALTER: Georg Trakl. In: Die deutsche Lyrik. Hg. von BENNO VON WIESE. Bd. 2. 1956

HÜBNER, JOHANN: Befreiung vom Gegenstand. Die formale Entwicklung der modernen Lyrik. In: Athena, Jg. 2 / 1947/48, H. 1

JASPERSEN, URSULA: Georg Trakl. Hamburg 1947

JÜNGER, FRIEDRICH GEORG: Rhythmus und Sprache im deutschen Gedicht. Stuttgart 1952
Trakls Gedichte. In: Text und Kritik, H. 4 / 1964

KAUFMANN, HANSJAKOB: Fallender Mensch und entgleitende Wirklichkeit bei Georg Trakl. Zürich 1957

KILLY, WALTHER: Georg Trakl. In: Die Sammlung, Jg. 7 / 1952, H. 4
Der Tränen nächtige Bilder. Trakl und Benn. Göttingen 1956
Das Spiel des Orpheus. Über die erste Fassung von Georg Trakls «Passion». In: Euphorion Bd. 51. 1957
Der Heliand-Komplex in Trakls Nachlaß. In: Euphorion Bd. 53
Über Georg Trakl. Göttingen 1960

KINDERMANN, KLAUS: Baudelaire und Trakl. Berlin 1959 [Diss.]

KOHLSCHMIDT, WERNER: Der deutsche Frühexpressionismus im Werke Georg Heyms und Georg Trakls. In: Orbis litterarum 1954

KOSSAT, ERNST: Wesen und Aufbauformen der Lyrik Georg Trakls. Hamburg 1939

KRITSCH, ERNA: The synestetic metaphors in the poetry of Georg Trakl. In: Monatshefte für deutschen Unterricht, deutsche Sprache und Literatur, vol. 54 / 1962

LACHMANN, EDUARD: Kreuz und Abend. Eine Interpretation der Dichtungen Georg Trakls. Salzburg 1954
Trakl und Rimbaud. In: Stimmen der Zeit Bd. 159. 1956/57
Georg Trakls herbstliche Passion. In: Euphorion Bd. 52. 1958/59
Er hob die Leier auf, die Hölderlin sinken ließ. In: Salzburger Nachrichten, 3. Februar 1962

LASNE, RENÉ: Georg Trakl où l'expressionisme intérieur. In: Comœdia, 12. Dezember 1942

LAUFFS, DOROTHEE: Der Wortschatz Georg Trakls. Berlin 1956 [Diss.]

LEGRAND, JACQUES: Übersetzungsprobleme bei Georg Trakl in französischer Sicht. In: Akzente, Jg. 3 / 1956
La conception de la mort terrestre chez Trakl. In: Cahiers du Sud, 44/1957, Nr. 341

LEITGEB, JOSEF: Die Trakl-Welt. Zum Sprachbestand der Dichtungen Georg Trakls. In: Wort im Gebirge, F. 3 / 1951

LENNARTZ, FRANZ: Georg Trakl. In: Dichter und Schriftsteller unserer Zeit. Stuttgart 1954

LERNET-HOLENIA, ALEXANDER: Brief an Wolfgang Schneditz. In: SCHNEDITZ, Georg Trakl in Zeugnissen der Freunde. Salzburg 1951
Georg Trakl. In: Neue Schweizer Rundschau, H. 9 / 1954/55

LINDENBERGER, H.: The early poems of Georg Trakl. In: Germanic Review, vol. 32 / 1957, Nr. 1
Georg Trakl and Rimbaud. In: Comparative Literature, vol. 10 / 1958, Nr. 1

LOIDL, MARGIT: Arthur Rimbaud und Georg Trakl. Linz 1955 [Ms.]

MAHRHOLZ, WERNER: Georg Trakl. In: Deutsche Literatur der Gegenwart. Probleme, Ergebnisse, Gestalten. Berlin 1932

MANIU, A.: Simboluri creştine la Georg Trakl. In: Revista fundaţiilor Regale, A. 9 / 1942

MESCHENDÖRFER, ADOLF: Trakl und Rimbaud. In: Klingsor, Jg. 2 / 1925, H. 2

MEYKNECHT, WERNER: Das Bild des Menschen bei Georg Trakl. Quakenbrück 1935

MORRIS, IRENE: Georg Trakls Weltanschauung. In: Trivium, Jg. 6 / 1948, H. 2

MÜLLER, MARIE-LUISE: Melancholie und Mythos bei Georg Trakl. München 1956 [Diss.]

MUSCHG, WALTER: Tragische Literaturgeschichte. Bern 1953
Von Trakl zu Brecht. Dichter des Expressionismus. München 1961

NADLER, JOSEF: Literaturgeschichte des deutschen Volkes. Dichtung und Schrifttum der deutschen Stämme und Landschaften. [4. Aufl.] Berlin 1941
Literaturgeschichte Österreichs. Linz 1948

NAGYS, HENRIKAS: Georg Trakls Weg vom Impressionismus zum Expressionismus. Innsbruck 1947 [Diss.]
Georg Trakl [litauisch]. In: Aidai, Nr. 10 / 1951

NEUMANN, ERICH: Georg Trakl. In: Der schöpferische Mensch. Zürich 1959

Pamp, F.: Der Einfluß Rimbauds auf Georg Trakl. In: Revue de littérature comparée, 32/1958, Nr. 3

Picard, Max: Wort und Wortgeräusch. In: Wege zum Gedicht. München 1957

Riese, Walther: Das Sinnesleben eines Dichters. Georg Trakl. Stuttgart 1958

Röck, Karl: Über die Anordnung der Gesamtausgabe von Trakls Dichtungen. In: Erinnerung an Georg Trakl. Innsbruck 1926 – Neuausg.: Salzburg 1959

Rölleke, Heinrich: Die Stadt bei Stadler, Heym und Trakl. Berlin–Bielefeld–München 1966 (Philologische Studien und Quellen. 34)

Roover, Adriaan de: Over het poetische materiaal van Georg Trakl. In: De Tafelronde, Jg. 2 / 1954, Nr. 5/6
Notities bij het werk van Georg Trakl. Antwerpen 1955

Sapper, Theodor: Der schwarze Schnee, der von den Dächern rinnt. In: Neue Wege, Jg. 11 / 1956, Nr. 110

Schneider, Ferdinand Josef: Der expressive Mensch und die deutsche Lyrik der Gegenwart. Stuttgart 1927

Schneider, Karl Ludwig: Der bildhafte Ausdruck in den Dichtungen Georg Heyms, Georg Trakls und Ernst Stadlers. Heidelberg 1954

Schneider, Wilhelm: Ausdruckswerte der deutschen Sprache. Eine Stilkunde. Leipzig 1931

Schreiber, Hermann: Der Dichter und die Farben. In: Plan, Jg. 1 / 1945, H. 4

Schubert, Benno: Verlorene Zeichen. Versuch über Georg Trakl. In: Akzente, H. 2 / 1955

Simon, Klaus: Traum und Orpheus. Eine Studie zu Georg Trakls Dichtungen. Salzburg 1955

Soergel, Albert: Georg Trakl. In: Dichtung und Dichter der Zeit. Im Banne des Expressionismus. Leipzig 1925

Sokel, Walter H.: Georg Trakl und das expressionistische Prinzip in der Dichtung. In: Der literarische Expressionismus. München 1962

Spoerri, Theodor: Georg Trakl. Strukturen in Persönlichkeit und Werk. Eine psychiatrisch-anthropographische Untersuchung. Bern 1954

Spoerri, Theophil: Die Formwerdung des Menschen. Die Deutung des dichterischen Kunstwerks als Schlüssel zur menschlichen Wirklichkeit. Berlin 1938

Stix, Goffredo: Georg Trakls «Helian». Eine Deutung. In: Siculorum Gymnasium, Jg. 4 / 1951, Nr. 1

Strohschneider-Kohrs, Ingrid: Die Entwicklung der lyrischen Sprache in der Dichtung Georg Trakls. In: Literaturwissenschaftliches Jahrbuch. Bd. 1 / 1960

Uhlig, Helmut: Die Grenzen des Sagbaren. Ein Versuch über Georg Trakl. In: Der Monat, H. 7 / 1954

Ujhely, Grete: Die Anfänge des Expressionismus in Österreich (bis zum Jahr 1918). Wien 1925 [Diss.]

Vietta, Egon: Georg Trakl. Eine Interpretation seines Werkes. Hamburg 1947

Völcker, Eva: Bedeutung und Form des Leides in Georg Trakls Dichtungen. Münster 1954 [Diss.]

Voorde, Urbain van de: Critiek en beschouwing. (Beeld en rythme. Moderne Duitsche dichtkunst.) In: De Sikkel Bd. 1. 1930

Werner, Barbara: Erlösungsmotive in der Dichtung Georg Trakls. Frankfurt a. M. 1959 [Diss.]

Wölfel, Kurt: Entwicklungsstufen im lyrischen Werk Georg Trakls. In: Euphorion Bd. 52. 1958

ZANGERLE, IGNAZ: Die Bestimmung des Dichters. Ein Versuch. Freiburg i. B. 1949

Geleitwort in: «Kreuz und Abend» von EDUARD LACHMANN. Salzburg 1954

ZECHMEISTER, AUGUST: Georg Trakl – Hinweis auf den Christen. In: Der Turm, Jg. 2 / 1946/47, Nr. 5/6

NAMENREGISTER

Die kursiv gesetzten Zahlen bezeichnen die Abbildungen,
die hochgestellten Ziffern verweisen auf die Fußnoten

QUELLENNACHWEIS DER ABBILDUNGEN

rowohlts monographien

GROSSE PERSÖNLICHKEITEN
DARGESTELLT IN SELBSTZEUGNISSEN UND 70 BILDDOKUMENTEN
HERAUSGEGEBEN VON KURT KUSENBERG

PHILOSOPHIE

ARISTOTELES / J.-M. Zemb [63]
DESCARTES / Rainer Specht [117]
ENGELS / Helmut Hirsch [142]
HEGEL / Franz Wiedmann [110]
HERDER / Friedrich Wilhelm Kantzenbach [164]
KANT / Uwe Schultz [101]
KIERKEGAARD / Peter P. Rohde [28]
MARX / Werner Blumenberg [76]
MONTAIGNE / Francis Jeanson [21]
NIETZSCHE / Ivo Frenzel [115]
PASCAL / Albert Béguin [26]
PLATON / Gottfried Martin [150]
SCHLEIERMACHER / Friedrich Wilhelm Kantzenbach [126]
SCHOPENHAUER / Walter Abendroth [133]
SOKRATES / Gottfried Martin [128]
SPINOZA / Theun de Vries [171]
RUDOLF STEINER / Johannes Hemleben [79]
SIMONE WEIL / Angelica Krogmann [166]

RELIGION

AUGUSTINUS / Henri Marrou [8]
SRI AUROBINDO / Otto Wolff [121]
MARTIN BUBER / Gerhard Wehr [147]
BUDDHA / Maurice Percheron [12]
FRANZ VON ASSISI / Ivan Gobry [16]
JESUS / David Flusser [140]
LUTHER / Hanns Lilje [98]
PAULUS / Claude Tresmontant [23]
TEILHARD DE CHARDIN / Johannes Hemleben [116]
ZINZENDORF / Erich Beyreuther [105]

GESCHICHTE

BISMARCK / Wilhelm Mommsen [122]
CAESAR / Hans Oppermann [135]
CHURCHILL / Sebastian Haffner [129]
FRIEDRICH II. / Georg Holmsten [159]
GUTENBERG / Helmut Presser [134]
WILHELM VON HUMBOLDT / Peter Berglar [161]
LENIN / Hermann Weber [168]
ROSA LUXEMBURG / Helmut Hirsch [158]
MAO TSE-TUNG / Tilemann Grimm [141]

NAPOLEON / André Maurois [112]
LEO TROTZKI / Harry Wilde [157]

PÄDAGOGIK

PESTALOZZI / Max Liedtke [138]

NATURWISSENSCHAFT

DARWIN / Johannes Hemleben [137]
GALILEI / Johannes Hemleben [156]
ALEXANDER VON HUMBOLDT / Adolf Meyer-Abich [131]

MEDIZIN

C. G. JUNG / Gerhard Wehr [152]
PARACELSUS / Ernst Kaiser [149]

KUNST

CÉZANNE / Kurt Leonhard [114]
MAX ERNST / Lothar Fischer [151]
KLEE / Carola Giedion-Welcker [52]
LEONARDO DA VINCI / Kenneth Clark [153]

MUSIK

BACH / Luc-André Marcel [83]
BARTÓK / Everett Helm [107]
BEETHOVEN / F. Zobeley [103]
CHOPIN / Camille Bourniquel [25]
HÄNDEL / Richard Friedenthal [36]
HAYDN / Pierre Barbaud [49]
MOZART / Aloys Greither [77]
OFFENBACH / Walter Jacob [155]
RAVEL / Vladimir Jankélévitch [13]
SCHUBERT / Marcel Schneider [19]
SCHUMANN / André Boucourechliev [6]
RICHARD STRAUSS / Walter Deppisch [146]
VERDI / Hans Kühner [64]
WAGNER / Hans Mayer [29]

Zu beziehen durch Ihre Buchhandlung.
Ein ausführliches Verzeichnis aller lieferbaren Taschenbücher fordern Sie bitte vom Rowohlt Taschenbuch Verlag, 2057 Reinbek bei Hamburg.

roro NEUE DEUTSCHE PROSA

Junge deutsche Autoren

Friedrich Achleitner
Prosa, Konstellationen, Montagen, Dialektgedichte, Studien

Konrad Bayer
Der sechste Sinn. Roman. Hg. von Gerhard Rühm

Peter O. Chotjewitz
Hommage à Frantek. Nachrichten für seine Freunde
– Die Insel. Erzählungen auf dem Bärenauge

Gisela Elsner
Die Riesenzwerge. Ein Beitrag
– Der Nachwuchs. Roman
– Das Berührungsverbot. Roman

Hubert Fichte
Das Waisenhaus. Roman
– Der Aufbruch nach Turku. Erzählungen
– Die Palette. Roman

Hans Frick
Henri

Maria Frisé
Hühnertag u. andere Geschichten

Gerhard Fritsch
Fasching. Roman

Eugen Gomringer
Worte sind Schatten. Die Konstellationen 1951–1968. Hg. Helmut Heißenbüttel

Rolf Hochhuth
Der Stellvertreter. Schauspiel
– Soldaten. Nekrolog auf Genf. Tragödie
– Guerillas. Tragödie in 5 Akten

Elfriede Jelinek
Wir sind Lockvögel Baby! Roman

Walter Kempowski
Im Block. Ein Haftbericht

Reiner Kunze
Sensible Wege. Achtundvierzig Gedichte und ein Zyklus

Friederike Mayröcker
Tod durch Musen. Poetische Texte
– Minimonsters Traumlexikon. Texte in Prosa

Karl Mickel
Vita nova mea. Gedichte

Hermann Peter Piwitt
Herdenreiche Landschaften. Zehn Prosastücke

Rolf Roggenbuck
Der Nämlichkeitsnachweis. Roman

Gerhard Rühm
Fenster. Texte
– Gesammelte Gedichte und visuelle Texte

Peter Rühmkorf
Irdisches Vergnügen in g. Fünfzig Gedichte
– Kunststücke. 50 Gedichte nebst einer Anleitung zum Widerspruch
– Über das Volksvermögen. Exkurse in den literarischen Untergrund

Eckard Sinzig
Idyllmalerei auf Monddistanz. Roman

Dietrich Werner
Bemühungen in der Luft und andere Ungelegenheiten. Erzählungen

Oswald Wiener
Die Verbesserung von Mitteleuropa, Roman

Wiener Gruppe
Achleitner, Artmann, Bayer, Rühm, Wiener. Texte, Gemeinschaftsarbeiten, Aktionen. Hg. von Gerhard Rühm

---

Rowohlt

Lyrik

VICENTE ALEIXANDRE · Nackt wie der glühende Stein
Ausgewählte Gedichte / Spanisch und Deutsch. Herausgegeben, übersetzt und Nachwort von Erich Arendt. Rowohlt Paperback Band 28. 256 Seiten

ERICH ARENDT · Unter den Hufen des Winds
Ausgewählte Gedichte 1926–1965.
Vorwort: Volker Klotz Rowohlt Paperback Band 51. 228 Seiten

ULRICH BECHER · Brasilianischer Romanzero
Balladen. 124 Seiten. Pappband

EUGEN GOMRINGER · Worte sind Schatten
Die Konstellationen 1951–1968. Herausgegeben und eingeleitet von Helmut Heißenbüttel. 308 Seiten. Pappband

REINER KUNZE · Sensible Wege
Achtundvierzig Gedichte und ein Zyklus. 96 Seiten. Pappband

FRIEDERIKE MAYRÖCKER · Tod durch Musen
Poetische Texte. Nachwort: Eugen Gomringer. 800 numerierte und von der Autorin signierte Exemplare. 200 Seiten. Pappband

KARL MICKEL · Vita nova mea
Gedichte. 92 Seiten. Pappband

OGDEN NASH · I'm a Stranger Here Myself / Ich bin leider hier auch fremd
Selected Poems / Ausgewählte Gedichte. Zweisprachige Ausgabe. Nach dem Amerikanischen von Christian Enzensberger, Walter Mehring und Ulrich Sonnemann. 160 Seiten. Kartoniert

JACQUES PRÉVERT · Gedichte und Chansons
Französisch und Deutsch. Deutsche Nachdichtung mit einem Vorwort in der Manier Jacques Préverts von Kurt Kusenberg
Rowohlt Paperback Band 7. 3. Auflage: 15. Tausend. 280 Seiten

PETER RÜHMKORF · Kunststücke
50 Gedichte nebst einer Anleitung zum Widerspruch
Rowohlt Paperback Band 15. 4. Auflage: 10. Tausend. 140 Seiten

Irdisches Vergnügen in g
Fünfzig Gedichte. 2. Auflage: 3. Tausend. 68 Seiten. Kartoniert

RINO SANDERS · Kardiogramme
Gedichte. 104 Seiten. Pappband

Rowohlt

Klassiker

der Literatur und der Wissenschaft
mit Biographie · Bibliographie · Essays
**Herausgegeben von Prof. Ernesto Grassi
unter Mitarbeit von Walter Hess**

Texte des Sozialismus und Anarchismus
Herausgegeben von Günter Hillmann

MICHAIL BAKUNIN – Gott und der Staat und andere Schriften [240–42]

PIERRE-JOSEPH PROUDHON – Bekenntnisse eines Revolutionärs [243–45]

EDUARD BERNSTEIN – Die Voraussetzungen des Sozialismus und die Aufgaben der Sozialdemokratie [252–54]

ROSA LUXEMBURG – Schriften zur Theorie der Spontaneität [249–51]

WLADIMIR ILJITSCH LENIN – Für und wider die Bürokratie. Schriften und Briefe 1917–1923 [246–48]

DIE FRUHSOZIALISTEN 1789–1848. I [264–66]

JOSEF W. STALIN – Schriften zur Ideologie der Bürokratisierung [258–60]

Im September 1970 erscheint:

LEO TROTZKI – Schriften zur revolutionären Organisation [270–73]

Verzeichnis aller lieferbaren Werke:

Dokumente [211] / Wilhelm Tell. Quellen / Dokumente / Rezensionen [224/25]

Englische Literatur

DICKENS, CHARLES Oliver Twist [157–59]

SHAKESPEARE, WILLIAM Werke / Englisch und Deutsch: Romeo und Julia [4] – Hamlet, Prinz von Dänemark [19/19a] – Macbeth [36] – Ein Sommernachtstraum [48] – Julius Caesar [57] – Antonius und Cleopatra [117] – Der Widerspenstigen Zähmung [133] – Maß für Maß [160] – Das Wintermärchen [174] – Troilus und Cressida [192/93] – König Heinrich IV. 1. und 2. Teil [198–200] – Was ihr wollt [212] – Coriolanus [222/23] – Viel Lärmen um nichts [228] – Die Komödie der Irrungen [233]

Französische Literatur

FRANCE, ANATOLE Die rote Lilie [153/54]

LAFAYETTE, MADAME DE Die Prinzessin von Cleve – Die Prinzessin von Montpensier [28]

LE SAGE Die Geschichte des Gil Blas von Santillana [127–29]

PRÉVOST, ABBÉ Geschichte des Chevalier des Grieux und der Manon Lescaut [86]

RIMBAUD, ARTHUR Briefe / Dokumente [155/56]

TOCQUEVILLE, ALEXIS DE Der alte Staat und die Revolution [234/35]

VIGNY, ALFRED DE Glanz und Elend des Militärs [3]

Griechische Literatur und Philosophie

AISCHYLOS Tragödien und Fragmente [213–15]

ARISTOTELES Politik [171–73] – Metaphysik [205–08] – Texte zur Logik / Griechisch und Deutsch. Elemente der Aristotelischen Logik [220–22] – Über die Seele [226/27]

HELIODOR Aithiopika – Die Abenteuer der schönen Chariklea. Ein griechischer Liebesroman [120/21]

HIPPOKRATES Schriften / Die Anfänge der abendländischen Medizin [108/09]

HOMER Die Odyssee / Übersetzt in deutsche Prosa von Wolfgang Schadewaldt [29/30]

PLATON Sämtliche Werke / Herausgegeben von Walter F. Otto, Ernesto Grassi, Gert Plamböck – Band I: Apologie, Kriton, Protagoras, Ion, Hippias II, Charmides, Laches, Euthyphron, Gorgias, Briefe [1/1a] – Band II: Menon, Hippias I, Euthydemos, Menexenos, Kratylos, Lysis, Symposion [14/14a] – Band III: Phaidon, Politeia [27/27a] – Band IV: Phaidros, Parmenides, Theaitetos, Sophistes [39/39a] – Band V: Politikos, Philebos, Timaios, Kritias [47/47a] – Band VI: Nomoi [54/54a]

XENOPHON Das Gastmahl [7]

Italienische Literatur und Philosophie

BRUNO, GIORDANO Heroische Leidenschaften und individuelles Leben [16]

CASANOVA, GIACOMO Memoiren [59/60, 65/66]

CELLINI, BENVENUTO – sein Leben von ihm selbst geschrieben / Übersetzt und herausgegeben von Goethe [22/23]

DA PONTE, LORENZO Mein abenteuerliches Leben. Die Memoiren des Mozart-Librettisten [74/75]

GOLDONI, CARLO Herren im Haus / Viel Lärm in Chiozza. Zwei Komödien [132]

Östliche Literatur und Philosophie

WU CH'ÊNG-ÊN Der rebellische Affe. Die Reise nach dem Westen [82/83]

Römische Literatur

CAESAR, C. JULIUS Der Gallische Krieg [175/76]

CICERO Der Staat [162]

HORAZ Episteln / Lateinisch und Deutsch [144–46]

MARC AUREL Wege zu sich selbst [181]

SALLUST Die Verschwörung des Catilina / Lateinisch und Deutsch [165]

SENECA – Briefe an Lucilius / Gesamtausgabe I: Rom unter Nero [185/86] – II Stoische Lebenskunst [190/91]

TACITUS – Germania / Lateinisch und Deutsch [217]

Russische Literatur

ANDREJEV, LEONID N. Die sieben Gehenkten / Lazarus / Judas Ischariot [15]

DOSTOJEVSKIJ, F. M. Der ewige Gatte [216]

GORKIJ, MAXIM Volk vor der Revolution / Erzählungen [134]

LESKOV, NIKOLAJ Der verzauberte Pilger [95]

TOLSTOJ, LEO N. Dramen: Macht der Finsternis / Der lebende Leichnam / Und das Licht scheinet in der Finsternis / Er ist an allem schuld / Bäcker Petrus / Der erste Branntweinbrenner [203/04]

Skandinavische Literatur

SKANDINAVISCHE BALLADEN DES MITTELALTERS [143]

Spanische Literatur

GRACIAN, BALTASAR Criticón oder Über die allgemeinen Laster des Menschen [2]

Philosophie des Humanismus und der Renaissance

DER UTOPISCHE STAAT – THOMAS MORUS, Utopia / **TOMMASO CAMPANELLA,** Sonnenstaat / **FRANCIS BACON,** Neu-Atlantis / Herausgegeben von Klaus J. Heinisch [68/69]

Philosophie der Neuzeit

HOBBES, THOMAS Leviathan oder Wesen, Form und Gewalt des kirchlichen und bürgerlichen Staates [187–89]

KIERKEGAARD, SÖREN Werke / In neuer Übertragung von Liselotte Richter – Band I: Der Begriff Angst [71] – Band II: Die Wiederholung / Die Krise und eine Krise im Leben einer Schauspielerin / Mit Erinnerungen an Kierkegaard von Hans Bröchner [81] – Band III: Furcht und Zittern / Mit Erinnerungen an Kierkegaard von Hans Bröchner [89] – Band IV: Die Krankheit zum Tode [113]

LOCKE, JOHN Über die Regierung [201/02]

MARX, KARL Texte zu Methode und Praxis I: Jugendschriften 1835–1841 [194/95] – II: Pariser Manuskripte 1844 [209/10] – III: Der Mensch in Arbeit und Kooperation. Aus den Grundrissen der Kritik der politischen Ökonomie 1857/58 [218–19]

VICO, GIAMBATTISTA Die neue Wissenschaft über die gemeinschaftliche Natur der Völker [196/97]

Texte deutscher Literatur 1500–1800
Herausgegeben von Karl Otto Conrady

ATHENAEUM Eine Zeitschrift I [1798–1800] von August Wilhelm Schlegel und Friedrich Schlegel. Hg.: Curt Grützmacher [518/19]

ATHENAEUM Eine Zeitschrift II [1798–1800] von August Wilhelm Schlegel und Friedrich Schlegel. Hg.: Curt Grützmacher [520/21]

DEUTSCHE VOLKSBÜCHER. Hg.: K. O. Conrady [510/11]

FLUGSCHRIFTEN DES BAUERNKRIEGES. Hg.: Klaus Kaczerowsky [526/27]

GRYPHIUS, ANDREAS Dichtungen. Hg.: Karl Otto Conrady [500/01]

HERDER, JOHANN GOTTFRIED Schriften. Hg.: Karl Otto Conrady [502/03]

JUNG-STILLING Lebensgeschichte. Hg.: Karl Otto Conrady [516/17]

KLOPSTOCK, FRIEDRICH GOTTLIEB Messias, Gedichte, Abhandlungen. Hg.: Uwe Ketelsen [512/13]

KOMÖDIEN DES BAROCK. Hg.: Uwe-K. Ketelsen [524/25]

LENZ, JAKOB MICHAEL REINHOLD Werke und Schriften. Hg.: Richard Daunicht [528/29]

LOHENSTEIN, DANIEL CASPER VON Cleopatra, Sophonisbe. Hg.: Wilhelm Voßkamp [514/15]

LYRIK DES 18. JAHRHUNDERTS. Hg.: Karl Otto Conrady [504/05]

POETIK DES BAROCK. Hg.: Marian Szyrocki [508/09]

SCHÄFERROMANE DES BAROCK. Hg.: Klaus Kaczerowsky [530/31]

SCHNABEL, JOHANN GOTTFRIED Insel Felsenburg. Hg.: Wilhelm Voßkamp [522/23]

WACKENRODER, WILHELM HEINRICH Sämtliche Schriften. Hg.: Karl Otto Conrady [506/07]

HUBERT FICHTE

Die Palette

Ausgezeichnet als «Buch des Monats»

Walter Jens / Die Zeit, Hamburg: «Ein großes bewegendes, erhellendes Buch. Ein Roman, der von phantastischen Einfällen, Wortspielen, syntaktischen Zaubereien und den verwegensten Raum- und Zeitsprüngen strotzt – und zugleich ein Werk, das vom Geist des wissenschaftlichen Zeitalters geprägt wird. Ein Roman, der Resultate der Wissenschaft so anschaulich und spielerisch bestätigt, ergänzt und erweitert, daß er zum Ansatzpunkt neuer wissenschaftlicher Überlegungen werden könnte.»

Roman. 23. Tausend. 368 Seiten. Leinen und brosch.
Taschenbuchausgabe: 25. Tausend. rororo Band 1300/01

Das Waisenhaus

Ausgezeichnet mit dem Hermann-Hesse-Preis

Helmut Heißenbüttel / Süddeutsche Zeitung, München: «Hubert Fichtes große Begabung bestätigt sich darin, daß er seine Ziele mit fast unmerklichen Bewegungen zu erreichen sucht. Daß er Nuancen beherrscht und sich innerhalb dieser Nuancen mit großer Sicherheit bewegt. In Fichtes Strategie einer neuen Erzählung wird das getan, wonach alle Kritiker laut schreien; es wird auf literarische Weise das erfaßt, was unsere Welt heißt.»

Roman. 7. Tausend. 196 Seiten. Leinen
Taschenbuchausgabe: 25. Tausend. rororo Band 1024

Der Aufbruch nach Turku

Ausgezeichnet mit dem Julius-Campe-Stipendium

Dieter Lattmann / Süddeutscher Rundfunk, München: «Fichtes Erzählungen sind gekennzeichnet durch kurze, prägnante Sätze, wenig Adjektiv-Schmuck und Personen, die oft nur durch einen kauzigen Namen, durch einen zielsicheren Nebensatz gerade so viel Profil erhalten, wie es für Kurzgeschichten erforderlich ist. Er scheint endlich einmal wieder einer von den Erzählern zu sein, die an der Erzählbarkeit der Welt nicht so allumfassende Zweifel hegen, daß es ihnen die Sprache verschlägt. Somit ist er fast völlig frei von modischen nouveau-roman-Einflüssen und reflektiver Ladehemmung.»

Erzählungen. 3. Tausend. 144 Seiten. Leinen

ROWOHLT

Ulrich Becher Murmel-jagd

━━━

National-Zeitung, Basel: «Mit diesem Roman marschiert Ulrich Becher in der vordersten Reihe der deutschen Autoren unserer Zeit.»

W. E. Süskind / Süddeutsche Zeitung: «Als Erzählwerk so bezwingend, daß man als Leser dem Tag entgegenbangt, da die Lektüre zu Ende ist. Ein moderner Jean Paul.»

Süddeutscher Rundfunk, Stuttgart: «Ulrich Becher zählt zu den großen Erzählern unseres Jahrhunderts.»

Kurt Lothar Tank / Welt am Sonntag: «So farbig wurde Zeitgeschichte bisher noch nicht erzählt.»

1.–4. Tausend. 576 Seiten. Leinen

*Roman
Rowohlt*

490/2